技术分析与预测原理

——寻找概率优势的交易策略

金世荣◎著

地震出版社
Seismological Press

图书在版编目（CIP）数据

技术分析与预测原理：寻找概率优势的交易策略／
金世荣著 . —北京：地震出版社，2023.5
ISBN 978 - 7 - 5028 - 5554 - 3

Ⅰ.①技… Ⅱ.①金… Ⅲ.①股票交易－基本知识
Ⅳ.①F830.91

中国国家版本馆 CIP 数据核字（2023）第 078967 号

地震版 XM5067/F（6379）

技术分析与预测原理
——寻找概率优势的交易策略

金世荣 ◎ 著

责任编辑：张　轶
责任校对：凌　樱

出版发行：**地震出版社**
　　　　　北京市海淀区民族大学南路 9 号　　　　　　邮编：100081
　　　　　发行部：68423031　68467991　　　　　　　传真：68467991
　　　　　总编室：68462709　68423029
　　　　　http://seismologicalpress.com
　　　　　E-mail:8712121@qq.com
经销：全国各地新华书店
印刷：北京广达印刷有限公司

版（印）次：2023 年 5 月第一版　2023 年 5 月第一次印刷
开本：710×1000　1/16
字数：287 千字
印张：16
书号：ISBN 978 - 7 - 5028 - 5554 - 3
定价：60.00 元

前　　言

　　参与投资的人都渴望成功，然而成功并非易事。纵观古今，所有成功的交易者都具备两个要素：一是强大的理论支撑或者出色的实战能力；二是过硬的自身条件。金融价格波动体现了人类在利益追逐中的人性博弈，人性之复杂远远超出我们的想象，因此，很多投资人在实际操作中总感到一头雾水，觉得困难重重。金融交易不仅涉及财务、数学、建模等，也涉及哲学和心理学，投资人只有在认知、思维、理念上得到全面提升，才能在金融市场取得成功。

　　在物质世界和非物质世界的问题研究中，物理学和数学是相辅相成的两大重要基础学科。物理学探求万物之理，它的很多概念、理论和技术为其他学科的发展奠定了基础，通过现象研究来阐释深奥的本质问题和内在规律的物理思路具有广泛的借鉴意义；而万物皆数，一切事物运动变化与发展的内在规律，最后都可以总结归纳为缜密的数理逻辑及数学模型，成为指导实践、研究与判断事物发展方向的理论基础和行动指南。循着这种思路，作者在《形态心理分析与交易策略——外汇交易的基础与提高》和《概率优势交易的原理和应用》两书中，通过引入经典物理学的惯性概念，用投资群体心理与行为惯性来阐释价格形态之间的数理逻辑以及支撑与阻力的内涵，希望以此加深对技术分析与预测的认识和理解。本书将在此基础上，进一步研究并总结归纳金融市场行为与价格波动的规律性，旨在解决实际操作中的理论和技术问题。概括起来本书的主要内容有以下四个方面。

　　第一，概率论的赢率规则揭示了实现长期稳定盈利的数学基础，它用胜负比和盈亏比这两大要素阐明了两种典型的盈利模式：一是"高正确率"模式，即如果行情的涨跌幅度较小，盈亏比期望值较小，就以谋取高胜负比取胜，靠"数量"积少成多，属于短线交易风格。二是"高盈亏比"模式，即以谋取高盈亏比来取胜，这是乘强势、做大行情的中长线交易思维，重视交易的"质量"，一般是专业高手的盈利策略。赢率规则揭示了稳定盈利的本质：客观系统在一个因素大致相等的情况下，至少要获得另一个因素的概率优势，从而在总体上具备一种期望收益优势，才存在可供投资者主观选择的盈利决策方案。

第二，将价格变化规律总结归纳为两种基本效应和三种运动规律。两种效应即群体效应和随机效应，其中群体效应形成趋势运动，随机效应则导致未来价格变化的不确定性，必须用概率论来预测。三种运动规律为周期性循环规律、循序渐进发展规律和对立统一发展规律，这三种规律代表了世间万物的普遍性发展规律，它们说明了机会的无限性与时间周期概念，因此交易需要耐心，必须踏准市场节奏。

第三，顺势而为是凝结着人类智慧的一种谋略制胜思想，其道理非常浅显，但是知易行难，这主要是因为思想、认识和方法等方面的不足所致。本书将系统地讨论强势交易的理论和技术基础，探讨价格强势的本质和内涵，如价格强势所代表的多空力量对比、建仓成本以及支撑或阻力作用等技术意义。短期强势之后并不一定就是大行情，风险始终存在，只有乘势待时，才能事半功倍。

第四，系统地讨论了金融市场走势预测的基本方法：数值计算法、趋势外推法、周期性预测法和经验法（包括相似形势法与统计法）。以概率论为指导，系统地探讨了价格的形态心理分析与预测原理，讨论了不确定性与相对确定性的形态特征和概率意义，总结和分析了各种买入和卖出形态以及平仓技术。

信息技术的快速发展推动大数据时代的到来，可以实现对主力机构、散户数据全面实时的精确分析和跟踪，从而极大地丰富了基本面和技术面分析的内容。但毋庸置疑的是，人性未变，利益之争的实质和基本操作手段未变，作为市场中的弱势群体，广大散户如果不想成为牺牲品，就要知己知彼，洞察时势和大局，顺势而动，方能高屋建瓴。

最后祝投资者朋友技术更上一层楼。

2023 年 5 月

目　　录

第一章 金融市场以人为本的特点

　　金融市场（也称为资本市场）主要包括股票、期货、期权、外汇、债券等五大传统领域，还包括各种各样交易金额巨大的"金融衍生品"。随着现代网络通信和计算机技术的高速发展，交易人通过人机交互软件或者电子交易平台就能随时随地完成买卖交易。虽然不同的市场买卖的品种不一样，其中，有些可以做双向交易（如外汇和期货），有些只能做单向交易（如股票），但是，它们有着一些相同的基本特性，例如，都是以人为本，盈利的手法都是相同的，即都是通过买卖"价格"，采取低买高抛的技术手段，利用价格波动造成的点差来实现盈利。

　　作为以人为主体的市场，金融交易受到极端的个人利益性驱动，价格跌宕起伏的变化反映了人类趋利避害的投机性，也折射出对人性的真实写照。金融交易并不是一场公平竞争，它将弱肉强食、优胜劣汰的丛林法则以及人性的劣根性展现得淋漓尽致。毫无疑问，如果投资者不明白人性，没有认识到市场的残酷无情，就难以用正确的心态去面对激烈的市场竞争，在心理上容易情绪化，在思维上倾向于投机取巧，在决策上偏向于主观臆断，在行动上则跟风盲从，最终必将成为市场的牺牲品。所谓"知己知彼，百战不殆"，多了解这个市场，就给自己多一线生存的希望。

第一节

交易参与者

　　研究任何问题，一定要透过现象认识本质。其中，本质是事物的内部联系，是决定事物性质和发展趋向的东西，而现象是事物的外部联系，是本质在各方面的外部表现。例如，苹果落地与万有引力。苹果落地是现象，万有引力是这个现象的本质。在金融市场，价格波动变化也只是以数字形式呈现在投资者眼前的表面现象，它是市场内外诸因素合力作用的结果。实际上，市场是由人组成的，当所有影响因子的合力作用到投资者身上，将影响他们对价格的心理预期，改变他们的买卖立场和决策行为，造成市场供需关系的变化，从而导致价格发生变化。其中，人类的思维与决策行为和方式是决定价格变化的最后一个环节。金融心理学认为，金融市场波动印证的不是诸如宏观经济变动、政治因素变动等事件本身，而是人们对这些事件的反应，是无数人对这些事件将会如何影响他们的未来的认识。因此，市场行为或者价格行为与投资者心理、认知与行为因素等都有着密切的关系，而市场参与者群体心理因素在价格构成中成为不可忽视的重要因素之一。虽然人工智能的出现和自动化程度的提高可以减轻金融市场中人类的劳动强度，并减少人员需求，但在本质上不会影响人类在价格导向和决策中的决定性作用，更不会改变以人为主体的这个事实。投资者要学会并掌握透过现象认识本质的能力，不被表象所迷惑。

一、按照买卖行为划分

金融市场是交易的市场，在双向交易机制中，可以先买入再卖出（做多），也可以先卖出再买入（做空）。按照买卖行为不同，所有交易参与者可以分为三类群体。

（1）做多者。做多者因为预期未来价格将会上扬，因此在看涨心理下做出买进的交易行动，持有多头仓位，期望当价格上涨后再等量卖出，从而通过波动点差赚取差额利润。

（2）做空者。做空者预期未来价格将会下跌，在看跌心理下做出卖出的交易行动，持有空头仓位，期望当价格下跌后再等量卖出，达到盈利目的。

（3）观望者。对行情的发展没有明确预期，更愿意采取冷静的观望策略，处于等待状态，随时会进入做多者或者做空者的阵营中。

二、按照资金和专业程度划分

按照资金和专业程度来划分，那么，交易参与者可以划分为以下三类。

（1）超级投资机构/大户。他们是金融市场的主力，具有非常浓厚的资金实力和专业团队，通常可以在一定程度上达到对价格操控的能力。他们经常在市场中占据主导地位，引领行情走向，是金融交易中的最大获利者。

（2）中等投资机构/中户。具有一定的资金实力和专业团队，成功的概率较大，也是市场的主要获利者。

（3）散户。除了极少数出类拔萃的成功人士，绝大多数个体交易人不仅资金有限，理论知识、实战经验和能力也极其有限，但是人数众多，交易结果往往是赢少亏多，是市场的牺牲者。

所有市场参与者在资金、知识、经验、能力以及资讯条件等方面存在较大差别，因此，金融交易并不是一个平等、公平的竞争市场。

三、按照竞争角色划分

金融交易在本质上就是利益博弈。简单来说，交易是手段，竞争是机制，盈利是目的。按照竞争地位和能力的差别，市场中的参与者可以归类于两种不同的角色。

（1）市场主力。市场主力指的是拥有超大资金，具有一定控盘能力的投资机构，他们可以是一个超级投资机构或者投资大户，也可以是由数个投资中大户组成。后者虽然不是有组织的团体，但是通过共谋串通，利用联合资金的优势同样可以达到影响市场的目的。一般来说，具有浓厚资金实力但没有达到控盘能力的普通主力只能影响短期市场价格的波动，而当市场主力达到足够的控盘能力之后，在竞争对抗中就占据了力量上的绝对优势，他们可以操控市场价格，左右短期市场的动向与行情的走势以及中长期行情发展。

（2）大众散户。散户通常指的是人数众多的个体投资者，是相对机构而言的。一般来说，散户的资金量较小，主要从事零星小额买卖，大多是小额投资者。虽然散户中也有出色的成功者，也可以成为资金上的大户，但是这样的人毕竟寥寥无几。总体而言，散户彼此之间没有关联，既无组织，也无定则，行动缺乏计划性。

从本质上说，市场主力和大众散户在利益博弈中处于对立面，是竞争对手。而且市场主力属于强势者，是市场的领导者；大众散户是弱势者，是市场的跟随者，但两者都是市场中不可缺少的组成部分。散户因为缺乏独立思考、没有主见，往往成为盲目的跟风者，在行情变化中起到推波助澜的作用，最终只能沦为市场竞争的牺牲品。

第二节

市场行为与投资者心理

市场行为是价格构成中的最后一个环节，决定了价格行为和走向。因此，简单来说，市场行为是价格行为的内涵，而价格行为反映了一切市场行为，是市场行为的外在表现，体现了所有市场参与者参与目的、交易理念以及市场预期等主观因素的心理与行为的整体市场特征。其中，投资者心理分析尤为重要，它们可以分为两个方面：体现投资者交易理念与交易心态的交易心理以及对于市场未来发展趋势的预期心理，下面我们分别来讨论。

一、市场行为

从市场的两个主要竞争角色，即市场主力与大众散户，我们可以推断出市场行为也可以划分为两种典型的行为模式：主力行为与大众行为。主力行为与大众行为是对立统一关系，它们之间既相互对立，又相互依存，存在千丝万缕的联结。具体来说，表现在以下几个方面。

（1）主力行为与大众行为经常截然相反。例如，在某个价位，主力在买进，而大众散户在卖出；或者反过来，主力正在卖出，而大众散户正在买进。这种行为在本质上反映了主力与大众的竞争对手关系。

（2）主力是大资金的代表。对于市场，控盘主力相当于领导，代表市场的主流，是趋势行情的启动者和领导者，主力行为往往代表市场的主导方向，决定市场动向。例如，在股市，主力资金的流向决定了股价的涨与跌。此外，主力之间通常配合默契；而大众散户百人百心，杂乱无章，在思想上没有主见，在行动上盲目跟风，推波助澜，容易被人（主力）宰割。

（3）根据统计，在股市，70%的人亏损，20%的人不赚不亏，只有不到10%的投资者获利，其中3%的投资者持续稳定获利。这就说明大众思维和行为存在致命的缺陷，只有极少数人（3%的成功者）的盈利模式和成功经验才值得散户学习。虽然主力并非百战百胜，也有亏损的时候，但总的来说，绝大多数主力机构都是能够稳定盈利的，这就说明主力行为通常代表市场中正确的一方，因此，洞察主力行为极其重要。

作为散户，首先就必须要脱离大众思维，不能盲目跟随市场上绝大多数人的行为模式。要想在金融交易中获得成功，必须研究主力的操作模式，并且站在主力机构的角度思考问题，看待市场行为，这样才能够充分提高散户存活的概率。而要做到这一点，首先要深刻地认识和理解什么是主力行为，什么是大众行为？

1. 主力行为

众所周知，思维方式决定了一个人的行为，而行为又决定了习惯，因此，要理解主力行为，就要从主力思维、策略和操作特点等多个方面来分析。

主力行为主要具有以下特点。

（1）提前布局。主力会花费相当多的精力和时间研究基本面和技术面数据，他们的布局都是经过了深入的调查研究和缜密的论证，具有极大的成功把握。也就是说，主力往往会未雨绸缪，提前布局，从而提高了成功率。

（2）制定了切实可行的行动计划和实施方案，明确了每一个环节的具体操作计划和目标，以及遇到突变情况时的应对措施。

（3）团队人员分工和职责明确，各司其职。

（4）具备"天时地利人和"的客观和主观条件才会付诸行动，不会主观臆断、一意孤行。

（5）主力操作具有明显的周期性特点，这是因为主力的资金准备、调研论证、计划布局、行情启动、推进和出货都需要一定的时间。

（6）主力操作既有共性，也有"个性"差别。共性实际上揭示了市场的游戏规则。例如，在股市，一个趋势行情通常包括主力底部吸筹建仓、洗盘、拉升，到最后出货这四个典型阶段。但是，细心的投资者不难发现，不同主力的操盘手法往往带有明显的个性特征，这是因为主力操作也是靠操盘手完成的，而每个操盘手都有各自的操作特点、个性偏爱等。

作为散户，通过分析主力行为，可以摸清它的思路，看出主力行踪，发现它的破绽，避开它的陷阱，顺势而为。

2. 大众行为

大众行为指的是不受现有社会规范的控制、无明确目的和行动计划、人数众多的自发无组织行为，又称为集体行为。它 般具有以下几个特征。

（1）人数众多，在总体上无组织性，人云亦云，盲目随众，没有明确的方向和目标。

（2）缺乏知识、经验以及实战能力，既没有切实可行的交易策略、行动计划和具体步骤，也没有应变措施。

（3）企图走捷径，但在思想上没有主见，在心理上投机取巧，在行动上盲目从众跟风。通常凭直觉交易，个性弱点常常被放大，很容易情绪化，从而失去理性。

在与主力的博弈中，由于散户在资金与信息、知识与经验、技术与策略等多个方面处于完全的劣势地位，基本上处于被动挨打的局面，绝大多数散户很难取胜，最终只能成为市场的受害者和牺牲品。

二、交易心理

交易心理是思维层次的投资者心理，体现了投资者个性特征的交易理念与交易心态。其中，交易理念是指反映投资者交易目的和意愿的价值观，决定了投资者的思维方式以及交易策略规划中的哲学智慧，是制定策略和指导行动的根本原则。正确的交易理念可以有效地促使投资者开展分析、预测和决策，并指导投资者行为。

具体来说，通过对市场的认识和理解，对技术分析工具、风险管理手段、盈利技巧等的学习和掌握，以及对自身心智能力、经济等自我主观条件的认识，从认知层次、领悟层次，提升到思维层次，从而形成个人的交易理念。理念产生交易思路和策略（即交易系统或者交易法则），而策略产生交易行为。投资者通过学习与实践过程，不仅要学会理性的研究和分析方法，而且还要根据自己的性格特点以及能力，找到适合自己的投资理念。

交易理念因人而异，成功的投资理念也不是完全相同的。此外，成功的理念是不可能一次性形成的，它靠的是累积。但这不是知识、经验和能力的简单积累过程，而是投资者的思想、能力等在实战中不断提升的过程，而思维层次的上限则决定了一个人的能力高度，决定了投资者的长远眼光。

人们常说：心态决定了人生。对于一个交易者来说，交易心态同样至关重要。因为从交易理论的认识到交易的实践过程中，交易心态是最重要的一环，最好的计划也要有良好的心态来落实，是交易行动中能否有效执行交易计划的关键，直接决定了交易的执行力和交易效率。一个好的交易心态不一定能够赚到钱，但是心态不好，坏事和亏损肯定接踵而至。

投资者在思维层次的交易心理的差别，将直接反映在他们对一些基本问题的看法以及各自的心理表现上。

（1）追求盈利还是控制风险更重要？这是交易中最值得思考的问题。由于很多新手受到高额利润的诱惑，却不了解金融交易中的高风险和残酷真相，在人类追逐利益的本性驱使下，更倾向于花更多的时间和精力去研究盈利的技巧，往往容易忽视风险的危害性以及限制风险的重要性。很多人认为学会盈利技巧比控制风险更重要，其实并非如此。在金融市场，纵然你学会了许多盈利的方法，但是如果你不懂得如何在交易中控制风险，学会止损，那么，也许一次偶然的突发性事件就可以让你失去全部的利润和资金，血本无归。因此，在投资中，学会控制风险，在资金有限的情况下可以给投资者创造更多的交易机会，避免重大亏损，从而延长交易生涯。从这一点来说，控制风险比盈利更加重要，而止损是必须学会的第一课。

（2）做趋势还是做反弹？通常来说，做趋势行情才能赚大钱，抢反弹只是赚小钱，而且稍有不慎，常常会得不偿失。但是，没有一个人会放着好好赚大钱的机会不做，专门去赚些小钱。如果脱离客观实际，那么，做趋势还是做反弹就成了一个伪命题。以下跌趋势为例，如果当前市场处于跌势的早中期，而且方向和位置都合适，那么，跟随趋势交易就是正确的做法。但是，如果市场已经处于阶段性底部或者趋势的末期，并且价格处于超跌状态，短期内的反弹也近在眼前，那么，还一味盲目跟风，继续买进做多反而会适得其反，招致亏损。在这种情况下，具有敏锐洞察力的投资者反而会在合适位置做反弹。由此可见，这个问题的关键以及正确性完全取决于市场的客观情况，一切以市场（行情）为准，而不是一成不变地固守僵硬思维。

（3）投资心理还是投机心理？一般来说，投资者的交易心理具有两种明显不同的倾向性：投资心理或者投机心理。两者的差别表现在一个人的理念、动机和内心等方面，这些内容将在第十一章第四节里详细讨论。接下来，就有两个自然而然的问题：投资心理与投机心理对于交易的成败有什么影响？怎样才能拥有一个成功的交易心理？

从普通意义上看，投机倾向于贬义，因此，我们总是倾向于肯定投资，而否定投机，这是因为投机通常暴露出以下的本质：①利益之争；②趋利避害的本性；③在本质上损人利己；④在手段上"坑蒙拐骗"。但是，如果想当然地认为投资行动一定优于投机行动，那就大错特错了。在这里需要强调指出的是，投资行为与投机行为在本质上都属于投资者的主观因素，它们的成败完全取决于主观是否符合客观实际。例如，如果在一个投机性为主的市场里，以投资理念去交易，就会过晚出场，即短线长做，反而得不偿失。反之，在一个投资性为主的市场里，却以投机理念去交易，就会过早出场，即长线短做。换句话说，如果主观不符合客观实际，这两种交易行为都会导致错误的结果。

由此可见，再好的交易理念及其策略，必须符合客观实际，才会真正发挥作用。而一切以市场为准，按照市场的节奏，树立正确的投资理念，养成良好的交易习惯，培养平和的交易心态，才能形成成功的交易心理。

三、预期心理

投资者的预期心理是指他们对价格的各种影响因素变化以及未来走势的心理预期，是交易层次或者实践层次的投资者心理。根据经典物理学的受力分析，受力不均衡将导致速度大小以及/或者运动方向的改变。同样的道理，在金融市场，当买力和卖力不均衡时，则价格发生变化，而买力与卖力都是受到投资者预期心理的驱动。例如，对于个人而言，只有当投资者预期未来价格将会上升时，才会买进，成为做多者；反之，只有当投资者预期未来价格将会下跌时，才会卖出，成为做空者。一般来说，价格将随着买方和卖方之间供需关系的变化而发生变化，需求一方就是市场的做多者，他们看好某种价格而买进，而供应的一方由做空者充当，他们并不看好该价格而卖出。对于整体市场而言，如果大多数投资者都看好后市，预期未来价格将会上升，通常将导致买力大于卖力，从而引起价格上升。反之，如果大多数投资者都不看好后市，普遍预期未来价格将会下跌，通常将导致卖力大于买力，于是价格就会下挫。由此可见，预期心理形成了投资者的心理态势，揭示了群体的心理状态及其发展趋势，能够对群体和个体的行为取向进行预测。在金融市场，全体投资者的预期心理决定了短中期行情中资金的走向，也就基本上决定了市场的走势。

投资者的预期心理将直接影响投资者的买卖立场和交易行为。不同层次的投资者拥有不同资源，他们的知识、交易理念、实战能力以及性格和个人条件等因人而异，他们的个体行为具有明显的差异性。例如，在股市里，我们常常可以看到，主力在大单买进，而散户正在抛单；或者主力在大单抛出，而散户仍在踊跃买进的情形。实际上，投资者之间存在的差异性，也是导致价格随机性波动的重要原因之一，使得价格变幻莫测。因此，通过对市场中各个时点上各类投资人预期心理进行研究分析，可以帮助投资者认清形势，预测中短期未来市场趋势，确定投资策略。

第三节

分析技术

众所周知，研究的对象或者变化规律不同，分析工具就不一定相同，谋略和战法也往往不同。在金融市场，我们的研究对象是价格在时间、空间中的变化规律。一般来说，价格变化的表现形式由其内在本质所支撑，不同的表现形式往往代表着不同的内在本质，即变化规律性会因时因地而变，这就说明分析方法与策略要顺应市场变化，决不能一成不变、墨守成规。分析工具的选择要建立在对市场行为和价格变化规律性的综合认识和理解的基础上。一方面，认知水平以及实战能力的提高有助于投资者对于分析工具的鉴别力与应用；另一方面，合适的分析工具也能进一步促进和加深投资者对于市场的认识和理解，提升战略眼光以及思维格局和境界。

金融投资分析方法通常可以分为基本面分析与技术分析两大类。简单来说，基本面分析方法研究价值及其价值变化规律，侧重于研究长期投资价值；

而技术面分析方法只考虑纯粹的价格行为，着重于分析价格的波动规律，具有中短期性质。这两种分析方法都是试图以统计过去和现在来预测未来的表现。

一、基本面分析法

1. 基本内容

基本面分析法是一种证券或者股票估价的方法，通过财务分析和经济学上的研究来对证券或者股票进行估价，并预测未来价格趋势。这些被分析的基本资料通常为企业（公司）的财务状况、内部运作和产业市场，非财务上的资讯包括商品需求成长性的预测、企业比较、政治经济以及人文环境条件的变更与影响分析，以此来了解这家企业（公司）的稳定性和成长潜力，因此，基本分析概括了宏观经济分析、行业分析和微观企业（公司）分析这三个部分。

由于基本面分析需要具备专业化的知识，明锐的眼光，还需大量时间的投入，并受到现实中的海量信息和信息不对称等因素的影响，使得它更适合机构投资者而不适于普通投资者。

2. 理论依据

价值规律是价值投资的理论依据，它是商品生产和商品交换的基本经济规律。按照价值规律，商品的价格以价值为基础，随供需关系而发生变化。因为还受到其他多种因素的影响，商品价格将以价值为中心上下波动，这是价值规律作用的表现形式，也是价格波动和趋势循环变化的根本原因之一。商品价格与价值的偏离有正有负，可彼此抵消，因此从长期来看，价格与价值在总体上还是相等的。价值投资是指当价格被低估时，在低价位上买进，然后等待其价格上升到高价位时卖出，或者，当一商品价格被高估时，先在高价位上沽出，然后等待其价格下跌回到低价位时买进，从中获取利润。

在市场上，供需关系往往是影响价格变动的主要因素。例如，当某种商品供不应求时，物价就会上涨到价值以上；而当商品供过于求时，其价格就会下降到价值以下。同时，价格的变化会反过来调整和改变市场的供求关系，使得价格不断围绕着价值上下波动。因此，供需关系可以造成价格与价值在短期内的脱钩现象。在现实生活中，有些商品有价无市，有些商品则出现水比油贵的现象，就是这个道理。供需关系造成的价格波动往往给交易者提供了极好的盈利机会，交易者基于客观的市场供需关系出发，利用敏锐的眼光善于在瞬息万变的复杂环境中发现商机，捕捉商机，抢占市场。供需投资在商品期货交易中特别是农副产品期货交易中非常普遍，也给投机交易者提供了很多的机会。例如，很多商品特别是农副产品供应具有季节性，可以先囤积物品，在紧俏时出手。或者当预计到供应链将出现问题时，通过事先进货等待价格上升，从中获利。然而，很多不良商家往往利用这种机会，恶意囤积商品（如粮油等），再故意炒作哄抬物价，借此牟取暴利，这不再是正常的投资行为，而是属于扰乱市场的不法行为，将被严厉打击。

3. 适用范围

基本面分析主要适用于周期较长并且相对成熟的证券或者股票市场以及预测精确度要求不高的领域，重点帮助投资者正确地选择投资对象。其缺点是在一些时候，价格变化并不是严格遵从于基本面的变化，并且基本面分析要受到市场模型中非线性因素的干扰，因此，对于局部价格走势的预测结果会出现较大的失真。

4. 交易特点

价值投资基于客观的价值变化规律，体现了以理性为主的投资理念和行为，其交易周期较长，交易频率较低，但结果比较稳定可靠，是典型的以时间换空间的思路。在预测精度上，一般来说，长期预测要比短期预测准确。

二、技术面分析

1. 基本内容

技术面分析是指研究过去金融市场的资讯（主要使用 K 线图）来预测价格的趋势与决定投资的策略。技术分析在研究市场价格的趋势时，并不使用到市场本身以外的因素来做预测，它是从价格变化的事后特征观察已经发生的变化，从中发现规律和规则，并用来预测未来的表现。经过长期发展和演变，技术分析形成了众多的门类，其中，道氏理论、波浪理论、江恩理论以及缠论是当今比较流行的技术分析理论，而常用的分析方法有以下几种。

（1）比较分析法。即通过对历史数据的比较分析来估计当前价格的相对高低（类似于价值规律的比较分析法）。但是，这种比较具有一定的前提条件，就是客观实体基本上保持稳定性不变。由于技术面对历史价格高低和变化快慢的分析完全是唯象的，不能揭示价格变化背后的真实原因，需要基本面数据的验证。

（2）趋势分析。技术分析派认为，价格变化如同物体运动一样，具有一定的方向和规律，可以被掌握和利用。而趋势是指具有一定规模和范围的市场运动方向，它分为两种：上升趋势与下降趋势。趋势分析就是用来研判趋势、把握市场方向的分析方法，它是技术分析中最重要的一种分析方法。趋势是群体运动的结果，其理论依据是惯性定律。但是趋势在未来的可持续性是有前提条件的，用物理术语来说，就是不受外力作用，即系统保持内稳定性不变。

（3）形态心理分析（或态势心理分析）。如前面所述，市场的价格行为最终是受到所有市场参与者预期心理的驱使，并且在交易心理的策略性思维导向作用下产生交易行动，由此产生买力与卖力的不平衡，引起价格的变化。因此，价格的态势变化体现了群体心理态势的变化。形态心理分析就是通过研究价格位置和形态方向变化中的态势心理，来分析市场心理变化及其发展趋势，据此预测未来价格趋势的一种分析方法。

金融交易以追求盈利为目标，价格波动实际上折射了人类趋利避害的本性以及变化莫测的人心。当有利可图时大众便会蜂拥而上，全然不计后果，形成飙升的强劲行情，但是，一旦遭遇挫折，又会惊慌失措，避之不及，竞相出逃，形成暴跌。由于价格形态变化具有鲜明的市场心理特征，因此，通过对价格形态变化的研究，可以让我们拥有洞察市场行为的能力，这就是形态心理分析法的优势所在。其思想精髓突出了一切以市场为准的理念，从而最大限度地降低个人主观臆断和盲目情绪的影响，避免认识上的主观片面性。

概括来说，技术面对历史价格高低和变化快慢的分析完全是唯象的，并且是典型的事后分析法，它是从价格变化的事后特征观察已经发生的变化，并用来预测未来的表现。唯象分析只考虑外在形式变化，不能揭示导致价格变化的根源。虽然技术面分析从价格的走向中可以判断利好还是利空，但是却不能确切地知道利好或者利空的根源，当然也就无法知晓利好或者利空的影响力以及可持续性。例如，单凭 K 线图上股价的下挫通常无法确定是因为：①受卖家打压；②受大盘或者其他因素拖累；③客观实体出现了问题（如经营不善、业绩下滑等），必须结合基本面分析才能增加分析与预测的可靠性，否则如果不究真情，有时候就会造成误判或者预测偏差过大。

2. 理论依据

技术分析的理论基础通常被认为是建立在以下三个假设之上的，即市场行为包含和消化一切信息，价格以趋势的方向移动，历史会重演。从理论上来说，虽然技术分析只考虑纯粹的价格行为，但实际上，在以人为主体的商品交易活动中，对所有信息的吸纳和消化是商品交易活动的基础，特别在早期的交易活动中，对市场资讯或者相关数据和情况的了解对于交易的成败至关重要。即使在今天，这种客观实体信息常常可以帮助我们理解价格变化的起因，对于认识价格变化规律起到不可忽视的作用。

3. 适用范围

技术分析是应用最为广泛的一种分析工具，可以帮助投资者选择适当的交易时机和操作方法，提供精确的建仓时机和点位，因此，几乎所有的日交易者都用技术分析作为交易决策和行动的依据。

4. 交易特点

对于以惯性原理为理论依据的技术分析，更适用于短期操作，并且短期预测要比长期预测准确。而对于以价格变化规律性为理论依据的技术分析，则相对来说，长期预测要比短期预测准确。

三、讨论

从本质上来说，价格只是一个数目，而价值才包含着其存在的意义以及其影响力等诸多的因素。但是，当货币或者金融资产价格进入交易市场，成为一种可以自由买卖的特殊商品之后，价格的价值内涵或多或少会发生蜕变。从长期来看，价格仍然有着价值的内涵，价格的变化必然符合价值变化的规律。但从短期来看，这种内在的联结并非必然，反映了交易的投机性一面。因此，基本面分析在短线分析中往往失效，不能揭示价格波动中的短期行为，这就说明纯基本面分析不适合做短线交易。而作为日交易者必备工具的技术分析，如 K 线形态分析，只考虑市场的价格行为，并不考虑基本面因素，这种唯象分析的结果是只知其然，不知其所以然。技术分析受到广泛的应用，在无形中夸大了市场行为在价格导向中的作用，助长了交易活动中的非理性和主观色彩，很容易使得交易人过于注重价格本身的变化，而忽视其内涵，从而削弱价值规律的作用。因此，基本面分析、技术面分析各有优缺点及适用范围。其中，基本面分析通常能把握长期的价格趋势，又因为研究价格变化的内在原因，其结果更加可靠，但对中短期的市场变动难以做出正确判断。而技术分析一般只适合中短期市场研究，但它提高了实时分析的时效性和可靠性，可以为短期买入、卖出时机选择提供参考。因此，投资者在具体运用时，应该把它们有机地结合起来，方可实现效用最大化。

无论是基本面分析法还是技术面分析，对未来价格的预测精确性都是有一定前提条件的，这是因为这种预测的实质就是按照周期性原则或者惯性原理等理论，用过去到现在的经济（价格）变化规律或者发展趋势来预示未来。如果外部和内部环境条件保持相对稳定，那么，这种发展规律或者趋势将会一直持续下去，因此，预测基本上准确。例如，只要保证稳定，一个业绩优秀的公司在未来将会越来越好，所以选择业绩优秀的公司股票长期持有，往往会有非常好的盈利，也更加可靠，这是一般性投资原则。但是，如果外部或者内部环境变坏，原来的变化规律或趋势就不再维持，无论是基本面还是技术面分析都会出现预测错误。概括来说，两种分析方法都有以下的缺陷：一是都不能预测未来的不确定性；二是它们的预测准确性都建立在稳定性基础上。一般来说，预测时间越长，不确定性因素出现的概率将会增大，预测精确性就会越差，导致交易风险增大。换言之，在本质上，这两种分析理论只能预测稳定性系统的变化发展规律，而金融系统的不确定性将会给任何的分析和预测带来潜在风险，这是分析理论本身无法回避的缺陷。

第四节

猫鼠式的零和博弈

当货币资金通过金融市场进入商品生产领域为商品生产服务时，就变成了资本，不仅具有一般等价物的职能，而且具有创造剩余价值、实现价值增值的职能，对促进商品经济和社会的发展有着十分重要的意义。但是，如果货币资金进入金融市场的目的是通过价格波动差价的交易来攫取高额利润，它的性质和作用就完全改变了。纯粹投机性质的金融交易在本质上并不具有创造剩余价值和实现价值增殖的功能，反而会产生资金耗散效应，即支撑市场正常运行和交易活动所需要的各种资源包括人力资源、成本费用等的消耗，而人为的金融投机还将破坏金融体系的稳定性，严重的还会引发金融危机。

金融交易是所有交易参与者在利益上的博弈，体现了高手们在智慧、谋略、财力和个性等多个方面的较量。总的来说，超级投资机构（大户）以及中等投资机构（中户）具有绝对的竞争优势，他们的专业交易人员技术手段高超，并且严格按照章程办事，每年可以从金融交易中获得丰厚的利润。相对而言，广大散户受自身条件的限制，在知识、实战经验和能力、财力和心理素质上存在很大差距，抗风险能力极差，在市场中举步维艰。个人与机构、中小户与大户之间的不平等竞争最后形成了弱肉强食、优胜劣汰的残酷现实，少数人赚得盆满钵满，而多数人则铩羽而归，甚至输得精光。因此，金融交易在本质上就是一种典型的"猫捉老鼠"式零和博弈（零和游戏），市场通过每一次的价格波动变化实现内部资金的大转移和再分配。

第五节

从众效应

从众效应（也称为羊群效应），是指个体的从众跟风心理与行为，即当个体在信息不充分并对外界缺乏了解的情况下，由于缺乏自信，无法作出决策，出于安全感和信息成本的考虑，在群体的影响下，会采取追随大众和领导者的策略，也就是通常人们所说的随大流。

从众效应的优点与缺点并存。在人类的发展历程中，人们发现待在一个群体中会比较安全，也能保护自己，而且人多力量大，只要大家齐心协力，甚至可以改变环境，因此，从众行为已经被证明是人类的生存良策，已成为人类在群体共同活动中特有的一种普遍心理现象。社会心理学可控实验证实：当观察现实很模糊时，大众就成为信息源，或者说大众的行为提供了一个应如何行动的信息。事实上，在信息不充分和预期不确定条件下，当一个人没有能力作出判断的时候，从众就是最稳妥、成本最低的一种方法，也是一种风险比较低的方法，这一点在博弈论、纳什均衡中也有所说明。此外，从众效应还可以产生示范学习作用和聚集协同作用，这对于弱势群体的保护和成长是很有帮助的。

在社会生活中，一般人都会有从众心理，极易形成趋同性的气氛和行为。例如，在金融市场，在"羊群效应"作用下，当行情持续上涨时，市场情绪热情高涨，吸引越来越多的投资者蜂拥入场，而赚钱效应的扩大又会吸引更多的投资者加入，导致价格加速上涨。但当价格出现跳水下跌时则人心惶惶，恐慌心理开始产生连锁反应，投资者纷纷出逃，从而加剧价格的暴跌。因此，从众效应经常以个体的理性为开端，通过其放大效应和传染效应的非线性机制，跟风者们渐渐表现出非理性的倾向，进而达到整体的非理性。对于个人而言，从众效应很容易使人养成人云亦云、盲目跟从的坏习惯，从而丧失自己的分析和判断能力。

实际上，机构往往利用大众这种不健康的心理行为，通过欺诈的手段，瞒天过海，蒙骗大众上当，以达到攫取暴利的目的。而大众则趋之若鹜，他们的从众行为在客观上起到了推波助澜的作用，成为行情中主力的"抬轿人"以及最后的牺牲品。

第二章　价格变化的基本现象和规律

以道氏理论为代表的现代技术分析理论以趋势分析为核心，以支撑和阻力概念为主要内容。它建立在三大理论假设基础上：市场行为包含和消化一切信息；价格以趋势的方向移动；历史会重演。趋势分析在技术分析中的重要性和影响力毋庸置疑，但它完全基于唯象的认识，对市场价格行为以及技术分析与预测内在本质缺乏深度思考。

在本章，我们将总结归纳价格变化中的两种基本现象以及三种变化规律。其中，两种现象为群体现象和随机现象，它们揭示了价格与形态变化的本质和内涵。例如，群体效应形成趋势运动，而随机效应导致未来价格变化的不确定性，并成为技术分析与预测中的最大难题。三种变化规律性分别为周期性循环规律、循序渐进发展规律和对立统一发展规律，这三种变化规律代表了世间万物的普遍性发展规律，可以帮助我们形成正确的思维方法和交易策略。

虽然金融价格变化极其错综复杂，但是其内在的本质和变化规律性并不会改变，而透过现象认识本质和规律的分析方法，可以帮助我们在复杂的金融环境中理清头绪，抓住事物的本质和规律，识别假象，明辨是非。

第一节

群体现象

群体现象是指个体成员生活在一定群体中，因为群体成员之间存在相互依存、相互作用，并且群体对其成员产生约束、影响和改变的作用，使得群体成员在心理和行为上产生一致性，形成具有群体特征的基本行为现象。

群体行为不同于集体行为。集体行为是指无明确目的和行动计划的众多人的行为，它的产生是由非常规事件导致的。而群体行为的群体成员具有共同的需要和目标，具有共同的社会规范和行为模式，他们之间存在相互作用和约束，群体行为产生的事件往往是反复出现的常规事件。

一、群体效应

群体行为决定着个体行为的方向。与单独的个体行为不同，群体成员之间存在某种特定的关联，在互相影响和相互作用之下，群体呈现出独立个体没有的现象、效应和运动特征。概括起来，群体作用会产生以下五种效应：助长效应、致弱效应、惰化效应、趋同效应和从众效应。其中，惰化效应、趋同效应和从众效应实际上体现了人性的基本特征。

在群体中，统一性和斗争性共存。当群体效应出现时，在整体上已经不再是独立个体 $1+1=2$ 的简单数学叠加。例如，当群体心理和行为以统一性为主时，将产生自我增强和自我强化效应，力量就会倍增，从而带来行为效率的提高，产生 $1+1>2$ 的工作成果；相反，当群体心理和行为以斗争性为主时，则产生自我弱化效应，并导致行为效率的降低，从而产生 $1+1<2$ 的工作成果。

二、趋势运动

金融市场的价格趋势运动是群体行为的直接结果，反映了群体运动的变化规律性。

1. 上涨趋势

如图 2-1（a）所示，当投资群体以看涨心理为主、在市场买卖立场和步伐上体现出相对统一的局面时，群体行为将产生自我增强作用和自我强化效应，从而带来行为效率的提高，产生 $1+1>2$ 的工作成果，于是推动价格的急剧上升，形成上升推进浪；而当投资群体出现一定程度的分歧，部分投资者心理预期出现逆转，市场处于暂时的看跌状态时，整体力量被削弱，并且还将产生自我弱化效应，导致行为效率的降低，从而产生 $1+1<2$ 的工作成果，对价格运动起到遏制作用，最后形成幅度减小的下跌调整浪。由于上升推进浪的幅度要明显大于下跌调整浪的幅度，其结果是涨势中的整体价格形态呈现出向上的趋向性。显而易见，价格运动沿着向上方向具有概率优势。如果市场环境条件基本上保持不变，这种运动模式就会一直保持不变，从而形成一浪高于一浪的周期性上涨趋势。

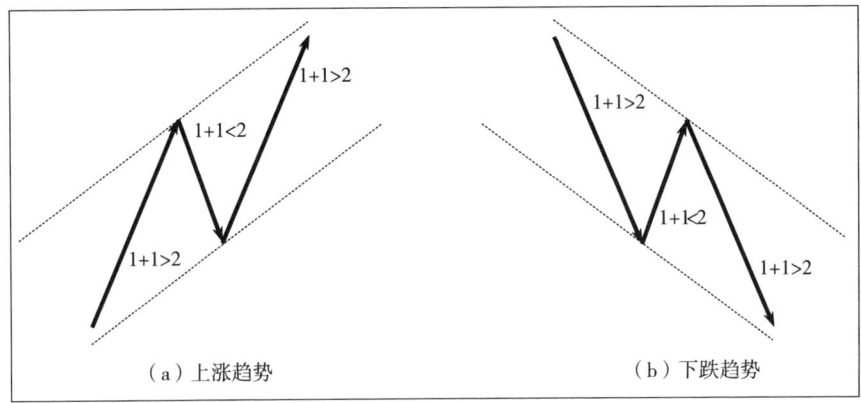

（a）上涨趋势　　　　　　　　　　（b）下跌趋势

图 2 – 1　趋势与群体行为的对应关系

2. 下跌趋势

如图 2 – 1（b）所示，当投资群体以看跌心理为主、在市场买卖立场和步伐上体现出相对统一的局面时，群体助长效应带来行为效率的提高，产生 1 + 1 > 2 的工作成果，形成下跌推进浪；而当市场出现一定程度的分歧，部分投资者心理预期出现逆转，市场处于暂时的看涨状态时，整体力量被削弱，群体致弱效应还将导致行为效率的降低，从而产生 1 + 1 < 2 的工作成果，形成幅度减小的上升调整浪。其结果是，在下跌趋势运动中，价格形态在整体上呈现出向下的趋向性，总的来说，价格运动沿着向下方向具有概率优势。如果市场维持这种运动模式不变，就会形成一浪低于一浪的周期性下跌趋势。

3. 横向盘整

如图 2 – 2 所示，如果投资群体没有形成一种统一的看涨或者看跌观点，多空双方一直处于严重分歧中，在力量对比上势均力敌，彼此不分胜负，即市场在整体上以斗争性为主，那么，价格运动就会出现横向盘整的局面。在盘整区，因为群体斗争性产生的自我弱化效应将导致行为效率的降低，从而产生 1 + 1 < 2 的工作成果，对价格运动起到遏制作用，因此，盘整中的价格波动幅度相对较小，并且价格运动在向上和向下两个方向上都没有概率优势。

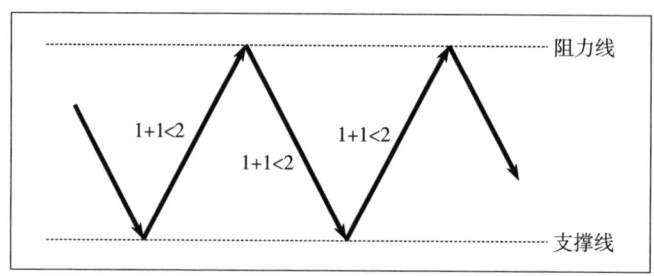

图2-2 盘整是以斗争性为主的群体运动结果

第二节

随机现象

随机现象是指在一定条件下进行试验或观察，出现的可能结果不止一个，事前无法确切知道哪一个结果一定会出现，但大量重复试验或观察中其结果又具有统计规律的现象。因为随机事件具有不确定性，事先很难预测，导致在决策和行动中不能做到百分之一百的正确，所以风险始终存在。在金融市场，价格的波动变化也具有随机不确定性，这是技术分析、预测和交易中的最大难题。

一、随机性原因

下面我们来简单地讨论金融价格出现随机性特征的原因。

1. 金融复杂性

金融复杂性体现在两个方面：金融体系结构的复杂性和金融工具的复杂性。其中，金融体系结构的复杂性将导致信息的损失，而金融工具的复杂性损害充分信息的获得。复杂性导致了信息不充分或信息不对称，增加了总体不确定性。此外，普通投资者的认识能力以及问题分析与解决能力都具有局限性，而金融复杂性往往也超出了普通投资者的最大信息处理能力，使得投资者难以洞察细节和具体的过程，也不能确定风险的所在和规模。由此可见，金融系统过于复杂，既有不确定性过程，也有不确定性因素，而我们的认识能力有限，这是金融价格变化存在随机性的原因。

2. 投资者行为的随机性倾向

金融市场是一个人类市场集群，以人为主体，在对外界数据和资讯的采集、分析和处理以及对价格的决策过程中，人的主体意识将发生重要的作用。实际上，价格本身并没有变更的能力，它是受人控制的。但是人类的思维、心理、决策等行为不仅具有惯性特质，而且在个人知识和经验不足、目标和方向不明确的情况下，往往带有明显的随机性倾向，具体表现为明显的个人主观臆断、情绪化、随意性、没有主见等。无论是成功者的出奇制胜，还是失败者的多疑易变和反复无常等，都反映了人性的变化莫测。其实，人性的复杂以及时有的盲目和狂热远远超出我们的想象。毫无疑问，市场主体心理行为的这种随机性倾向也会影响市场行为以及多空双方的力量平衡，造成价格变化的随机性特征。

3. 外部投资环境的不确定性

金融市场并不是一个固定的封闭市场，外部投资环境（包括政治、经济、自然环境以及人文环境等条件）也处于不断变化之中，不稳定性、不确定性和不可预见性因素增多，既有随机性的也有偶然性的变化因子，都会直接影响到价值和供需关系的变化，从而改变市场心理和买卖观点，也会造成市场内部环境条件的改变，如投资人数和交易资金的增减，多空力量对比的转变，导致原来的价格平衡点被打破，价格发生移动。此外，这些影响力的发生时间、是利好还是利坏、对价格的影响力度以及影响持续时间等并不能事先预知，从而导致价格变化的不确定性。

二、随机性问题的解决方案

金融价格变化的随机不确定性不仅导致技术分析预测和交易困难，而且将对我们传统的决定论思维形成严峻的考验和挑战。随机性问题的解决思路可以概括为以下几点：

（1）预测不存在唯一的确定性，即随机系统的决策中必定存在风险，因此，风险防范与控制是重中之重。

（2）虽然随机事件具有不确定性，但是大量同类随机现象将呈现出统计规律性，随机现象的数量规律用概率论来描述，其中，概率就是对随机事件发生的可能性的度量。

（3）统计规律性具有稳定性和重复性，代表了整体上的必然性。但与决定论的因果律不同，统计规律描述的是概率因果关系。

对于随机事件，认识整体上的必然性与个体事件的偶然性是理解概率论的基础。虽然个体事件的偶然性使得每次交易中充满了不确定性和风险，但是概率代表的平均期望值则表达了整体上的必然性和确定性。

（4）概率优势取胜法则。如果随机事件发生的概率不均等，在某个方面或者方向上存在概率优势，而在别的方面或者方向上存在概率劣势，那么，通过在概率优势方向上大量反复的操作，长此以往就可以达到赢多亏少的目的，这就是概率优势取胜法则。显而易见，概率因果律指明了从偶然性中通往必然性的方向，而概率优势取胜法则为金融交易的长期稳定盈利明确了方向和思路。在下一章，我们将在概率论的基础上，进一步推出实现长期稳定盈利的数学公式──概率论的赢率规则。

第三节

周期性循环变化规律

周期性现象指的是间隔大致相同并重复出现的现象，它们广泛存在于自然界中，例如，昼夜周期，潮汐周期，月周期，一年春夏秋冬四季的年周期，正常人有节奏的心跳，以及生物中普遍存在着的光周期性现象等。周期性现象蕴含着自然界的普遍规律，表现为一种周而复始、循环出现的结构，这种确定的结构就是现象的周期。时间周期是宇宙中最为重要的自然法则，而周期性循环规律体现了一种自然节奏变化法则。

一、周期性现象的特点

周期性变化的现象在社会和经济领域以及生产实践中也大量存在，这种周期性的循环发展模式已经成为一种普遍性的变化规律。例如，研究表明，人类社会是呈周期性发展的，在经济发展中也呈现周期性波动特征。根据经济周期理论，经济发展过程中的繁荣与萧条存在着周期性规律，随着时间的推移，经济发展会沿着经济增长的总体趋势，呈现出一种扩张与紧缩交替更迭、循环往复的周期性变化。同样地，由基本经济规律主导的价格长期变化中也会呈现潮起潮落这样的周期性波动变化。

周期性现象具有鲜明的形态和特征：①周期性和重复性。同样或者相似的情景会再现，但在时间上或者空间上具有大致相等的间隔。②稳定性。一个周期接着另一个周期地出现，这种现象体现了系统的稳定性，同时也说明系统蕴含着内在的因果关系。③客观性。循环往复的周期性过程也说明了这种现象的客观性。而客观性、重复性和稳定性正是规律的主要特点。

二、预见作用

虽然未来的不确定性始终存在，但是利用周期性现象的重复性特征，我们可以更好地把握自然与社会经济现象的本质，提高决策前瞻性和预见性，这就是预测的周期性原理（将在第九章讨论）。一个最简单的例子是中国阴历的二十四节气。中国人通过观察太阳周年运动，认知一年中时令、气候、物候等方面变化规律形成的知识体系和社会实践，成为中国古代一种用来指导农事的补充历法。每个节气均有其独特的含义，准确地反映出气候的自然节律变化，如什么时候冬至，什么时间立秋等，并成为指导农耕生产的时节体系。在投资领域，时间周期揭示了价格发生回调的规律，为技术分析与预测增添了新内容，而将时间周期性规律广泛运用于预测股市、期市已逐渐成为人们关注的热点。

但需要指出的是，虽然经济周期循环对股票、期货等资本市场的影响非常显著，决定资本市场的大趋势，但资本市场的循环周期在时间上并不完全与经济周期一致，资本市场的节奏通常要比实体经济快一步。而在股市，大盘周期与个股周期在节奏上也并不完全同步。例如，优质股票的节奏通常要早于劣质股票，也早于大盘。这些都是投资者必须重视的事实。

1. 江恩时间周期法则

利用时间周期在投资领域获得巨大成功的最典型代表人物是二十世纪最著名的投资家威廉·江恩，他运用数学、几何学、宗教、天文学等手段，研究股票和期货市场的价格变化规律，建立起一套独特分析方法和测市理论，包括江恩时间法则、江恩价格法则和江恩线等，其投资生涯成功率高达80%～90%，至今无人能比。

江恩理论认为股票、期货市场里也存在着宇宙中的自然规则，市场的价格运行趋势不是杂乱的，而是可以通过数学方法预测。它的实质就是在看似无序的市场中建立了严格的交易秩序，可以用来发现何时价格会发生回调和将回调到什么价位。江恩把他的理论用按一定规律展开的圆形、正方形和六角形来进行推述，这些图形包括了江恩理论中的时间法则、价格法则、几何角、回调带等概念。江恩投资理论一直都被称为投资界最神秘莫测的理论。

江恩时间法则（也称为时间周期法则、波动法则或者循环理论）认为：在研究趋势的变化时，时间因素和时间周期是最为重要的因素。一定量的价格回调发生在特定的时间内，价格回调必然与时间相符合，时间可以揭示价格回调的规律。因此，运用江恩时间法则，实际的价格回调是能够预测的。

其中的原因是时间会使价格平衡过度（失去平衡），即平均指数或个股在上涨或下跌了相当长的一段时间后，就变得平衡过度了，而且上涨或下跌的时间越长，调整或反弹的力度就越大。此外，从平衡角度来看，如果股价比上一次下跌或调整时的幅度多出许多，就意味着市场失去了平衡，在股价方面会出现自然的支撑或阻力，在时间方面会出现时间的阻力，因此转势即将发生。

江恩把时间定义为江恩交易年，它可以一分为二，也可以一分为三，一分为四乃至更多。在江恩交易年中，7日和7的整数倍也是重要的时间间隔。江恩的循环周期揭示了市场价格的周期性运行规律，可以预测价格反转的发生。虽然江恩的经验是从美国股市和期市上总结出的，但江恩理论基于循环往复、周而复始这种永恒的自然法则，具有普适性。例如，从1989年11月开始，上证指数也存在周期性规律，每隔18～21个月，便产生一个重要底部。因此，循环周期是投资者都要遵循的一个自然法则，为资本市场的正确预测提供了有力的工具。

2. 斐波那契奇异数列

有关时间循环的另一个例子是神奇的斐波那契数列0、1、1、2、3、5、8、13、21、34……，利用斐波那契数列可以得到最常用的一组比值：23.6%、38.2%、50%、61.8%、100%、161.8%……在投资市场，人们很早就发现，这些数字代表的位置可能是市场中重要的反转点。运用斐波那契数列的螺旋式周期来预测未来波动的重要转折点时，其准确率有时达到了惊人的地步，因此，斐波那契数列的奇特作用为价格－时间分析开辟了一条新路。

如图2-3（a）所示，在上涨趋势的回调中，斐波纳契回调水平有：23.6%，38.2%，50%，61.8%，100%，161.8%等，这些位置在未来都有可能形成支撑位，使得回调受到支撑作用而结束。在交易中最常用、最具参考价值的是38.2%、50%、61.8%，特别是61.8%被称为黄金分割点。一般来说，如果是强劲上涨行情，那么38.2%的回撤位置为最强支撑位；对于微弱上涨行情，61.8%的位置成为最强支撑位；而对于横向盘整行情，那么，100%的位置则成为最强支撑位。类似地，图2-3（b）显示了下跌行情的反弹开始后存在的斐波那契阻力水平，它们都是未来可能的阻力位置。例如，对于强劲下跌行情，38.2%的位置通常成为最强阻力位；对于微弱下跌行情，61.8%的位置成为最强阻力位；对于横向盘整行情，100%的位置则成为最强阻力位。

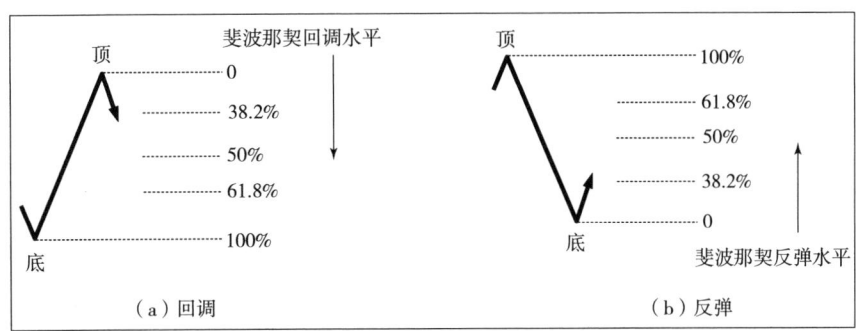

图 2-3 斐波那契回调或者反弹水平

必须指出的是，斐波那契数列的时间周期并不是等间隔的，而是呈现螺旋式周期。此外，一般来说，斐波那契重要支撑或阻力价格水平似乎更适合于中长期趋势运动中的次级折返，而不适用于短期趋势。

3. 价格循环运动规律

众所周知，价格运动可以分为三种基本形态：上涨趋势、下跌趋势和横向盘整。其中，上涨趋势和下跌趋势代表有趋势市场，即价格运动沿着某一个方向具有概率优势，可以用来实现交易盈利；而横向盘整代表无趋势市场，在形态上大致对称，在整体上没有概率优势，并且相对来说，横向盘整的幅度较小，也可以被视为是上涨趋势与下跌趋势之间的中间过渡阶段。因此，总的来说，价格运行就是涨跌互换、牛熊交替的循环复始过程（见图 2-4）。

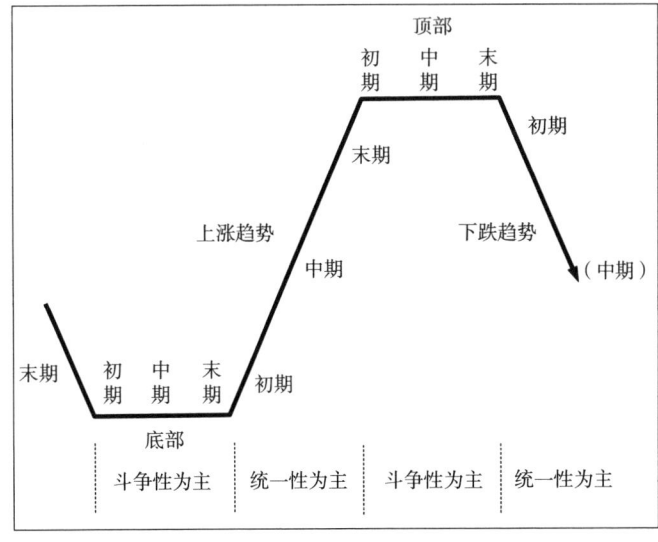

图 2-4 价格的循环运动规律

循环周期定义为从一个明显的波动行情最低点到下一个最低点之间的时间间隔，或者从一个明显的波动行情最高点到下一个最高点之间的时间间隔。一般来说，从最低点到最低点的循环周期比最高点到最高点的循环周期更为可靠。价格的这种循环规律在任何一张时间周期图表中都能观察到，并且存在大小不同的循环周期。大循环周期中包含着小循环周期，多个小循环周期组成大循环周期。在各自的循环发展中，大小循环既相生相容，又相生相克。

实际上，价格的每一个循环周期反映了市场一次完整的操盘过程。例如，在股市，当主力融资完成之后，一个典型的操盘过程包括吸筹、拉升、出货三个阶段，这是主力的一般运作过程，股价由低到高，再由高到低。当然，并不是每个主力都会循规守矩地按照以上几道程序一一而来。由于主力实力有强有弱，操作手法有高有低，操作风格可以千姿百态，有时候有的主力会吸、洗、拉手段并用，或者交叉进行，很难截然分开。每个主力通常都有各自的操作规范和流程。而循环周期的长短、行情的强弱与涨跌幅度的大小，往往与主力的实力、控盘能力以及各自的操作规范和流程有关，也受大环境影响。例如，一些私募资金和游资的操作手法会非常凶悍，往往会采取快速吸筹，强硬拉抬的"短平快"操作手段，一路进货一路拉高，目标位一到则坚决出货，所以循环周期较短。而具有控股能力的大主力有足够的资本和实力，通常会采用"放长线钓大鱼"的手段，操作周期长，行情涨幅高。但是，从主力操盘的本质来讲，他们的目的和意图都是相同的，所采用的操作手段包括欺诈手段都有相似性，最重要的一点是整个操作流程都要遵循市场运作的一些普遍规律性。

4. 趋势的周期性循环

上涨趋势或者下跌趋势是典型的周期性波浪运动，其中，每个循环周期由邻近的推进浪与调整浪组成（见图2-1）。趋势的周期性循环发展模式的重要意义主要体现在以下三个方面：①可以帮助投资者深刻理解首浪确认的重要性，这是因为首浪是趋势的首个循环周期；②对未来的预见作用。当市场处于趋势运动时，未来的价格运动状态具有可预测性；③趋势未来的可持续性与不确定性并存，这充分说明了趋势交易的风险性。

第四节

循序渐进发展规律

就发展历程来看，任何事物发展都有一个循序渐进的过程，都是从无到有，从小到大，逐步完善的。循序渐进、由浅入深，这是一条客观规律。

"不积跬步，无以至千里；不积细流，无以成江河。"学习和认识就是一个循序渐进不断积累、从量变到质变的过程，决不是一蹴而就的。人的知识积累到一定程度，就会使学习主体的智力产生质变，跃进到一个新的层次，然后，在新的层次上再积累并发生新的质变。

与新事物的发展过程一样，金融市场的趋势运动也经历从小到大的发展过程。这种发展和演变过程将在不同周期的 K 线图中依次呈现出来。例如，当新趋势刚刚形成时，首先会在短周期图中呈现形生势成的形态特征。随着行情的进一步发展和壮大，接着，在长周期图中也呈现形生势成特征，如此一步步地，直到行情到达尽头。以外汇市场上广泛使用的分析交易软件 MT4 为例，当一个新趋势行情崛起时，其形生势成形态特征将按照以下顺序从短周期图向长周期图依次逐级推进：M1（1 分钟图）→M5（5 分钟图）→M15（15 分钟图）→M30（30 分钟图）→H1（1 小时图）→H4（4 小时图）→D1（天图/日图）→W1（周图）→MN（月图）。由于不同周期的 K 线图对于趋势规模的表征具有选择性，例如，长周期图表只适合波动幅度大的趋势分析，而短周期图表更适合波动幅度小的趋势分析，因此在行情发展过程中，选择合适的周期图表对于正确的趋势分析、跟踪和判断至关重要。

在循序渐进的发展过程中，每一个阶段既是前一个阶段的延续，又是后一个阶段发展的基础，起着承上启下的作用。而发展初期和末期是两个特殊的阶段，它们都代表前一个阶段继承的失败，并成为后一阶段创新的开端。这就说明，在事物发展的过程中，如果发现一些异常，就要提早预防，这样就能避免出现大的灾难，酿成大祸。

第五节

对立统一发展规律

矛盾双方的对立统一规律是宇宙中一切事物发展的根本规律，它阐明了矛盾对立体的竞争和对抗是事物发展与变化的内在动力，从方法论上揭示了事物运动变化的根源和内因，而矛盾分析法是我们认识事物、解决矛盾的根本方法。

对立统一规律的矛盾分析法同样是金融技术分析中最有力的方法之一，它的重要性主要体现在以下两个方面：

（1）矛盾分析方法可以帮助我们加深对价格变化内在原因的认识和理解。

在金融市场，价格变化跌宕起伏，错综复杂。其中存在多种既相互对抗、相互影响，又相互依存、相互转化的矛盾体，如多空之间的矛盾关系以及中长期趋势和短期走势之间的矛盾关系。这些矛盾体的竞争和对抗推动了价格的变化。只有利用矛盾分析法，才能帮助我们在这些矛盾体的竞争和对抗中，分清主次，辨别真伪，抓住主要矛盾和主要运动趋势。例如，在趋势运动中，中长期趋势与短期走势代表了市场在不同层面上的矛盾关系，它们的内涵不同，重要性程度也完全不同。其中，趋势运动代表在较大时空范围内市场整体心理以统一性为主时形成的大规模群体运动，而走势则代表在较小时空范围内市场整体心理以统一性为主时形成的小规模群体运动。无论从群体运动的规模大小还是持续的时空范围来比较，两者都不在同一个层次上。如果把趋势看作一定时空范围内的全局势，那么，相对来说，走势只是其中一个较小范围内的局部势。在技术分析中，分析和判断未来市场走向其实就是研究趋势和走势之间对立统一的矛盾关系。例如，当走势和趋势一致时，代表局部与全局之间的统一性，将产生群体助长效应，形成趋势中的推进浪。而当走势与趋势方向相反时，代表局部与全局两个层面之间的不一致性，即市场暂时存在分歧，将产生群体致弱效应，形成趋势中幅度减小的调整浪。

（2）周期性循环规律的内在驱动力。对立统一规律也解释了世间万物循环往复的周期性现象，即矛盾体在统一性与斗争性之间的循环反复过程。

如图 2-5 所示，市场的循环模式可以表达为在统一性与斗争性之间的循环往复过程：

……→斗争性（底部）→统一性（上涨）→
斗争性（顶部）→统一性（下跌）→……

统一性与斗争性的转折反映了多空双方力量对比的转变。例如，在强劲涨势中，市场以看涨预期为主，多头力量占据绝对优势，价格总体上呈现明确向上的概率优势。而在强劲跌势中，市场以看跌预期为主，空头力量占据绝对优势，价格总体上呈现明确向下的概率优势。但是，当市场处于底部或者顶部时，多空力量不分胜负，市场出现严重分歧，竞争对抗十分激烈，市场失去明确的方向。

第六节

认识规律性的重要性

规律是事物之间的内在的必然联系，决定着事物发展的必然趋向。科学规律又称定律，是指人们通过概念、判断、推理的思维形式来表达的对客观规律的正确认识，即对客观规律的科学概括和表述。例如，牛顿力学万有引力定律属于科学规律，就是对宏观物理世界的万有引力规律的正确认识。客观规律与科学规律是第一性与第二性的关系。

我们之所以反复强调要把握事物发展变化的规律性，是因为规律性具有以下主要特点：客观性、稳定性、重复性和普遍性。其中，重复性是规律最基本的属性，人们正是对社会、自然现象的多次重复进行探索，抓住其内在联系，证明它的规律性。同时，共性规律的客观性、重复性和稳定性也揭示了经验在实践中凸显应用和发展价值的本质内涵。

在上面讨论的三种规律中，时间周期（循环周期理论）是宇宙中最为重要的自然法则，它着重于时间的分析，从周期的长短去研究推测循环高点或循环低点可能出现的日期，从而制定操作策略；循序渐进发展规律表明任何事物的变化与发展都不是一蹴而就的，必须有一个循序渐进的过程；而对立统一发展规律则揭示了事物运动变化的根源和内因。学习这些基本规律，可以提升投资者的思维层次和思维模式，克服已经形成了的旧观念和坏习惯，有助于提高分析问题和解决问题的能力。具体来说，规律性的重要意义表现在以下三个方面。

（1）交易机会的无限性。循环周期理论说明过去的变化特征会重复出现，因此，市场中存在无限的交易机会。但我们从小受到"机不可失，时不再来"观念的教育，会认为时机一错过，不会再来，因此，在寻找和等待交易机会时，因为唯恐错失机会，容易形成焦虑心态和焦虑情绪。从哲学的角度来看，"机不可失，时不再来"观念的正确性体现了时间的一维性，即时间是线性向前而不可逆的，因此，时机难得，必须抓紧，不可错过。但是，在资本市场，即使错过了一次机会，后面还会有一次次的机会，大可不必为此懊恼并耿耿于怀。而与机会无限性形成鲜明对照的是个人资本的有限性，代表了有限的交易次数（亏损时），因此，寻找好的交易机会至关重要，其重点是提高交易的成功率，并控制风险。

（2）时间周期观念。循环规律代表在价格变化中存在周期性的波动变化特征，因此，学会看懂周期、利用周期，就能给投资者带来相当可靠的投资获利机会。例如，价格大幅上涨之后，必有回撤；牛市之后，必有熊市；大泡沫之后，必有大崩盘。熟练地掌握了循环周期理论，可以有效地把握进出市场的时机。此外，趋势的发展和消亡以及新旧趋势（周期）的转折都有个时间积累过程。总的来说，时间周期观念告诉我们：好机会（即大行情）会有，但一般不会频繁出现，因此交易需要耐心，更要学会等待！

（3）规律是预测的基础。规律揭示了事物及其发展过程中的本质联系，代表着事物发展的必然性。预测实际上是一种对规律的认识以及实践推理过程，因此，掌握规律是进行预测的基础和前提，预测的准确性反映了人们对事物发展变化规律性的认识深度。而实践是检验认识真理性的唯一标准，如认识是否正确，就看其主观认识是否与客观事物相符合。但是，任何规律都不是万能的，都是在一定条件下起作用的，这就说明运用规律进行预测时不能脱离客观规律得以存在和发挥作用的必要前提条件。

第三章 概率论的赢率规则与交易系统

　　人类处理问题都有一定的基本模式。一般来说，我们首先要明确自己到底要干什么，对要做的事情以及对象特征有一个比较全面的了解，然后再去寻找合适的工具或者解决方案，切不可本末倒置。例如，如果要砍伐一棵树，就会去找锯子或者斧头。概括来说，无论做任何事情，首要的任务是明确目标和方向，这是迈向成功的第一步。其次，找出对应的问题和解决方法。俗语说："工欲善其事，必先利其器"。毫无疑问，工具是否合适，分析思路对不对，决策方案是否切实可行，至关重要，将直接影响到工作成效甚至成败。

　　金融价格变化极其错综复杂，其不同的外在表现形式代表着不同的内在本质和变化规律。基本面和技术面分析的内容非常多样化，包括有基本面、技术面、资金面、政策面、供需面、消息面和情绪面等各种数据资讯。其中，K线图形技术分析是日交易者广泛使用的分析工具，成为短线交易的决策依据。实际上，每一种数据资讯都从不同的角度描述了市场的一个特定侧面，没有好坏和高低之别，但是否适合你并且能解决问题，这才是关键！

　　本章通过交易盈亏公式和概率论的赢率规则揭示了交易盈亏的两大要素：胜负比和盈亏比。根据赢率规则，在理论上，在一个因素大致相等的情况下，至少要获得另一个因素的概率优势，使得系统至少具备一种期望收益优势，才存在可供投资者主观选择的盈利决策方案。据此，我们对金融交易的盈利策略和交易系统作了总结和归纳，可以用来帮助投资者明确金融交易盈亏问题的内涵与实质，从而提升战略眼光和思维格局。

第一节

交易盈亏公式

如果抛开交易成本不计，那么，一次等额买进与卖出交易中产生的盈利或者亏损可以如下计算得到：

$$盈亏额 = (卖出价 - 买进价) \times 股数或手数 \qquad (1)$$

由此可见，盈亏额由两个部分组成：第一项（卖出价 - 买进价）是在交易发生之后因为价格移动产生的点差，它决定交易是盈利还是亏损；第二项股数或者手数，决定了交易盈亏的绩效。其中，当盈亏额为正时代表盈利，负则代表亏损。

一、盈亏两大要素

交易盈亏公式（1）揭示了决定交易盈亏的两大要素：交易方向与位置，这是决定盈亏的决定性因素。

在实际操作中，衡量一个投资者的技术分析水平和盘面判断能力的标准，就是对价格运动方向和位置这两个关键因素的分析与判断能力。两者的相对重要性通常与交易周期有关。例如，从短期来看，交易方向比位置更重要，因为它直接决定了交易的盈亏，所以一般来说，在短线交易中，应该把方向放在首位，交易方向应该放在市场（趋势行情）方向上，充分利用强势在价格运动方向上的概率优势和相对确定性，这是典型的短线交易思维。而从长期来看，交易位置比方向更重要，位置的选择代表了大格局和大环境条件，重在长远，这是典型的以时间换空间的中长线交易思维。但实际上，短线交易是一切交易类型的基础，也是行动切入点，高超的交易艺术是短线思维和中长线思维的有机结合，它包括交易方向与位置的综合考量。因此，交易时机的选择不仅要考虑短线操作的意义，同时还应考虑其在中长线上的发展远景，体现了交易中"为之计长远"的谋略智慧。

二、资金管理

交易的股数或手数直接决定了盈亏的绩效，代表了资金管理的重要性。虽然股数或手数不是盈亏的决定性因素，并不会改变盈亏状态，但是过于轻仓将影响交易的绩效，而过于重仓则容易导致爆仓，并产生额外的风险，因此，资金管理的目的不但是为了提高资金运用的绩效，而且也包括资金运用中的风险管控。概括来说，合理并有效的资金管理是可以使你在盈利的时候赚得更多，而在亏损的时候输得更少的技术。

三、讨论

决定交易盈亏的原因可以分为客观和主观两个方面。

（1）客观原因：波动点差主要由价格波动行情的幅度决定。一般来说，大的波动幅度才能提供大的差价。但实际上，在价格变化中，小幅波动行情居多，中幅波动行情次之，大幅波动行情较少。显而易见，对于不同幅度的波动行情，就应该采取不同的交易策略。此外，由于市场的波动性，价格的上升或者下降过程并不是一帆风顺的，在前进路上充满了曲曲折折，这就给止损设置增大了难度，因此，我们决不能死守教条，否则，就很难取胜。

（2）主观原因：交易盈亏以及绩效取决于投资者对交易时机的选择和执行能力，体现了投资者实战能力的高低。其中，交易时机（交易方向与位置）的准确性直接取决于投资者的综合分析与预测能力以及决策能力。在交易行动中，投资者实战能力的高低体现在风险控制与盈利能力两个方面，这是成功的必要条件。

第二节

赢率规则与交易系统

与经典力学的精确预测不同，在金融市场，价格变化存在不确定性，没有任何一种理论和方法可以对价格运动作出唯一性的精确预测。由于价格具有随机性变化的特点，我们必须用全新的理论——概率论来阐述其中的预测问题，据此树立正确的交易理念。

一、随机事件与概率描述

随机性和统计规律包含两个层面上的意思。

（1）局部的不确定性。个别事件或者少数事件的发生具有随机性，并不是按照概率的大小而发生的，其结果没有规律性，无法预测，这是随机事件的基本属性。

（2）整体的确定性。在大量重复试验的情况下，随机事件的发生呈现一定的规律性。概率论（即大数定律）就是研究和揭示随机现象统计规律性的一门数学学科，其中，概率描述了随机变量在大量重复试验中的长期平均值，即随机事件概率分布的数学期望值。在本质上，概率统计是一种极限理论，揭示了随机事件的变化趋势，阐释了随机事件在整体上的稳定性和必然性。

在随机性问题中，我们可以看到以下几个重点：

（1）风险性决策。随机事件的不确定性导致局部结果不能精确预测，因此，不管哪种方案都存在风险。风险是各种不确定性因素综合的产物，永远无法避免。

（2）小概率事件（墨菲定律）。对于概率事件，很多人往往都会产生误解，以为小概率事件出现的可能性一定很小，不太可能发生，这种理解往往会造成误导，容易麻痹人们的风险防范意识。实际上，小概率事件与偶然事件虽然在整体上出现的可能性很小，但是它们仍有出现的可能性，随时都可能发生。如果我们对此掉以轻心，怀有侥幸心理和麻痹大意思想，不做任何的防范措施，就会酿成悲剧。墨菲定律强调概率上的随意性，揭示了在安全和风险管理中人们为什么不能忽视小概率事件的科学道理，它的意义在于：虽然风险危害事件发生的概率很小，但在一次实验或活动中仍有可能发生，不能忽视，必须引起高度重视。

（3）大概率事件。大概率事件描述了未来发展的总趋势和发展方向，即概率上的必然性。举一个简单的例子，假设交易成功的概率是70%，失败的概率则是30%，那么，胜负比为70∶30，它揭示的是在大量反复中必然呈现出来、并且具有稳定性的数值统计规律。实际上，单次或者局部的交易结果并不会按照70∶30的胜负比发生，下面5种结果都有可能出现：①全胜；②胜多败少；③胜负相等；④胜少败多；⑤全败。但是，在不断重复中，随着交易次数的增加，我们就会发现其结果越来越趋近于比值70∶30，即利用概率优势实现赢多输少的必然性！

二、交易盈亏的概率分析

如图 3－1 所示，A 代表一个交易位置。由于价格变化具有随机性，在交易行动之后，市场方向既可能向上，也可能向下。假设价格在位置 A 时未来向上运动的概率为 $G_{向上}$，那么，向下运动的概率就为 $G_{向下} = (1 - G_{向上})$，它们代表在大量重复中价格在两个不同方向上出现的概率。进一步地，如果我们在位置 A 上作出买进交易，那么，向上的概率 $G_{向上}$ 就代表交易正确率（也称为成功率或者胜率）：$G_{正确} = G_{向上}$，而向下的概率则代表交易失败率：

$G_{失败} = G_{向下} = (1 - G_{正确})$。对于概率事件，概率的取值通常既不会是 0，也不会是 1，其取值范围介于 0 和 1 之间，代表在两个方向上都有出现的可能性。换句话说，成功和失败总是并存的。

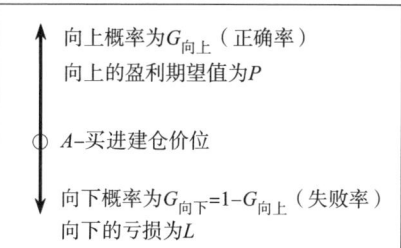

图 3 – 1 交易盈亏的概率分析

假设平均而言，每次向上的交易产生数额为 P 的盈利，而向下的交易产生数额为 L 的亏损。其中，P 为正值，代表盈利，而 $L(= -|L|)$ 为负值，代表亏损。那么，综合考虑到价格运动随机不确定性的概率因素之后，向上交易产生的期望盈利额可以用 $G_{正确}P$ 来评估，代表交易方向向上时的盈利能力。类似地，向下交易产生的期望亏损额可以用 $G_{失败}L = -G_{失败}|L|$ 来评估，代表交易方向向下时的亏损能力。于是，平均来说，在 A 点买进时产生的盈亏额期望值（即期望收益）可以表达为：

$$期望盈亏额 = G_{正确}P - G_{失败}|L|$$

$$= \left(\frac{G_{正确}}{G_{失败}} \times \frac{P}{|L|} - 1\right)G_{失败}|L| \tag{2}$$

从等式（2）可以看到，在 A 点买进时，交易是盈利还是亏损完全由式子 $\left(\frac{G_{正确}}{G_{失败}} \times \frac{P}{|L|} - 1\right)$ 决定，这是决定盈亏的关键。其中，$G_{正确}/G_{失败}$ 代表交易成功率与失败率的比值，即胜负比，它描述了在位置 A 时未来价格运动在向上与向下两个方向上的概率比值，体现了价格运动状态的方向特性。而 $P/|L|$ 代表未来潜在的盈利与亏损比值，即盈亏比期望值，它描述的是未来市场在向上方向上的收益（利润）与向下方向上的亏损（风险）的比值，体现了价格运动状态的空间特性。由此可见，胜负比和盈亏比是决定交易盈亏的两个关键因素。不难发现，胜负比与盈亏比与前一节交易盈亏公式里的方向与位置成一一对应关系，它们实际上是方向与位置这两个要素在概率意义上的数学阐释。

根据上面的讨论，等式（2）可以进一步改写为：

$$期望盈亏额 =（胜负比 \times 盈亏比 - 1）\times 亏损额 \tag{3}$$

在等式（3）的两边除以投资金额，可以得到：

$$期望盈亏率 =（胜负比 \times 盈亏比 - 1）\times 亏损率 \tag{4}$$

其中，亏损率 = 亏损额/投资额。一般来说，在交易中产生的亏损来自止损，亏损额由止损点数决定，因此，亏损额就等于止损额，亏损率等于止损率。

换句话说，等式（4）还可以改写为：

$$期望盈亏率 = (胜负比 \times 盈亏比 - 1) \times 止损率 \qquad (5)$$

从等式（5）可以看到，在概率意义上，在 A 点买进时产生的交易结果有以下三种：①胜负比×盈亏比 =1，即期望收益为零，代表平均来说，盈利能力与亏损能力大致相等，在总体上不赢不赔；②胜负比×盈亏比 >1，即期望收益为正值，代表盈利能力大于亏损能力，在 A 点的买进操作在总体上将处于盈利状态；③胜负比×盈亏比 <1，即期望收益为负值，代表盈利能力小于亏损能力，在 A 点的买进操作在总体上将处于亏损状态。

三、盈亏零线

从式（3）或者式（5）可以得到盈亏零线：

$$胜负比 \times 盈亏比 = 1 \qquad (6)$$

由此可见，盈亏零线的胜负比与盈亏比成反比关系。图 3 - 2 为按照式（6）计算得到的盈亏零线。

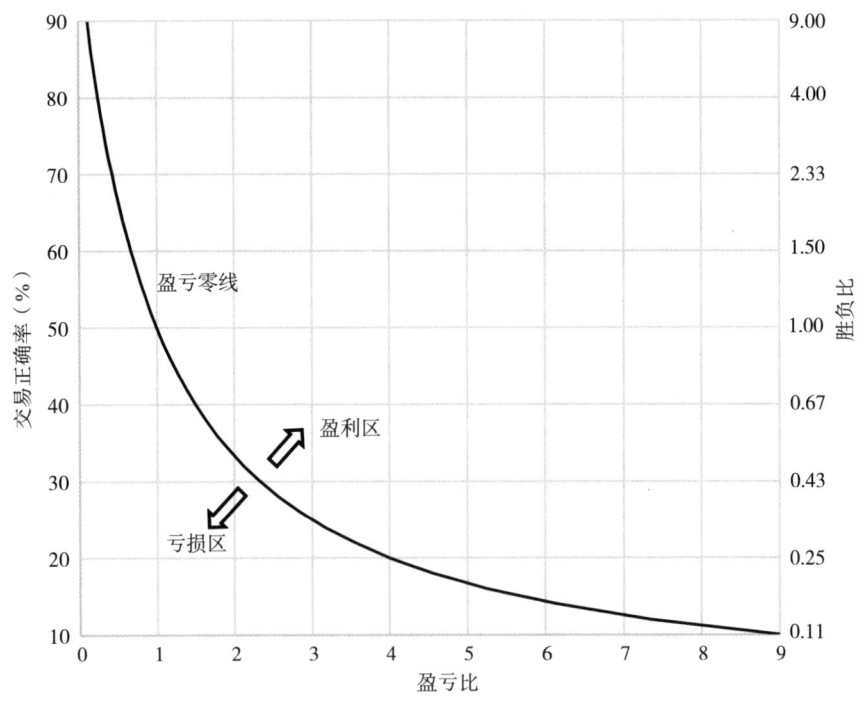

图 3 - 2　盈亏零线

下面是盈亏均等的几个例子：

盈亏比 $=4:1$，交易正确率 $G_{正确}=20\%$，胜负比 $=1:4$；

盈亏比 $=3:1$，交易正确率 $G_{正确}=25\%$，胜负比 $=1:3$；

盈亏比 $=2:1$，交易正确率 $G_{正确}=33\%$，胜负比 $=1:2$；

盈亏比 $=3:2$，交易正确率 $G_{正确}=40\%$，胜负比 $=2:3$；

盈亏比 $=1:1$，交易正确率 $G_{正确}=50\%$，胜负比 $=1:1$；

盈亏比 $=2:3$，交易正确率 $G_{正确}=60\%$，胜负比 $=3:2$；

盈亏比 $=3:7$，交易正确率 $G_{正确}=70\%$，胜负比 $=7:3$。

盈亏零线告诉我们，低的交易正确率必须有大的盈亏比配合，或者反过来，小的盈亏比必须有高的交易正确率配合，才能在总体上保持盈亏相当。

四、赢率规则

通过上面的讨论，我们可以看到，在概率的意义上，在 A 点买进时要在总体上确保盈利的充要条件是向上的盈利能力要大于向下的亏损能力。由（5）式，这个充要条件可以表述为：

$$胜负比 \times 盈亏比 > 1 \tag{7}$$

在数学上，这是两个不同元素的组合不等式方程，这是在概率论基础上描述的赢率规则，揭示了交易盈亏的本质和内涵。但必须指出的是，赢率规则不等式（3）是没有计入人为失误的最低条件。在实际操作中，由于价格波动变化的复杂性，在价格分析预测与交易行动中，将不可避免地出现人为的判断和行动失误。例如，对客观有利条件的认识和利用不充分，造成交易行动不能按照客观市场的有利条件执行，使得原有优势缩水甚至变成不利条件；或者对市场形势误判造成决策错误；或者因为行动迟疑、不果断而贻误战机，造成潜在盈利空间的缩小、亏损空间的扩大等。因此，从实际意义上讲，将盈利能力定为亏损能力的 2 倍比较合理。换言之，考虑到人为失误之后，长期稳定盈利的充要条件可以改写为：

$$胜负比 \times 盈亏比 \geq 2 \tag{8}$$

由此可见，投资者要实现持久稳定的盈利目标，只有两种方法：提高胜负比（即交易正确率）和盈亏比。

五、交易系统

交易系统是投资市场一个常见的名字，但很多人并不真正明白其中的含义。什么是交易系统？在赌场，简单来说，一种确定的赌法就代表一种交易系统，它具有完整的交易规则体系。大家都知道"久赌必输"这一事实，但是为什么赌场能够经久不衰？能明白其中数学原理的人寥寥无几。其实，赌场与投资市场的理论基础都是概率论，道理完全一样。作为一种交易系统，首先，它必须得到数学原理（即概率论）的证明，符合具备稳定盈利能力的数学模型。其次，一套设计良好的交易系统，必须对投资决策的各个相关环节作出相应明确的规定，必须符合使用者的心理特征、投资对象的统计特征以及投资资金的风险特征。因此，交易系统实际上就是完整的交易策略与方案以及交易计划与方法。交易系统的特点在于它的完整性和客观性，它保证了交易系统结果的重复性和稳定性。

赢率规则不等式（8）揭示了金融交易中的两种典型交易系统。

1. 高正确率交易模式

由（8）式可以看到，如果胜负比≥3∶1（即交易正确率≥75%），那么，盈亏比为2∶3的市场（行情）就具备了实现长期稳定盈利的条件，这是典型的高正确率交易模式。一般来说，高正确率模式适合于波动幅度较小的弱势行情（低盈亏比系统），属于短线交易风格。在这种低盈亏比系统中交易时，因为潜在的盈利空间较小，期望盈利额较小，因此，在每次交易中都必须严格限制风险，确保每次交易的亏损额都较小，与盈利额大致相等。在这种情况下，只要提高交易正确率，减少失败次数，就可以积小胜为大胜，从而达到长期稳定盈利的目的。

概括来说，高正确率交易模式的风格和特点为：①以高胜率制胜，快进快出，见好就收；②靠"数量"积少成多，属于短线盈利策略；③每次的交易风险可以控制在较低的水平。其缺点为：①容易导致频繁交易和过度交易。较短的交易周期决定了较高的交易频率，这是短线交易容易诱发的不良后果。②极易导致重仓交易。因为每次交易的期望盈利点数较少，为了增加盈利额，就要加大每次交易的股数/手数，从而极易导致重仓交易，从而增加交易中的额外风险。③抗风险能力差。短线交易一般要求设置较小的止损点数，这就意味着短线交易仓位的抗波动能力较差，很容易因为价格波动而被震荡出场。④容易造成交易人身心疲惫，不利于学习和进步。短线盈利策略貌似简单易行，其实对个人技术要求和条件更高，要求交易人有高超的个人技术能力和心理素质，随机应变的能力、果断的作风以及自律能力，所以有"短线是王"之说。

对于低盈亏比的弱小行情，价格涨跌幅度较小，期望盈亏额也较小，但是如果投资者在交易中滋生不切实际的贪婪心理，短线做成长线，又不能严格限制风险，放任亏损的扩大，交易结果往往会由小盈变成大亏。一旦养成这种坏习惯，那么短线交易将形成这种结果：赚钱的时候都是小赚，亏钱的时候却都是大亏。对于投资资金的理论计算显示，当亏损率为 10% 时，只要 11% 的盈利率就能恢复盈亏平衡；但当亏损率为 20% 时，需要 25% 的盈利率才能恢复盈亏平衡；而当亏损率为 40% 时，需要 67% 的盈利率才能恢复盈亏平衡（金世荣，《形态心理分析与交易策略—外汇交易的而基础与提高》第十三章）。考虑到普通投资者的实际盈利能力，当亏损率超过 20% 时，通常就很难再扭亏为盈，最后都以失败告终。

概括来说，短线交易最常犯的错误：①不止损，变成短线长做；②频繁交易；③重仓交易；④逆势交易或者在没有趋势的行情里交易。

2. 高盈亏比交易模式

如果盈亏比 ≥3∶1，那么，胜负比 = 2∶3（即交易正确率 = 40%），就可以满足长期稳定盈利条件，这是典型的高盈亏比交易模式。高盈亏比模式要求投资者坚持在具备较高盈亏比期望值的市场（行情）中交易，并且交易行动要严格按照"控制风险，放大利润"的策略进行。显而易见，这种交易策略只适合于波动幅度较大的强劲趋势或波动行情（高盈亏比系统），属于中长线交易风格。在这种高盈亏比系统中交易时，虽然交易的正确率并不要求很高，甚至交易成功率还可以略低于交易失败率，但是，因为行情的潜在盈利空间较大，因此，盈亏比期望值大。在这种情况下，投资者只要在每次交易中严格限制风险，并且在成功的交易中获得足够高的盈亏比，即亏钱的时候都是小亏，赚钱的时候都是大赚，长此以往，就可以确保稳定盈利。

从实际结果来看，提高交易正确率的难度很大，成功的交易系统都是高盈亏比系统。例如，就专业交易员而言，一般来说，交易成功率大多在 30% ~ 50%，但是盈亏比较高。按照盈利规则不等式（8），40% 的交易成功率（胜负比为 2/3）配合 3∶1 以上的盈亏比，就是一个相当好的交易系统了，就能确保长期稳定盈利。因此，对于散户来说，提高盈亏比才是比较切实可行的办法。但需要指出的是，潜在盈利空间的大小不是投资者个人的主观臆断，而是取决于市场波动行情的大小，一切都应由市场说了算！而投资者能否发现大行情，并且把握大行情中的有利交易时机，完全取决于个人的认知水平和综合分析与判断能力。综上所述，投资盈亏比，不仅反映了投资者的谋略智慧，而且也体现了投资者的认知水平和实战能力，长期来看，这才是真正反映投资者个人整体能力水平的一个综合指标。

最后还要指出，我们强调交易的核心理念是顺势而为，通过乘强势来提高发现大行情的可能性，其重点就是放在提高交易的盈利比上，同时在趋势行情中交易又能确保一定的成功率。因为强势大行情不仅有较大的潜在盈利空间，可以谋取较高的盈亏比，而且在价格运动方向上具有概率优势，还可以提高交易的成功率，使得稳定盈利的把握更大。

六、赢率规则的意义

金融交易的赢率规则与赌场制定的赌博规则是一样的道理。赌场制定的赌博规则确保赌场相对于赌徒具有一定的庄家赢率，使得赌徒久赌必输，而赌场则久赌必赢。下面以旧中国赌场中很流行的赌骨牌为例，来说明赢率规则的重要性。骨牌共有 36 个数字，从 1 到 36，赌客可以任意对数字下注，庄家每次开牌只开一个数字。如果被你押中的话，庄家的赔率为 1 赔 35。实际上，不管赌徒采用哪种赌法，最终结果必输。但是，很多赌徒不明白其中的道理。例如，有的赌客貌似发现了一条生财之路：一次对其中的 34 个数字下注。不难计算，这种赌法的成功率为 $34/36 \approx 94.4\%$，失败率仅为 $2/36 \approx 5.6\%$，因此每次押中的成功率非常高。问题是：如此一直赌下去，真的会赢吗？

如果赌客每次坚持对其中的 34 个数字下注的赌法，那么，其结果将会有两种：押中与未押中。其中，押中率为 94.4%，未押中率为 5.6%，对应的胜负比约为 17:1。当赌客押中时产生的盈利额为 $(35 - 34) = 1$，而当赌客未押中时产生的亏损额为 34，盈亏比则为 $1/34 \approx 2.9\%$。平均来说，盈利能力 = 押中率×盈利额 = 94.4%×1 ≈ 0.94，亏损能力 = 未押中率×亏损额 = 5.6%×34 ≈ 1.9，总期望收益 = 盈利能力－亏损能力 = 0.94－1.9 = －0.96 为负值，胜负比×盈亏比 = 17/34 = 0.5 < 1，因此，这种赌法具有负期望收益。也就是说，从长期来看，赌客的这种下注策略根本无法打败庄家，他们久赌必输！但是，因为这种赌法可以大大地提高赌客的成功率，因此，总的来说，赌客赢的次数很多，输的次数极少，这一点对大众极有诱惑力和欺骗性，往往掩盖了这一事实，即赌客成功时的盈利率（赢率）极低，而失败时的亏损率（赔率）极高，只要碰到一次未押中事件就会让赌客的下注资金被一扫而光，赌客的这种下注策略实际上由一个很高的交易胜负比（优势）与另一个极低的盈亏比（劣势）组成，其期望收益优势却偏向于赌场，因此，赌客结局早已注定！

同样的道理，在金融市场，如果市场（行情）不存在期望收益优势，就不可能存在成功的决策方案，在这种情况下，不管交易者采用何种交易策略和方案，交易的最终结局必定是亏损。因此，赢率规则揭示了实现长期稳定盈利的本质内涵，它可以概括为以下几个方面：①市场至少具备一种期望收益优势；②与期望收益优势相适合的交易系统；③严格地执行。否则，长期稳定盈利就成为一种空想，到头来，终将一败涂地！

第三节

理论和实践

通过赢率规则的讨论，我们可以看到，实现长期稳定盈利的前提条件是看投资者有没有建立起一个具有正期望收益的交易系统。但是，一个好的交易系统，不仅代表它具有一个较高的正期望收益，而且还要切实可行。换句话说，就是要理论结合实际，才能真正发挥其应有的作用，这是理论和实践、主观和客观、知和行的结合与统一。

在每次的交易实践中，交易方向代表了个人的主观决定，而市场方向则代表了市场的客观情况，最后的盈亏实际上取决于个人主观性与市场客观性之间的统一性程度。从形态的角度来看，价格运动状态的主要表现形式为：速度、方向以及持续时间，并且在形态上呈现出不同规模大小的波动性。而胜负比和盈亏比是在概率论的基础上，分别描述了价格运动状态在不同位置上的两种不同特性。例如，胜负比是价格沿着两个不同方向运动的概率比值，它体现的是方向特性。而盈亏比则反映了市场（行情）在两个不同方向运动的幅度比值，体现的是空间特性。其中，一个由行情的潜在幅度决定，另一个则由止损点数决定。显而易见，胜负比和盈亏比分别揭示了价格波动变化中的客观性因素，这个客观事实是不会因为人的主观意志而发生改变。这就充分说明一个好的交易系统只有在一个合适的市场（行情）中才能起到应有的效果，反之，如果不顾客观实际，只凭自己的主观意图行事，其效果肯定会被削弱，甚至适得其反。

为了更好地理解这一点，这里以 4 小时欧元/美元 K 线图表中的波段行情为例，来揭示行情幅度大小对胜负比和盈亏比期望值的影响。其中，波段行情的盈亏比是根据波段行情幅度以及底部和顶部震荡幅度来计算的。例如，对于一个上涨波段行情，我们假定在底部盘整区的上边界买进，在顶部盘整区的下边界卖出，止损点设在底部盘整区下边界之下，这样就可以得到期望的盈亏比。而胜负比的计算相对复杂，为了简单起见，对于一个上涨波段行情，我们把行情中的阳 K 线数目近似地作为交易方向向上时的成功次数，而把阴K线数目近似作为交易方向向下时的失败次数，十字、丁字线除外，于是，上涨行情的胜负比可以用该行情中的阳K线数相对于阴K线数的比值来近似。对于下跌波段行情，其胜负比则以阴K线数与阳K线数之比值来近似。用这种方法对幅度不同的一系列波段行情所作的统计结果如图3-3所示。图中画了两根虚线分别作为胜负比和盈亏比变化的参考线，从图中我们可以看到以下几点。

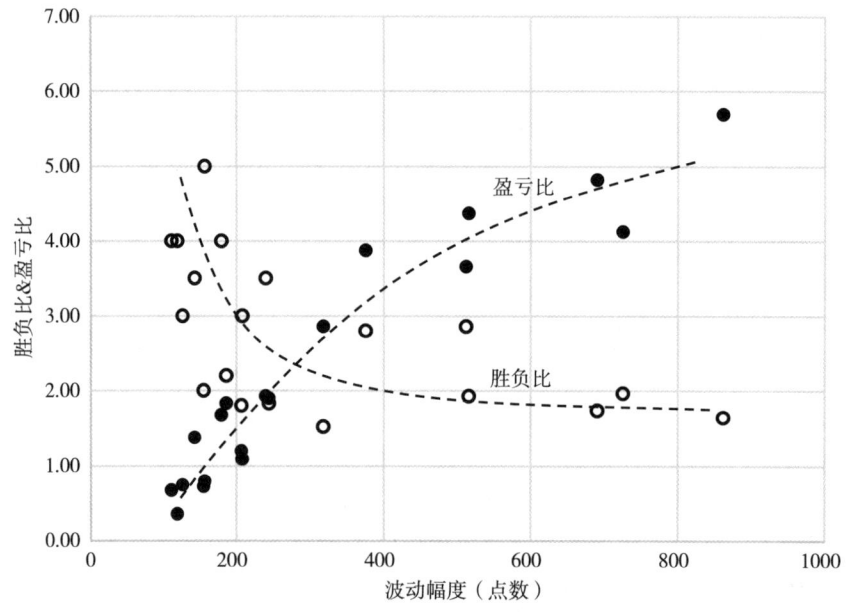

图3-3 胜负比和盈亏比与行情幅度的关系

（1）如预期的那样，随着波段行情幅度的增大，盈亏比随之增大，但是，胜负比反而逐渐减小。胜负比降低的主要原因如下：随着行情的进一步发展，市场中的短线获利回吐压力也将不断地增大，一般来说，技术面要求的回调幅度也会相应增大，因此，总体上说，将导致胜负比降低。然而，我们可以看到，只要市场处于波段行情中，胜负比总体上保持在3/2之上，即价格运动在行情方向上始终保持一定的概率优势，直到行情结束。

（2）当行情幅度小到一定程度时，盈亏比将小于1，这就说明在弱势波段行情中，盈利能力将会小于亏损能力，代表风险将超过利润。例如，对于盈亏比＝1/2的小行情，按照赢率规则不等式（8），胜负比必须在4以上（即成功率≥80%），才能确保长期稳定盈利。但在实际操作中，因为短小波动的变化快，对技术分析与预测的有效性和可靠性构成挑战，还将大大地增加实战中把握时机的难度，对个人执行力也形成严峻的考验。一般来说，在短小波动中交易，机会稍纵即逝，实际上很难保证很高的交易成功率，而且风险控制难度加大，风险往往会激增，因此，很难做到长期稳定盈利。

（3）对于较大的波段行情，不仅可以有较高的盈亏比期望值，而且还可以保持一定的胜负比优势。例如，当波动幅度在 800 点差左右时，胜负比约为 1.7:1，即交易成功率为 63%，但盈亏比期望值可以达到 5:1，胜负比×盈亏比 = 8.5，即盈利能力（期望值）高达亏损能力的 8 倍以上，大行情的这种优势可以形成一种非常可靠的稳定盈利系统。当然，这种盈利能力只是描述了市场（行情）的有利客观条件，它构成了投资者成功的基础。但在实战中，即使有了市场的有利客观条件，投资者的实际盈亏能力还与主观条件（即个人综合能力）有着密切的关系，如分析和预测大行情的准确性，对进出场时机的把握以及执行能力等。

在金融市场，大行情的机会虽然并不频繁，但仍在不断地出现。如果技不如人，遇到了难得的大行情，却"长线短做"，就完全失去了高盈亏比的优势，长此以往，稳定盈利仍将成为空谈！

（4）大行情优势的存在有个前提条件：行情在未来具有稳定和持久的可持续性发展。如果投资者错判市场局势，或者未来市场生变，不再能提供这个客观的有利条件，那么，反而会适得其反。例如，在大行情的中后期或者末期，行情的潜在发展空间变得相当有限，而风险却在不断增大，未来的形势将与过去截然不同，如果投资者继续盲目跟风，事后又不能随机应变，那么，势必将会短线长做，放大亏损，最后招致重大损失。

稳定盈利需要长期不懈的努力和坚持，即在正确的市场（行情）中按照正确的交易计划交易，从而获得概率上的必然性。但是由于概率上存在随意性，在实际操作中，投资者既不能保证每一笔交易都能成功，也不能确保每笔交易都面对一模一样的市场行情，这就说明固定的交易风格往往不适合应对随机变化的市场。因为不同的交易风格属于完全不同的交易系统，只适合特定的市场（行情），所采用的盈利策略和技术手法完全不同。然而，由于在思维模式中养成的个性倾向性和习惯，大多数投资者在交易中多多少少都会带有固定倾向的交易风格，由此加剧个人主观臆断的作用。如果投资者不能明白这一点，不能在交易中顺应市场，灵活处置，那么，就很难确保长期的稳定盈利。

第四节

赢率规则交易与赌博的根本区别

赌博是一种拿有价值的东西做注码来赌输赢的游戏，是人类的一种娱乐方式。在西方社会中，它有一个经济的定义，是指"对一个事件与不确定的结果，下注金钱或具物质价值的东西，其主要目的为赢得更多的金钱和/或物质价值"。赌场中既有输者，也有赢家。但输家多，赢家极少，这是个不争的事实。在庄家与赌徒之间，单次赌博的胜负带有极大的偶然性，无法预测。但是，赌场依靠制定的庄家赢率确保了赌场相对于赌徒的概率优势，使得赌徒永远处在概率的劣势地位，长此以往就形成赌徒久赌必输而赌场久赌必赢的事实。

金融市场与赌场的起源和目的完全不同，在"玩法"上也有着很大的不同，但是，在未来结果的不确定性这一点上是完全相同的，这就注定了外汇、期货、股票等金融交易行为多多少少带有一种盲动性，或者说是一种赌性。实际上，人类的赌性并未与生俱来。当人类面对事先无法预测的不确定性事件时，如果没有正确的理论指导，那么就只能凭经验以及直觉和情绪来决策。于是，少数聪明的人善于分析思考和总结，只赌具有概率优势的一面，而多数人则不分青红皂白，盲目随性而赌，结果不言自明。

通过前面几节的讨论，我们可以看到，赢率规则的交易与赌博之间具有以下的本质区别：

（1）赌博（如单双、骰子、四门方宝）通常是盲目的、无知的、无规则的下注行为，无法评估每次下注行为的胜算概率，其结果带有极大的随机性和偶然性，输赢是不确定的，全凭运气决定。赌博心理也是一种不健康心理，它综合了人们的贪婪、冒险、投机与侥幸等心理。当一个人的自控能力不强时，潜意识的人性弱点将会得到孕育膨胀，从而引起冲动，产生冒险行为，并容易让人执迷不悟。在行为上，容易助长情绪化的非理性、个人的主观臆断和一厢情愿。

（2）赢率规则的交易则建立在概率论的理论基础上，并严格按照事先制定的、严密的、具有期望收益的交易计划进行操作。交易计划不仅是投资者的行动指南，也是约束投资者的行为准则。有助于建立自律机制和良好的交易习惯，帮助克服人性弱点，避免情绪化的冲动交易，增强交易的客观性，减少交易的主观盲目性，确保每次交易都按照稳赢体系运行。

（3）两种行为有概念上的差别，但没有对象、时间和场合的区别。例如，在赌场中，如果赌客能够掌握稳定盈利的规则和技巧，并且只在有利的客观条件下进行下注，其行为就不是赌博。反之，在金融投资市场，如果不能掌握稳定盈利的规则和技巧，盲目交易，其行为就是赌博。实际上，在金融市场，绝大多数散户一直在进行着简单的赌博行为，即使他们有过盈利的记录，但最终的结局肯定都是失败！

第四章　交易风险的成因浅析

　　概率论的赢率规则奠定了稳定盈利的数学基础，说明在每次交易中控制风险与扩大盈利的重要性。因为成功是财富积累多少的问题，而失败是事关生死存亡之关键，因此从某种程度来说，学会识别和控制交易风险比盈利能力更重要。然而，很多人往往只注重于盈利技巧的学习和培养，却对潜在的风险重视不够，最后深受其害，给自己的交易生涯造成致命危害。例如，有些人千辛万苦，好不容易积累起来的财富，却可能因为偶然的一次风险事故而导致血本无归，酿成"一招不慎，满盘皆输"的悲惨局面。

　　风险是由风险因素、风险事故和损失三者构成的统一体，其实质就是损失发生的不确定性。这种不确定性包括发生原因或者过程的不确定性、发生与否的不确定性、作用时间长短与影响力度的不确定性，最后导致风险产生结果的不确定性。在金融市场，交易风险的不确定性是因为产生交易风险的客观因素很多，我们无法对其发生过程或者最终结果作出精确预测所致。此外，作为以人为本的市场，交易风险的产生也与投资人的主观性因素有着密切的关系。通过对交易风险的讨论，可以帮助我们去认识风险产生的根源，从而树立正确的风险意识，坚决杜绝主观意识上的侥幸心理和行为，深刻地认识到在自己的交易系统中建立应对客观潜在风险措施的重要性和必要性，在思想上和行动上做到防患于未然。

第一节

主观脱离客观

　　主观与客观的矛盾是人类实践活动中最普遍的矛盾。从理论逻辑看，人的主观世界是在实践的基础上通过认识反映客观世界而构建起来的，同时它又通过实践作用于客观世界，即客观决定主观，而主观能反映并作用于客观。

客观规律性与主观能动性的辩证关系告诉我们，只有当主观正确反映客观并作用于客观时，对客观事物发展才能起促进作用，并且对主观世界和行为产生积极的影响，最大限度地激发潜能，展现能力；反之，如果主观背离客观、理论脱离实际，不仅对客观事物发展起阻碍作用，而且就会犯主观主义的错误，结果事与愿违，招致风险和失败。因此，在实践中，我们强调理论联系实际，主观与客观相统一。

在交易风险的成因中，既有市场的客观性因素，也有投资者的主观性因素。其中，客观性因素是不依人的意志为转移的，也是所有投资者都要面对的市场潜在风险。而风险的主观性因素则体现了人为因素在交易实践中的重要性。在实际操作中，作为交易的决策者以及行动者，投资者的个人主观因素实际上起着决定性作用，说明交易成败真正的关键点在于交易者本人，而非外部事物。其中，主观脱离客观通常是造成决策失误的根本原因，从而产生交易风险。究其原因，主要有以下几个方面。

一、自我认知不足

不了解自己的不足和弱点，就无法锐意进取。

1. 理论知识水平

理论知识是指人类对实践活动的认识、总结和升华，是概括性强、抽象度高的知识体系。理论知识中往往包含了一般知识和专业知识。十七世纪英国科学家培根说："知识就是力量"，一语道破了理论知识的重要性。知识也可以看成是构成人类智慧的最根本的因素。一般性知识可以丰富一个人的思想，让人博古通今，能使人思路开阔、想象力丰富，能增强人的思维能力、推理和判断能力，从而增强分析问题和解决问题的能力。知识还能培养一个人的长远眼光，让人拥有清晰的头脑，明锐的观察力，提高看透物质本质的能力，提高决策的预见能力。而专业知识系统揭示了特定领域事物发展变化的规律性，它培养人们训练有素的专业技能和实际操作能力。因此，只有拥有丰富的专业知识，才能提升分析并解决特定问题的能力，才会在处理问题的过程中游刃有余，更加自信。古往今来，依靠知识获得成功并最终改变自己命运的例子比比皆是。成功的决策者，大多博学多才，具有强大的自身实力，因此他们能高瞻远瞩，洞察秋毫，往往能比别人占得先机，这与他们深厚的理论素养是分不开的。

一般来说，掌握更多的知识，就意味着成功的概率会越高。反之，如果理论知识水平低下，就会像井底之蛙一样，思维具有极大的局限性，影响个人能力和潜能的充分发挥，成为一个人最致命的短板。但需要指出的是，人类对客观世界的认识是个循序渐进的过程，人类在自己的实践活动中积累起来的理论知识，都经历了一个不断完善、不断修正的过程，才能更接近事物的本质。这就说明理论知识有时也有正确和错误之分，因此，我们要有鉴别的能力，既认清理论知识的重要性，同时用正确的理论知识来武装自己的头脑。

金融交易的实质是利益博弈。由于人性的复杂性和多面性，决定了市场价格行为的复杂性，因此，分析与预测的难度更大，对成功者的要求更高。而很多投资者在知识层次上通常存在以下两个问题：①知识水平不足，不能满足实践要求；②知识有，但不能理论联系实际。究其原因，还是在思想认识方面存在的问题，因为对于理论学习不够深入，对于问题理解不够透彻，不能将自己的所学融会贯通，导致理论联系实际的能力不够。

2. 经验与能力

经验在哲学上是指人们在同客观事物直接接触的过程中通过感觉器官获得的关于客观事物的现象和外部联系的认识。经验是时间的积累，既可以来自亲身实践，即在实践中获得的知识和技能，也可以通过读书学习，间接地来自他人和前人的实践。而能力是指一个人顺利完成某项目标或者任务所体现出来的综合素质，体现了个人水平的内在因素。能力总是和人完成一定的实践联系在一起的，直接影响人的活动效率。实际上，完成任何一项活动都需要人的多种能力的结合，而每个人在完成活动中表现出来的能力因人而异，并呈现出各自的个性心理特征。

经验和能力是相辅相成的，但有经验并不等于有能力，反过来也一样。在实践中，如果有能力没经验，或者有经验但能力不足，做任何事情都较困难，都容易误事，走弯路。

能力的培养主要有以下几种途径。

（1）博学。博学广闻是增长自己的学识和见识，开拓视野，提升个人综合能力和素质能力的有效途径。博学也包括从成功者中学习经验，从失败者中吸取教训。

任何知识的掌握都是一个不断积累的过程。只有通过不断学习、不断思考、不断领悟，才能从各方面充实自己的知识，完善自己的知识结构。总的来说，博学的过程是个人思想观念、思维方式、知识理论、心理素质、行为个性等多方面的提升过程。

（2）实践。一方面，通过不断的实践和总结，既可以积累经验，也可以提升个人实际能力。另一方面，最好的理论和方法只有经过实践的检验才能证明其有效性，而一个适合自己并切实可行的决策和方案（如交易系统）需要在实践中不断修正、完善，随着认识的不断深化，才能日趋完善，并发挥更大作用。培根的名言"知识就是力量"这句话其实还有下半句："知识就是力量，但更重要的是运用知识的技能。"这句话包含着深刻的哲理，一是说明了在实践中掌握知识与技能的重要性，二是只有当知识与技能相结合时，才能在实践中所向披靡。

金融交易的目的是追求稳定盈利，实现财富的增长，围绕着这一中心，投资者的经验和能力可以概括为以下两种：①具备必要的知识体系和实战能力，如较好的时势分析、预测与决策能力，以及时机的把握；②执行能力（下面将讨论）。在投资市场，由于风险型决策必然带有一定程度的冒险性，不可能十全十美，万无一失，因此，在这种以利益竞争为目标、高利润与高风险并存的市场里，投资者更要有清晰的认识，只有不断学习知识，积累经验，提升实战能力，才能立于不败之地。

3. 执行力

在这里强调个人执行力是因为金融交易的特殊性对于个人执行力形成严峻的考验。金融交易的特殊性主要表现在以下两个方面。

（1）金融交易环境的特殊性。金融市场与任何其他行业不同，是一种特别的投资交易环境，其松散的工作方式和外界缺乏密切的交流，信息的全球化和信息渠道的多元化导致了信息的爆炸性增长。作为普通投资者，如果缺乏对市场的深度了解，往往会因为无法从杂乱繁多的资讯中做出合理的决定，而更容易受到外界环境的影响。一般来说，当个体缺乏自信，无法作出决策时，出于安全感的考虑，会采取追随大众和追随领导者（市场主力）的方针，从而形成盲目跟风行为。

（2）市场变化与分析理论的特殊性。虽然价值是价格形成的基础，而价格是价值的货币表现形式。但实际上，价格还受到价值以外多种因素的影响，如供求关系、政治因素、经济因素、文化因素、技术因素以及自然因素等。此外，在价格的构成过程以及交易行动中，人的主观因素也起着至关重要的作用，其中投机性因素的影响不可忽视！由于人类的认识尚存在局限性，对于价格的波动变化难以精确预测，因此，价格变化呈现出随机性和偶然性现象，具有不确定性。这就明确说明，价格预测不可能是精确预测，而只能是概率预测。

不确定性表明在金融市场不存在决定论的零风险决策，风险是市场固有的基本属性，交易永远伴随着风险。这种不确定性不仅对于分析和预测构成了极大的挑战，而且更是对传统决定论思维观念的挑战。风险型决策和行动对投资者心理素质形成全面考验，而个人执行力往往成为交易成功的关键要素之一，也是一个人卓越与平庸的界点。

执行力与人的性格有着密切的关系。无论是止损困难，还是止损过于频繁，都是个人执行力差的缘故，克服它们的唯一有效办法就是按照止损计划严格执行，并当做操作纪律。当你的交易按照预定计划执行时，就会多一份冷静，少一分急躁，从而减少情绪化交易的危害。

4. 侥幸心理

侥幸心理就是妄图通过偶然的原因去取得成功或避免灾害的一种心理现象，却成了许许多多失败、悲惨生活的罪魁祸首。一般来讲，人人都有侥幸心理，这是散户中最常见的一种心理现象。很多人把侥幸心理看作是一种投机心理，但实际上，侥幸心理与投机心理有着很大的区别。例如，侥幸完全是碰运气，个人一厢情愿的愿望而已，而投机并不是纯碰运气，它是以谋取私利为目的的不择手段，甚至损人利己。

在金融交易中，最常见的侥幸心理现象主要有以下几种：①交易行动前不界定风险，一心只想着盈利；②交易中不设置（初始）止损。③任意放大短线止损点，这是改变交易时间框架、造成短线长做的典型做法。当交易出现亏损时，如果交易人不能分清是正常的价格波动现象，还是市场形势的转变，就会出现误判，造成错误的行动。例如，有些交易人面对价格波动的正常现象，就采取止损措施，长此以往，形成频繁止损的习惯。而有些交易人即使在市场形势发生逆转之后，仍然怀抱侥幸心理，采取赌命博运的消极态度，放任自流、听天由命，不能果断止损，结果越套越深，最后形成任意扩大亏损的事实。

侥幸心理的产生有其深刻的根源。从心理学角度看，侥幸心理是人的本能意识，这种心理反映在人们的各种思维活动中。通常情况下，侥幸心理只是一种潜意识，不足以支配人的行为活动。但是，当一个人自控能力不强，这种潜意识得到孕育膨胀以后，就会引发一种严重依赖侥幸心理的冲动。从个体原因看，主要是由于个体对于问题的了解不够透彻，不能透过现象看到本质，并把握关键，对未来发展做出比较正确的预测和判断。换句话说，在认知度不高、经验和能力不足的情况下，个体行动将会没有原则，于是侥幸心理和赌徒心态开始作怪。

二、对市场的认识问题

《孙子·谋攻篇》中说："知己知彼，百战不殆；不知彼而知己，一胜一负；不知彼，不知己，每战必殆。"对于投资者来说，市场是个客观实体，是不以人的意志而转移的，因此，对市场的认知是分析和预测的基础，也是一切交易的基础。只有对市场行为有了正确的认识和理解，掌握价格变化的规律性，才能形成正确的个人交易理念，制定正确决策，用正确的方法来分析和预测，并且能够洞察市场中的风险，用来指导交易实践。

对市场行为的认识主要包括以下几个方面的内容。

1. 市场运行规律性

金融市场有着自身的运行规律和内在运行机制，价格行为实际上受到价值规律、供需规律以及竞争规律等的影响和制约，是市场行为的综合反映。要提高对金融市场价格行为及其变化规律的认识，就需要从以上角度来认识价格变化的主要因素和内在驱动力，从而对市场有客观、全面透彻的理解。例如，在很多重要阶段或者时刻，如底部和顶部，市场主力和大众往往处于对立面，主力行为与大众行为常常截然相反。但是，因为主力资金实力雄厚，在大部分时间里，主力行为通常代表了市场行为，因此，作为散户，跟随市场实际上就是跟随市场主力。

2. 群体心理及其行为规律性

在金融市场，受财经、新闻媒体以及交易平台等资讯的影响，所有参与者倾向于在心理上形成群体成员的依存关系和共同感，并且相互影响。在群体作用下会产生以下五种效应：助长效应、致弱效应、惰化效应、趋同效应和从众效应。其中，惰化、趋同和从众都是人性的基本特征。

价格运动是市场所有参与者共同作用的结果，反映了他们的心理预期和买卖立场，因此，价格变化具有典型的群体性特征，形成我们熟知的上升趋势运动和下跌趋势运动模式。

此外，金融交易的实质是追逐利益，体现了人性中趋利避害的投机心理和行为，是人性的真实写照。在投机行为中，人性的弱点很容易被放大，一旦受到利益诱惑，很多人会变得极度贪婪，助长盲目的跟风行为；而当财产或利益受到威胁时，又会惊慌失措，极度恐惧，思维失去理性，最后成为市场的牺牲品。因此，不理解人性，不能洞察群体心理与行为，就无法读懂市场。

3. 统计规律性

价格变化中存在统计规律性，它是指大量随机现象的整体性规律，用概率来描述。统计规律性与群体运动变化规律不同，也与经典物理学的规律完全不同。经典物理学是最典型的决定论体系，其中的物理量（如方向、速度与位置）可以被精确预测。而价格变化具有随机性特点，无法精确预测。这就说明：①成功与失败并存；②要想取得成功（稳定盈利），必须要有概率论的理论指导，从个别事件的随机性现象中寻找通往必然性的方向。

4. 分析预测工具与方法

价格变化的不确定性会给投资决策带来风险，给行动带来挑战，在这种情况下，分析工具与预测方法的重要性愈加凸显，是成功交易的基础要素之一。而分析工具是否合适、预测方法是否正确，与投资者的知识、经验、眼光和能力等有着密切的关系。正如我们在第三章序章中指出的那样，无论做任何事情，首先，我们要明确具体的任务以及将会面对什么样的对象，即有一个正确的目标和方向，这是迈向成功的第一步。其次，发现问题，寻找解决方案，并实施之。毫无疑问，分析工具是否合适、决策方案是否切实可行至关重要，往往关系到成败。

在投资市场，如果投资者对市场一知半解，不能明确目标和方向，不能看清问题的本质，就很难会有清晰的分析思路，去选择正确的理论指导和合适的分析工具与方法，其结果就会迷失方向，甚至误入歧途，从而形成错误的判断和决策，产生错误的交易行动，导致失败的交易，招致损失。实际上，不管在哪种领域，什么行业，成功的基础无一不是依靠对形势分析判断的准确性。只有正确的分析与预测才能引导正确的行动，反之，错误的分析与预测只会导致失败的行动。但是，正确的分析判断和预测能力不是凭空得来的，必须要有扎实的理论基础和实践经验的双重支撑，只有知己知彼，方能百战不殆。

三、没有切实可行的交易系统

交易系统是投资者制定出的一种切实可行的决策方案，它是投资者知识、经验和综合能力的结晶，概括了投资者智慧和谋略的全部精华，也是一切交易行动的根本准则和行动指南。也就是说，交易系统才是衡量投资者理论水平、分析和解决实际问题能力的标准。

由于交易系统既有概率论的赢率规则作为长期稳定盈利的理论基础，也有实现目标的策略及行动计划，因此，它提供了一个思考的框架和可靠的操作方法，能够帮助投资者在一个充满不确定性的金融环境中建立起长远眼光，提高决策的前瞻性和预见性，为投资者指明了迈向成功的投资交易之路。此外，交易计划的严格执行有助于形成交易制度和规矩，并建立自律机制和良好的交易习惯，从而克服人性中贪婪和恐惧的弱点，避免情绪化的冲动交易，增强交易的客观性，减少交易的主观性和盲目性，确保每次交易都按照稳赢体系运行。

在实际操作中，很多人之所以屡屡失败，主要是因为他们没有交易系统，在交易中无规可依，无章可循，因此就不可能思路清晰，行动有准则，往往随机交易，毫无章法，无法正确处理自己的交易情绪和交易细节，最终就很难实现稳定盈利。

第二节

市场的不确定性

在市场运行中发生的随机性与偶然性变化都将引起市场的不确定性，也就是说，金融市场的不确定性来自两个方面：随机性和偶然性。其中，随机性是因为具有不确定性过程，使得我们不能精确地预测将要出现的结果；而偶然性是因为具有不确定性因素，即意外因素的出现或者发生，使得我们同样也不能精确地预测将要出现的结果。在金融市场，我们还可以将不确定性分为外在不确定性和内在不确定性。外在不确定性是指来自市场之外的随机与偶然因素，如政治、经济和自然环境等外部因素。而内在不确定性则是指来自市场内部的随机与偶然因素以及其他不稳定因素。

市场的不确定性给投资者造成了思维上的困惑，使得分析和预测出现难以克服的困难，从而给交易增加了额外的难度，对风险控制和资金管理形成一种极大的挑战。一个典型的例子就是趋势运动。例如，当市场处于上涨趋势时，价格涨多跌少，即价格向上运动具有概率优势，因此此时适合买进做多。而在下跌趋势中，价格跌多涨少，向下运动具有概率优势，此时适合卖出做空。如果趋势运动在未来一直维持下去，这种所谓的趋势交易法的确是一种既简单又有效的方法。但关键的问题是，由于价格在未来的不确定性，我们根本无法预测当前的趋势会在未来哪个时刻突然中断并转变。又因为变（即不确定性）是绝对的，而不变（即确定性）是相对的，有条件的，导致在趋势中的交易同样充满变数和风险，并不一定可靠。由此可见，在不确定条件下，单一固定的决定论思维模式已经不再适用，必须采用概率论的思维模式，来探讨最优投资决策和最佳交易时机问题。

价格变化的不确定性是市场最根本的特征，这是市场存在的基础。这就预示了没有任何一种理论或者分析工具可以用来精确地预测未来，交易中永远没有确定性，所有的分析预测仅仅代表了一种可能性的大小，所有的交易决策、操作计划和执行过程中都存在不确定性和潜在的风险，因此，风险是市场固有的基本属性，交易永远伴随着风险。对于随机事件，我们必须用概率因果律来认识和理解理论与实践的关系。假设成功的概率是70%，失败的概率是30%，代表在大量重复中，将会有70%的成功率，同时还有30%的失败率。其中，30%的失败率是总体上的风险，具有确定性，无法避免。在这里需要明确指出的是，大量重复的确切含义是指统计规律性（概率因果律）存在的前提条件，即获得一种确定的概率因果关系所要满足的交易原则。其意义是：如果在每次交易中能够坚守这种交易原则，虽然单次交易结果还是不确定的，但是在这种不确定性的背后却已经蕴含着概率因果律（即整体必然性），长此以往就能获得确定性的结果。反之，如果交易中没有或者不遵循基本原则，不确定性中就不存在概率因果律，因此，不管是单次交易还是长期交易，都不会有稳定的结果。

第三节

突发事件

突发事件（或者偶发事件）是指市场内外突然发生的重大事件，如市场外部的基本面发生意料之外的利好或利空，政府宏观政策重大变动，政治选举、战争、政变或恐怖事件，地震、洪水等自然灾害，其他具有重大危害的公共卫生与社会安全事件，以及市场内部的算法交易指令操作重大失误等，它们往往将会直接影响价值或供需关系的变化，对交易人持有仓位造成突然打击和意外风险。

毫无疑问，如果外部环境条件保持持久的稳定性，没有突发事件的影响，那么，金融价格的变化将遵循一定的规律性持续发展下去，未来就可以预测。换句话说，对于稳定系统，只要我们掌握变化规律性，就完全有能力掌握主动。例如，一个各方面都优秀的公司，其业绩通常会越来越好，因此具有长期投资的价值。但是，实际情况往往并非完全如此，天灾人祸不可避免，也常常出乎人之意料之外，许许多多偶发事件的发生往往打破了原来的格局和平衡，使得原来的价格变化规律发生了变化，其中的风险很难预测。突发性的天灾人祸对于任何一个优秀的企业都可能造成十分重大甚至毁灭性的打击，历史上这方面的案例数不胜数。

突发事件的主要特点有：偶然性，突发性，爆炸性，紧迫性，出现的频率较低，但危害极大。突发事件毫无规律可言，让人防不胜防。此外，突发事件通常与整个市场的价格不存在系统的全面联系，而只对个别或少数金融品种的收益产生影响，属于非系统性风险。突发事件对市场的冲击难以想象，通常会引起价格的大幅波动，交易价格有时会突然出现跳跃性的大幅攀升或者狂跌，因此，可以给投资者造成巨大的资金损失。

突发事件的发生带有很强的偶然性，很难预料，这就意味着投资者要时刻有防范意识，防患于未然，切不可麻痹大意。但也要注意到，并不是所有的突发事件都毫无征兆，没有一点蛛丝马迹可寻。俗话说："山雨欲来风满楼"。任何事物的发生一般都要经过一个从量变到质变的过程，只有量变积累到一定程度时才会发生质变，这是很多突发事件的共同特点。例如，一些重大国际事件的出现往往都有先兆，很多政治经济政策的出台和措施的实施都有酝酿的过程。

突发事件通常会导致突发性止损，这是因为计划止损无法有效执行时产生的超额止损，往往是投资者最大的亏损原因。突发止损可以看作是市场运行的基本特征之一，与市场同在，不可避免。它不仅会给投资者造成意外惊人的损失，也给投资者带来极大的心理冲击和精神压力，所以，控制突发止损成为金融交易成功的重要手段与能力之一。虽然突发性止损现象很难避免，但是在某种程度上我们还是可以通过一些措施来减少突发止损的损失。首先，"不要把鸡蛋放到一个篮子里"，要学会分散投资，坚持分散投资原则，即把资金分散在不同的投资品种上。分散投资的优点是让投资者可以管理风险，并降低市场意外波幅对投资组合的影响，有时还可以收到"失之东隅，收之桑榆"的效果。其次，按照交易计划的要求，在每次交易中界定风险，设置止损点，以积极主动的态度来控制风险。最后，严格规范自己的交易行动。例如，在局势动荡不明或者即将发生重大事件前，采取离场观望的态度，不要进入交易，更不要持仓过夜。只有未雨绸缪，懂得高瞻远瞩，才能立于不败之地。

第五章　乘势是散户的最优策略

　　古往今来，人类在各个领域的竞争对抗从来不曾停息。在军事、政治和经济对抗中，虽然物质力量具有举足轻重的作用，但是对最终胜负起决定性作用的主要因素往往是人的大智慧、大眼光和大谋略。真正的智谋者善于利用外界的有利条件，并且寻找出对方的劣势，借力发挥，在特定时空条件下形成自己相对的优势，从而能够以少胜多，以弱胜强。

　　在资本市场的博弈中，个体交易人往往因为知识、经验、技能、资金和资源等多个方面的匮乏，本身就处在明显劣势的地位，因此绝大多数散户在资本市场属于弱势群体。面对强大的对手，如果以卵击石，不自量力，无疑是自取灭亡。但是，依然有很多个体交易人不明白这些简单的道理。智猪博弈用一个简单例子揭示出一个深刻的哲理：①弱者只有利用自身优势去攻击对方的劣势，方能以弱制强；②乘势待时、借势发力，才能事半功倍。千百年来，顺势而为的乘势思想已经在各个方面都得到了充分的验证，无论在军事、商业、社会还是人生中都具备普适性。它貌似简单，实则内涵深刻，蕴涵着丰富的人生智慧和哲理，它不仅是人类自身的生存之道，更是以弱制强的取胜和发展之道。

　　在金融交易中，很多人误以为乘势交易就是趋势交易。实际上，乘势理论和策略远比我们想象的要复杂得多，它也是一个概率问题。趋势的最大价值是它的示范和预示作用，但是，由于市场的不确定性，趋势随时可能中断甚至反转，这就意味着趋势的预示作用极其有限，同样存在不确定性。所以，投资者要更新思想观念，转变思维方式，认清乘势的本质和内涵。

第一节

智猪博弈

博弈论（又被称为对策论）研究竞争对抗中的优化策略问题，而智猪博弈则是博弈论中一个著名的纳什均衡案例：假设猪圈里有一头大猪和一头小猪，猪圈的一边有猪食槽，远离食槽的另一边有个踏板。每踩一下踏板，猪食槽里就会落下10个单位的猪食，但是谁踩一下踏板，谁就要额外付出2个单位的消耗成本。表5-1列出了三种不同情况下大猪与小猪吃到的食物收益比：

表5-1　三种不同情况下大猪与小猪吃到的食物收益比

发生情况	大猪与小猪吃到食物的收益比
大猪先到食槽边，小猪晚到食槽边	9∶1
大猪与小猪同时到达食槽边	7∶3
小猪先到食槽边，大猪晚到食槽边	6∶4

那么，在两头猪都有智慧的前提下，什么样的选择是它们的最优策略？

首先，我们可以看到，大猪和小猪可以有以下五种不同的选择方案：

方案一：大猪和小猪都守在食槽边，食槽里没有猪食，因此大猪和小猪的纯收益为0∶0。即大猪和小猪都为零收益，所以大猪和小猪都不会选择。

方案二：大猪守在食槽边，小猪踩一下踏板。等小猪返回到食槽时，大猪已经吃了9个单位，小猪只能吃到剩下的1个单位。但因为小猪踩了一下踏板，还要额外付出2个单位的成本，所以大猪和小猪的纯收益比为9∶-1。即大猪为正收益，而小猪为负收益，所以小猪不会选择。

方案三：小猪守在食槽边，大猪踩一下踏板。等大猪返回食槽时，小猪已经吃了4个单位，大猪只能吃到剩下的6个单位。扣除大猪踩踏板产生的2个单位成本，大猪和小猪的纯收益比为4∶4。即大猪和小猪都为正收益——可行性方案。

方案四：大猪和小猪同时踩踏板，但大猪先到食槽边进食，小猪后到。结果是大猪和小猪各吃到9个和1个单位的食物，各扣除2个单位的踩踏板成本，大猪和小猪的纯收益为7∶-1。即大猪为正收益，而小猪为负收益，所以小猪不会选择。

方案五：大猪和小猪同时踩踏板，又同时到达食槽边进食。结果是大猪和小猪各吃到 7 个和 3 个单位的食物，各扣除 2 个单位的踩踏板成本，大猪和小猪的纯收益为 5∶1。即大猪和小猪都为正收益——可行性方案？

由此可见，只有方案三和方案五，大猪和小猪都具有正收益，才是双方可以考虑的方案。方案三和方案五有一个共同点：大猪必须踩踏板！但方案五其实是一个伪命题，因为大小猪同时踩踏板之后，能否同时到达食槽边进食，并不完全由小猪决定，而且方案五的小猪收益还要低于方案三的收益。因此实际上，小猪能够把控、并且大猪和小猪都具有正收益的可行性方案只有一个，即方案三，这才是小猪的最优策略。对大猪来说，要想不被饿死，只能选择行动，因此，方案三是大猪只能接受的选择。

智猪博弈说明以下几点：

（1）大猪具有收益优势，但没有策略优势。大猪为了取得收益，就必须先踩踏板，再进食，这是大猪在行动策略上的劣势（被动性）。

（2）小猪没有收益优势，但是却有行动策略上的优势（主动性）。

（3）等待是小猪的最优策略。对于小猪而言，等待要优于行动，其实质是乘大猪的"势"、借大猪的"力"发挥。

博弈论的智猪游戏蕴含着丰富的思想内涵和谋略智慧，对于个体交易人具有重要的指导意义。在股市，市场主力或庄家相当于大猪，散户相当于小猪。一般来说，个股只有受到主力的热捧才会出现大行情。为了生存下去，散户应该采取小猪的等待策略，耐心等待主力"踩动踏板"，启动行情，或者寻找这样的行情，适时跟进。在形态上，如果股价走出长期低迷状态，出现突破性的拉升现象，通常为行情的启动过程。由于主力炒作需要较大的成本，股价必须拉升到一定程度才能收回成本并实现盈利，这就给聪明的散户创造了"搭便车"的机会，可以达到事半功倍的效果。

第二节

乘势要素

概括来说，乘势包括以下几个要素。

一、有势可乘

乘势的首要条件是当前有势可乘！也就是说，当前已经爆发并展示一定实力的趋势运动，这是乘势的前提条件。这就表明，投资者在资本市场的博弈中应该放弃占得先机的幼稚想法，学做聪明的"小猪"，耐心等待时机的到来。否则，急于求成，过早入场，欲速则不达，只会得不偿失，反而会失去很多成功的机会。例如，在股市，有些投资者热衷于购买廉价股票，认为廉价股票已经处于底部，不会有深跌的可能。既然跌不下去，今后必然就会上涨，这种情况确实存在。但是，从交易理念的角度出发，这种做法就值得商榷。主要有以下几个原因：①一般来说，廉价股票之所以廉价，长期以来没有受到机构和大众的追捧，通常是因为股票公司的业绩不好，运营状况不佳，没有发展前景，并且在行业中处于劣势地位，因此，这种廉价个股的投资价值较低，今后受到市场关注和炒作的机会较少。按照国内证券交易所规定，上市公司如果连续 2 年亏损，交易所对公司股票进行 ST 处理。对 ST 公司，如果下一年度继续亏损从而达到连续 3 年亏损的，则暂停上市。若在规定期限内还是达不到恢复上市的条件，就会被退市。遇到这种情况，就可能造成投资者血本无归、欲哭无泪。②廉价股票也有可能"咸鱼翻身"。例如，有些廉价股票公司随着经营状况趋于好转，个股未来走势会出现强劲上扬，给投资者带来很大的利润。但这通常只是极个别的案例，不具有普遍性，难以预测。因此，总的来说，无势可乘的交易风险更大，弊大于利。

从形态分析来看，可乘之势包括短期势、中期势以及长期势。为了识别当前是否有势可乘，识势、审势成为关键。根据形生势成的变化特点，一般来说，识势、审势从分析价格形态开始，下面是需要注意的若干事项。

（1）如第二章讨论的那样，任何事物的发展通常都是一个循序渐进的过程，都有循环演变规律，即从无到有，从小到大，从形成到消亡，循环往复。在金融市场，价格势的发展变化也是如此，这就表明，识势与审势的过程往往是旧势和新势的更替过程，即在旧势消亡的同时，新势正在形成。但是，在形与势的新旧转换和交替中，既可能成功，也可能失败，这种不确定性时刻存在。

（2）形与势之间的逻辑联系。"形"与"势"一静一动，是紧密联系的统一体。"势以形为体，形以势为表；势隐于形中，形展于势上；寓动于静形，化静为动势；形实则势优，势险靠形强。"（江贻灿，"势义探微"，《孙子新论集粹》）。投资者必须在技术面上认清形生势成的基本特征和构成要素，只有这样，才能拥有比别人更加敏锐的眼光，给自己更多的机会。

（3）价格形态与市场心理之间的逻辑联系。不同的价格形态折射出不同的市场整体心理变化。例如，一般来说，前后波动峰顶或者谷底的抬高反映了市场整体看涨心理的增强，而前后波动峰顶或者谷底的降低则反映了市场整体看跌心理的增强。投资者必须学会和掌握价格形态心理分析方法，才能透过价格波动的表象，来洞察市场心理和买卖立场的变化，从而对未来市场走向进行正确的判断和预测。

（4）技术形态的基本特征。强劲行情的确立过程通常都会经历以下两个步骤：一是以强势反转形态作为开端，形成阶段性的底部或顶部；二是以强势K线（大阳线或大阴线）对重要支撑或者阻力价位突破作为启动信号，并且在技术面上展现出形生势成的基本特征。投资者要领会这些技术形态的内涵和意义，这是提高分析与预测的客观性和准确性的重要途径。

概括来说，乘势的首要条件是当前有势可乘，因此识势、审势成为关键。由于K线图技术分析展示了形与势、价格形态与市场心理之间的逻辑联系，因此，投资者可以借助于技术面上的形生势成基本特征以及形态心理分析，来洞察市场心理的动态，识别局势的演变。

二、强势原则

"勇怯，势也；强弱，形也。"（《孙子兵法·兵势篇》）形有强弱之分，势则因形强而强，因形弱而弱。作为乘势策略的关键就是要识别强势，在行动中乘强势，不乘弱势！

中国古代杰出的军事家孙子说过："故善战人之势，如转圆石于千仞之山者，势也。"（《孙子兵法·兵势篇》）强调乘强势是因为强势具有三个层次的含义：①强势像一块居高临下的圆石，即事物本身态势所形成并内含的力量，在军事上指的是双方力量对比的悬殊差别，即一方的绝对优势而另一方的绝对劣势。在股市，强势的策划者、组织者和领导者是市场主力，在形态上表现为强劲的趋势行情以及短线强势K线形态，因此，跟随强势其实就是跟随市场主力的意思。②强势还指形生势成时展现的一往无前、不可阻挡的气势，这种气势在竞争对抗中往往具有强大的心理威慑力，对双方心理产生不可估量的影响，起到心理战的作用。③强势一旦形成并爆发后，有强大的惯性，一般不会在短时间内停止，代表能量与力量（即经典物理学的动能与动量）在时空中可持续性发展能力，这正是我们乘强势、跟随强势的理论依据。④强势原则。所谓强者恒强，弱者恒弱，这是一种十分重要的自然法则，也是股票投资市场的一条重要规律。例如，强劲的中长期趋势行情通常由一系列强劲的短线行情组成。这就说明，在强劲的短线行情之后形成大行情的可能性更大，因此通过乘短线强势的试错过程可以提高捕捉大行情的机会。

显而易见，乘势是有选择性的，并不是盲目的乘势，既有强弱和规模的选择，还有时机的选择。在金融市场，强势行情通常是市场主力热捧炒作以及大众踊跃跟进的结果。从形态分析来看，强势也可以按其持续时间长短分为短期强势、中期强势以及长期强势，并且呈现出一些基本形态特征。例如，强势K线（即大阳线或者大阴线）是典型的短线强势形态，它们代表在短期内多空中的一方具有绝对优势，是市场整体心理和买卖立场达到了高度统一的标志，市场呈现一边倒的局面，导致价位直线上升或下降，最终形成长实体K线。在某些情况下，市场在外部条件的配合下，常常利用重大的利好或者利空消息，在价格走势上实现重大突破和逆转，在K线图上走出一根鲜明的强势K线。如果短期强势一直维持着强劲的势头，经过时间的积累，将形成典型的中长期强势形态特征，并在均线形态上呈现出多头排列或者空头排列。认识强势形态的基本特征及其背后的内涵与意义，是识别强势的基础。

如前面所述，在价格分析与预测中，我们所面临的最大困难是价格变化的不确定性。但强势代表了市场整体心理的高度统一性，买卖立场和步伐高度一致，而分歧完全处于次要的地位，市场方向明确，因此其技术意义十分明确。强势的意义可以概括为以下几个方面。

（1）强势在一个不确定的市场里，获得了有限时间范围内（即从过去某一时刻开始一直到现在）的相对确定性，即价格运动的概率优势方向以及短期竞争优势。例如，强势大阳线代表市场以看涨心理为主，多方占据力量上的绝对优势，所以买力很强，卖力很弱，导致价格大幅上扬。相反，强势大阴线代表空方的绝对优势力量，卖力很强，买力很弱，导致价格大幅下挫。

（2）强势拥有强大的惯性力和抵抗力。按照牛顿惯性定律，只要外部环境条件基本上保持不变，并且市场维持内稳定性，那么，强劲趋势就会一直持续下去。惯性原理或者连续性原理揭示了强势在未来具有可持续性发展的本质，对未来具有预示作用。

（3）短期强势的技术意义。从心理学的角度来说，一旦力量均衡被打破，一方占据绝对的力量优势，那么，就会以猛烈进攻来展示其强大力量，并一鼓作气，向前推进。这种强势进攻策略往往是提振士气、震慑敌手的有效办法。实际上，心理博弈术被普遍运用在竞争对抗问题中，其手法都非常相似。如前面所述，在金融市场，强劲行情通常都会以强势K线作为开端和启动信号，展现其强劲的态势。

（4）强者恒强的演变特征。在强势行情的循序渐进发展过程中，通常存在一个非常明显的现象，即强劲的中长期行情通常首先会呈现出强劲的短线走势，并且在形态上由一系列短线强势形态累积而成。例如，在强劲的上涨趋势中，大中阳线必多；反之，在强劲的下跌趋势中，大中阴线必多。当然，投资者也要清楚地认识到，虽然乘强势可以提高捕捉大行情的机会，但并不是所有的短期强势形态（如强势 K 线）之后就一定会出现大行情，因此严格来说，乘强势只能作为做大行情的试错过程使用。

概括来说，乘强势就是利用强势的短期竞争优势以及它的强大惯性力，来寻找做大行情的机会。显而易见，要成为一个成功的乘势者，不仅要有敏锐的眼光能够识别强势的形成，而且还要正确认识和理解强势行情形成的原因以及内涵本质，确定捕捉大行情的操作思路，方能有的放矢。

三、待时而动

一切交易从短线开始。但是，如果投资者在短期强势之后，就想当然地认为可以随意跟进，并且一定会赢多亏少，那就大错特错了。严格来说，短期强势的竞争优势与概率优势方向只解决了短线交易的方向性问题，而位置是影响交易盈亏的另一个重要因素。位置代表了大格局和时机问题，从长期来看，位置比短线方向更加重要，这是每一个投资者必须认清的问题。审时度势，待时而动，其原因可以归纳为以下几个方面。

（1）强势之后未来的走势如何，能否出现大行情，完全由市场行为决定。我们希望通过研究过去和当前来预测未来，是因为未来价格的变化趋势通常与过去和现在的市场发展状况有关，这是有一定的理论根据的。其中，我们熟知的惯性原理揭示了强势在未来的可持续性发展，而其他规律性（如周期性规律）则揭示了事物发展变化中的重复性，这都属于基本的预测原理。相对来说，惯性原理揭示的是短线性质，重在当下，而规律性描述的则是长线性质，意在长远未来，其重要性不言而喻。在金融市场，要深刻理解市场行为，就必须认识和理解影响价格变化的重要因素以及市场运行规律。例如，与价值规律和供需规律的作用不同，竞争规律是指不同的利益主体为了实现自身经济利益最大化而进行竞争的客观必然性，揭示了利益博弈的本质内涵。由于主力机构处于市场主导者地位，也是广大散户的对手，作为市场竞争中的弱势群体，散户必须清楚地认识这种竞争规律，特别是市场主力的作用和特点，了解主力的操作策略和手法，知己知彼，才能提高自己的认知水平以及分析与预测的准确性，并且有清晰的交易思路，从而能够透过价格波动变化的表象，来识别主力操盘的阴谋诡计，扬长避短，掌握战略主动权。

（2）待时而动是指在大行情中存在正确的进出场时机问题。强势行情有大有小，有始有终，具有有限的持续时间和空间，这是显而易见的事实。这就说明，在交易中对进出场时机的准确判断和把握十分关键。具体来说，一方面，要耐心等待形生势成基本特征的形成以提高分析与判断的准确性，另一方面，在一个完整行情中，要争取在行情的早期介入，并且在接近行情的末期退场，才能充分利用大行情的优势，实现长期稳定盈利策略。

实际上，乘势只是一种手段，而不是目的，乘强势就是利用大行情的发展规律来捕捉大行情的一种策略，按照概率论的赢率规则获得长期稳定盈利才是交易的宗旨。由于在强势形态之后不一定都是大行情，强势之后也有回落调整的可能性，这就表明乘强势策略也存在风险，不能有任何侥幸心理。一旦有误，必须坚决果断地止损出场，限制风险，再寻找下次机会。

第三节

趋势的特点及其意义

趋势是我们最为熟悉的一种价格运动模式，而趋势分析也是最为常用的一种分析方法。传统的趋势分析基于道氏理论，即查尔斯·亨利·道提出的趋势运动的惯性定律："趋势将一直持续，直到明确的反转信号出现为止。"

一、趋势的示范与预示作用

趋势运动具有明确的波浪式周期性变化规律，每个波浪都具有大致相同的规模和趋向性。以图 5－1（a）所示的上涨趋势为例，在首浪 ABC 完成之后，价格变化将按照首浪的形态不断重复，直到趋势的终结。在技术形态上，趋势运动的轨迹可以用趋势通道来描述。通道由两条平行线（即通道线）组成，价格在其间运行。其中，下通道线是指连接两个或两个以上的波动谷底形成的连线，往往对行情形成支撑作用，被称为支撑线；而上通道线是指峰顶之间的连线，通常对行情形成阻力作用，被称为阻力线。下跌趋势运动与此类似，只是方向相反。趋势的最大价值是它的示范与预示作用，对投资者的思维与实践活动有着极其重要的影响。

二、趋势可持续发展的前提条件

从技术分析的角度来看，我们关注的趋势运动通常是指市场从过去的某一时刻到现在的价格运动状态，它在未来的可持续性是建立在牛顿惯性定律

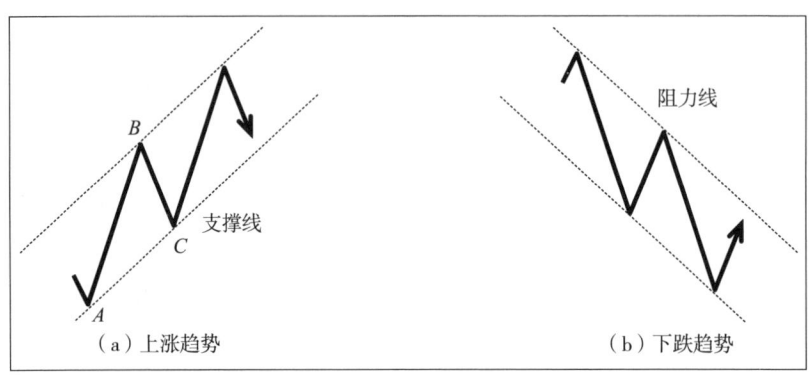

图 5-1　趋势的示范与预示作用

的理论基础上的，即任何物体都保持匀速直线运动或静止状态，直到外力迫使它改变这种状态为止。显而易见，惯性原理或者连续性原理是趋势预测的实质。

惯性定律在非物质世界之所以得到广泛的推广，是因为惯性不仅是自然界中物体固有的特性，而且惯性现象在非物质世界也普遍存在。如第二章中讨论的那样，趋势运动是市场群体运动的结果，而人类的群体心理行为等同样具有惯性特质，因此，我们可以将牛顿惯性定律直接推广应用到市场的价格运动中，得到类似的结论：只要外部环境条件维持不变，并且市场也保持内部稳定性，趋势运动状态就会一直持续下去。由此可见，趋势运动在未来的可持续性是有前提条件的，只是在特定条件下存在。当客观条件发生变化时，趋势运动就会被终结，这就说明趋势预测方法的有效性和可靠性完全取决于客观条件的变化。

三、趋势的不确定性

以支撑或阻力概念为核心的趋势分析在本质上体现了一种单向因果决定论思维模式，即如果趋势运动的前提条件得到满足，那么趋势就会一直持续下去，因此趋势预测就成为一种精确预测并且具有确定性的结论。但实际情况是，金融价格变化具有不确定性，而趋势的模糊概念加上事后分析特点，很容易给人误导，误以为趋势持续的必然性。

从技术分析的角度来看，趋势分析是向后看（即看过去），看到的是趋势（过去）的相对确定性，而价格预测是向前看（看未来），看到的是未来的不确定性，两者之间有着本质的区别。严格来说，趋势只代表市场具有相对确定性的过去和现在，虽然它对未来起到一定的预示作用，但是这种预示作用并不能改变未来价格存在不确定性这个根本属性。因为我们无法预知趋势何时会发生转变，因此，市场面对的永远是不确定性的未来！

虽然经典物理学的很多理论（如牛顿第一和第二运动定律）可以在金融市场的价格运动中得到推广应用，但经典物理学的决定论思想哲学并不适用于金融市场，决定论思维也无法应对随机性问题。从根本上来说，交易盈亏属于概率论问题。如果在技术分析中过于注重趋势（过去）的相对确定性，却忽视了它的未来不确定性这个本质问题，以为趋势的相对确定性在未来同样也存在，就会导致认识方面的不足和指导思想上的错误。

四、趋势中盲目交易的风险

由于趋势的未来发展具有不确定性，在趋势中交易就存在一定的风险。概括来说，风险的来源可以归纳为以下两种：

（1）交易位置不正确产生的风险。趋势运动是群体运动的结果，这就表明，与单体物体的线性惯性运动不同，趋势运动类似于多体系统的运动，比较复杂。在趋势运动中，不仅有与趋势同方向的推进浪，还有与趋势反方向的调整浪，在价格形态上呈现出一浪推一浪的波浪式周期性运动。此外，因为趋势行情有大小和始末之分，因此，在行情不同的阶段和位置上，交易风险和成本有着很大的差别。这就表明，在趋势行情中，即使沿着趋势方向交易，但是进出场位置不同，交易结果就会大相径庭。例如，如果在推进浪或者趋势行情的末期进场，交易风险就会陡然增大。

（2）不确定性产生的风险。因为趋势在未来的某个时刻随时都有可能会终结，因此，不管在趋势的哪个位置上介入，都存在一定的风险。这种风险是市场不确定性带来的，是风险性决策的特点，永远无法避免。风险性决策说明实现决策目标必须冒一定风险，因此，为了提高交易的成功率和交易利润（收益优势），就要从市场运行规律等方面来研究最优决策方案。例如，在股市，我们提倡乘强势、做大行情，这是因为市场主力在策划和启动大行情时，通常需要较长的时间周期，并且花费较高的交易成本，因此，其预期目标价位也会较高，这就给投资者带来较好的乘势机会和未来潜在的收益机会。

五、乘势交易不同于趋势交易

在理论上，趋势是价格运动中最有投资价值的运动模式，趋势市场提供了最有利的乘势机会，但是，投资者应该清楚地认识到，乘势交易不同于趋势交易！

下面我们以图5-2中的上涨行情为例子，来说明趋势交易的时机问题。

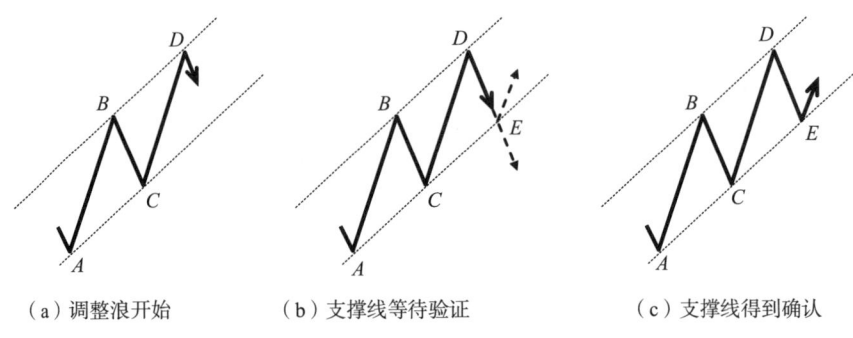

（a）调整浪开始　　　　（b）支撑线等待验证　　　　（c）支撑线得到确认

图5-2　趋势交易

图5-2（a）：调整浪开始。调整浪的出现是因为经过前期推进浪的上涨之后，市场中出现短线获利盘的抛压，导致卖力大于买力，引起价格下跌。在调整结束之前，我们无法预测未来市场的走势，因此这并不是进场买进的好时机。

图5-2（b）：支撑线等待验证。当价格从D开始回落，逼近AC这根之前被市场多次验证过的支撑线时，该连线能否继续发挥有效的支撑作用，使得未来走势发生逆转（止跌转涨），需要等待市场的再次验证。在此之前，未来市场向上或者向下运动都有可能发生，没有任何一种理论或者方法可以对未来作出精确预测，因此，市场处于一种不确定性状态，并不是介入的好时机。

图5-2（c）：支撑线得到确认。如果市场在E附近收出有效的反转形态，止跌企稳，走势逆转向上，我们就认为该支撑线再次发挥了支撑作用，或者说又得到了市场的验证。必须指出的是，在支撑线附近发生的走势反转之所以具有特殊意义，是因为支撑线在趋势运动中的特殊重要性：①它是在形态上维持趋势运动模式的必要条件，即基本形态要求。②代表了市场预期心理发生转折的分界线，也是多空力量对比的分界线。因此，在支撑线附近一旦发生这种走势逆转。我们就有理由认为，原来的趋势运动所依赖的市场环境条件并没有发生改变，多头已经重新占据力量上的优势和市场主导权，并恢复上升动力，所以我们预期未来价格还会大概率上涨，当前是跟进的良

好机会。

下面我们以图5-3为例，来简单地说明趋势交易与乘势交易的差别。

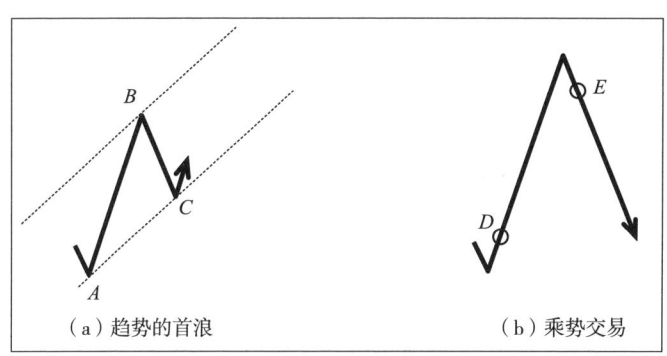

（a）趋势的首浪　　　　　　　　（b）乘势交易

图5-3　趋势交易与乘势交易

图5-3（a）：趋势是以首浪的确立作为开端，即首浪的确立才标志着趋势的形成，所以，首浪的确认在趋势分析中非常重要。在原则上，只有在首浪确认之后，才进入趋势交易的阶段。此外，就趋势交易而言，我们一般不建议在趋势行情的末期跟进。

图5-3（b）：乘势交易则不同。以短线波段乘势交易为例，一般来说，如果前期的波动幅度比较大，那么，位置D和E在强势反转形态之后，都可以成为短线乘势的进场点。例如，在图5-3（a）中，在底部A形成之后，我们也可以择机跟进。当然，较好的短线乘势机会通常都要得到中长线市场的配合，其效果才会更好。

在趋势交易中，我们往往怀着一种传统的思维倾向，就是希望用过去和当前的相对确定性，来提高对未来预测的准确性，从而提高交易的成功率。例如，趋势交易方法强调短线走势与趋势大方向的一致性，其实也是为了增加相对确定性，但实际上，过去的相对确定性并不会改变未来不确定性这一事实。具体来说，顺着趋势方向开始的行情在未来未必就一定是个推进浪。同样的道理，逆着趋势方向的行情也未必一定是个调整浪，也可能是趋势的一个终结浪，标志着趋势的结束。相对而言，乘势交易强调顺势而为，把握每一次机会。它要求投资者具有更高的理论素养以及实战经验和能力，必须真正理解乘势的精神实质和关键要素，同时对市场行为和价格波动规律有清晰的认识。只有遵循客观规律，一切以市场为准，在不确定性中寻找相对确定性，在偶然性中寻找必然性，才能成为乘势交易高手。

第四节

顺势而为与从众行为的区别

从表面上来看，顺势而为与从众行为似乎都指的是在大势中跟进的策略，但是，为什么顺势而为被认为是成功者的谋略智慧，受到人人追捧，而从众行为却成为盲从的代名词呢？其根源是两者在思想理念与行动策略上有着本质的区别。

1. 思想理念

金融交易行为反映了人类趋利避害的本性，是智者之间在利益上的博弈，体现了高手们在智慧、谋略、财力、精力、个性等综合能力与条件的较量。在资本利益博弈中，个体交易人本身就处在明显劣势的地位，绝大多数散户属于弱势群体，他们的劣势表现在以下多个方面：①知识、经验和能力的不足；②资金匮乏；③缺乏人才组合优势；④可用信息资源有限；⑤缺乏现代科技手段。作为弱势一方，如果不自量力，硬要拿鸡蛋碰石头，只有死路一条，成为"弱肉强食"的牺牲品。

顺势而为的思想实质是乘势，它蕴含着丰富的哲理、深刻的内涵以及高超的谋略思想。乘势不仅是一种哲学思想和谋略智慧，也是一种艺术。博弈论的智猪游戏阐明了以弱胜强的制胜策略，其核心思想就是利用自己在行动策略选择上的主动权，来弥补在力量、资金及收益分配等方面的劣势，借助强大对手的力量，乘势待时，达到借力发挥、实现双赢的目的，从而不断地壮大自己，走出一条成功之路。因此，投资者必须深刻认识到金融市场竞争对抗的本质，认识自我，了解对手。

2. 行动策略

顺势而为不但确立了弱势一方在竞争对抗中的指导思想，而且也揭示了以弱胜强制胜谋略。在具体实践中，能否落实顺势而为思想，就要看投资者能否制定出一个切实可行的行动计划和实施方案，并贯彻在行动中，真正做到审时度势，合时而动，这是成功的关键。

在金融市场，虽然主力机构在很多方面占据极大的优势，但是，他们的行动都有计划步骤和章法，并由操盘手一步步严格实施。实际上，人类处理问题的方式和手法都有一些相似之处，而且往往具有重复性。例如，有经验和能力的投资者往往通过 K 线图上的价格波动规律，去发现主力机构的蛛丝马迹，洞察他们的最新动向，识别他们的伎俩，从而在强势行情中捕捉到对自己有利的战机，逐步成长为一名高超的"猎手"。

3. 与从众行为的区别

通过前面的讨论，我们可以很容易地发现顺势而为与从众行为的根本区别：顺势而为是乘势待时、借力发挥的策略，而从众行为则是盲目跟随大众的策略。

顺势而为的乘势思想是弱势一方的最优策略，它主要包括这两个核心内容：①强调用自身优势去攻击对方的劣势，才能以弱制强；②强调乘势待时、借势发力，才能事半功倍。顺势而为的谋略制胜思想经过了千百年来的验证，被充分证明是以弱制强的取胜和发展之道，而从众行为也被证明是一种危害很大的不良行为，它使人养成人云亦云、不顾是非曲直盲从的坏习惯，从而很容易放弃个人理性判断，抑制个人的独立意识。作为散户，坚持用顺势而为思想武装头脑，指导实践，学会辨别是非，保持理性判断，杜绝盲从，才能避免上当受骗。

第六章 价格势分析的理论基础

乘势首当识势。在金融市场，价格势由哪些因素决定？其强弱用什么来衡量？在形态上有哪些基本特征？这些问题虽然十分重要，但目前仍缺乏完善的理论基础。毋庸置疑，如果没有坚实的理论为支撑，没有强大的技术做后盾，顺势而为就变成了一句空洞的口号。

在物质世界，经典物理学对物体运动状态的研究已经在理论和实践上取得了巨大成功。例如，牛顿运动定律揭示了以下几点：1. 力是改变物体运动状态的原因。2. 惯性是保持物体原来静止或运动状态的性质。3. 力的重要性和影响力不仅在于它的瞬时作用效果，而且还在于力的持续时间长短（积累过程）。其中，动量描述了力在时间上的积累，它决定运动物体反抗阻力能够移动多久，表达机械运动传递的本领；动能则描述力在空间上的积累，它决定运动物体反抗阻力能够移动多远，表达了物体的做功本领。显而易见，动量和动能描述的正是物质势的强弱程度，展示了力量在时空上的综合影响力和作用效果。

我在《概率优势交易的原理和应用》一书里，通过引入经典物理学的惯性和力概念，探讨了惯性与形态数理逻辑、心理力与价格变化之间的关系，希望以此加深对支撑与阻力概念的理解。本章将把物质势中的动量和动能概念引入到价格势的研究中，系统地探讨价格势强弱的决定性因素，从而明确界定强势与弱势在形态上的确切含义和特征，使得技术面上的审势和识势有理可依、有据可循。

第一节

物质势的量能描述

在经典物理学中，牛顿运动定律研究的是力的瞬时性及其瞬时作用效果。典型的瞬时性物理量有力（F）、速度（v）、加速度（a）以及动量（$=mv$）

和动能 $\left(=\dfrac{1}{2}mv^2\right)$ 等。其中，m 代表物体的质量，是物体具有的一种物理属性，是物质的量的量度，也是量度物体惯性大小的物理量，v 代表物体运动的速度（既有大小又有方向）。显而易见，动量和动能都是描述惯性和物体运动状态变化的物理量，两者的区别就是描述物体运动状态的角度不同，分别反映运动物体在两个方面的不同本领。其中，动量表达机械运动传递的本领，是矢量，其方向与瞬时速度的方向一致。而动能表达了某一时刻物体具有做功的本领，是标量。

但是，根据力对物体运动状态的影响，力不仅具有瞬时性而且也具有时空上的持续性。动量定律和动能定律分别描述了力在时间和空间上积累的效果，它们是物理学中的重要规律：

（1）动量定理 $Ft = mv_2 - mv_1$，描述了物体因为受到力的持续作用而改变动量时，在时间维度上不断积累的量。

（2）动能定理 $FL = \dfrac{1}{2}mv_2^2 - \dfrac{1}{2}mv_1^2$，描述了物体因为受到力的持续作用而改变动能时，在空间维度上不断积累的量。

其中，$v_2(v_2)$ 和 $v_1(v_1)$ 分别代表物体的末速度（末速率）和初速度（初速率），F 代表物体受到的作用力，F 是作用力的大小，t 和 L 分别代表作用力持续的时间和距离。

动量定律和动能定律的重要性表现在以下两个方面：①度量了力的作用效果、影响力以及重要性，是力量在时空上的展示。例如，施加在物体上的作用力越大，作用时间越长，物体动量的变化就越大。类似地，施加在物体上的作用力越大，作用距离越长，物体的动能变化就越大。②度量了物体因为运动具有的一种能力，我们可以称之为运动能或者运动势。从动量定律和动能定律可以看到，物体运动状态（动量与动能）的改变不能靠外力的瞬时作用，它需要外力在时间和空间上的连续性作用。例如，质量大并且速度快的物体拥有很大的动量，若要使该物体减速到零，则就需要很大的作用力或者很长的作用时间。类似地，质量大并且速度快的物体拥有很大的动能，如果要使该物体减速到零，就需要很大的作用力或者很长的作用距离。因此，动量定律和动能定律描述了外界改变物体运动状态时需要在时间和空间上持续付出的量。换句话说，动量和动能分别度量了物体因为运动而在时间和空间上具备的对外界抵抗能力，也就是物体保持原来运动状态的能力，这种性质揭示的正是物质（运动）势的强弱特性。

概括来说，在经典物理学里，牛顿第一定律（惯性定律）揭示了物体本身具有的惯性特质，即保持物体原来静止或运动状态的性质；牛顿第二定律揭示了力是改变运动状态的原因这一事实。虽然动量定律和动能定律都是牛顿第二定律的推论，但牛顿第二定律是力的瞬时性量化描述，而动量定律和动能定律是力的持续性量化描述。显而易见，动量和动能的引入，使得对于运动物体基本性质的描述更加全面和深刻，物理内涵更加丰富，对我们有很大启迪。例如，在日常生活里，我们常常说某种运动势头很猛，势不可挡，其本质内涵是什么呢？通过上面的讨论，不难发现，动量和动能这两个物理量分别描述了物体因为运动而具有的机械运动传递本领和做功本领，这就从根本上阐释了物质（运动）势的强弱特征与本质内涵。

动量和动能揭示了决定物质势强弱的两个关键因素：质量和速度。前者代表惯性的大小（即惯性质量），后者代表运动的快慢。例如，质量越大，速度越快，那么，动量和动能就越大，代表物质势越强劲，外界要改变这种运动状态越难，因此强劲物质势在时空中的可持续性往往更强。与此成鲜明对照的是速度快但质量小的物质势，它们在短时间内似乎势头十足，但是因为动量和动能都小，所以很容易受到外界的影响而终止或者改变。

第二节

价格势的决定性因素

在技术分析中，乘势问题可以归结为对价格运动势（简称为价格势）的认识、评价和利用。但是，由于缺乏坚实的理论基础，造成思想认识缺乏深度，对价格运动势的认识一直停留在经验层次上，没有统一的标准和尺度来衡量，影响到对价格势的准确分析与判断，从而影响到乘势策略的贯彻落实。为了解决这个问题，首先，我们要建立和完善以乘势思想为核心的理论基础。其次，根据从理论到实践的发展过程，用理论指导实践。例如，在技术上，确定强势的基本形态特征，完善界定价格势强弱程度的技术标准和手段。

在经典物理学里，动量$(=mv)$和动能$\left(=\dfrac{1}{2}mv^2\right)$分别从两个不同的角度描述了物质势的强弱程度。有了经典物理学对于物质势的研究基础，我们可以将动量和动能概念引入金融价格势的研究中，由此作出推断，速度和质量同样是价格势的两个决定性因素。下面我们来分别讨论它们在价格势中的内涵和意义。

一、价格的运动速度

我们知道速度是表示物体运动快慢的物理量，速度的大小等于物体在单位时间内通过的路程。价格运动速度的描述与此相类似，它可以通过测量价格变动数据得到。在 K 线图中，价格运动速度快慢主要体现在以下几个方面：

（1）K 线的实体长度。在同一张 K 线图中，所有 K 线的时间周期都相同，并且等于 K 线图的时间周期，因此，不同的 K 线实体长度反映了价格在该时段内平均移动速度的差别。例如，大阳线或者大阴线都代表短期强势 K 线，即在相同的时间周期内，价格朝着一个方向移动的平均速度很快，结果收出长长的实体，这是势头强劲的表现。相反，小实体线代表短期弱势 K 线，即在相同的时间周期内，朝着一个方向移动的平均速度很慢，最后收出短小的实体，说明势头很弱。

（2）价格折线图的斜率（倾斜程度），代表在某一段时间内价格平均速度的快慢。例如，陡峭上升（下降）的折线代表价格上涨（下跌）的速度快，走势猛烈。而平缓的折线代表价格变化很小，走势微弱。

（3）均线的斜率。均线是价格移动平均线（Moving Average，简称 MA）的简称，它是用统计分析的方法，将一定时间周期内的价格（指数）加以平均，并把不同时间的平均值连接起来，形成一根均线，用以观察价格变动趋势的一种技术指标。因此，均线其实就是一定时期内的平均价格走势线，而均线斜率反映了该周期内价格运动的平均速度。如图 6 - 1 所示，平缓的均线代表较小的价格变化速度，即走势微弱，而陡峭上升（下降）的均线代表价格上涨（下跌）的速度快，走势非常猛烈。

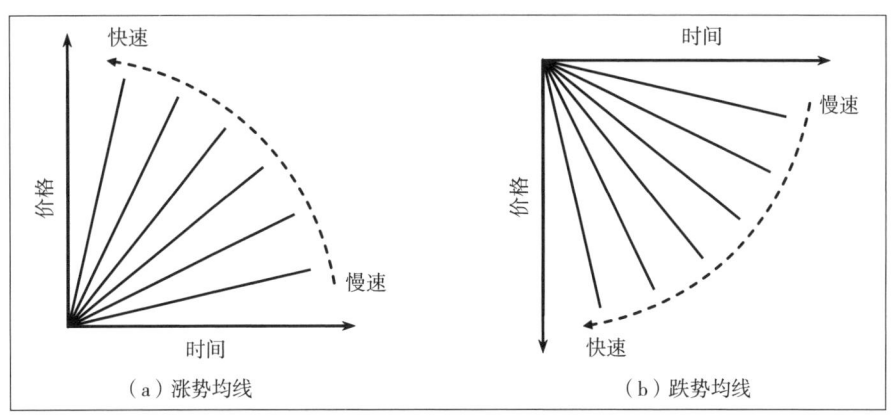

图 6 - 1　均线斜率描述平均价格变化速度的快慢

二、价格的"惯性质量"

在现代物理学中质量的概念有两种：惯性质量和引力质量，它们出现在牛顿第一定律（即惯性定律）、第二定律和万有引力定律中，被视为普适的基本物理量。其中，牛顿第二定律公式中的质量称为惯性质量，它是物体惯性大小的量度，是决定物体受力时运动状态变化难易程度的唯一因素，物体的惯性质量可以用惯性秤来确定；而万有引力定律公式中的质量称为引力质量，它表示物体产生引力场或变引力作用的本领，物体的引力质量可以用天平来确定。自然界中的任何物质既有惯性质量又有引力质量。事实上，无数精确的实验表明，同一物体的这两个质量严格相等，是同一个物理量的不同表征。

虽然质量的概念在宏观领域非常有效，但其实它是一个十分令人困惑的概念。在价格势的研究中，怎样理解金融价格的"惯性质量"更是一个全新的课题，我们必须从惯性质量的内涵着手。在经典物理学中，惯性质量代表了在物质世界里物体的一种基本物理属性，但是透过现象深入本质，从惯性质量是物体惯性大小的度量这一点出发，那么，物质世界的惯性质量属性在金融价格运动中同样存在。从前面的讨论中我们知道，价格运动代表了一种群体运动，因为人类的群体心理行为具有惯性特质，所以价格运动同样具有惯性属性，衡量价格惯性大小的就是群体运动的规模大小。例如，如果群体规模大，代表参与人数多，群体力量就大，对应的价格惯性质量就大。反之，如果群体规模小，代表参与人数少，群体力量就小，对应的价格惯性质量就小。

在 K 线图形态分析中，时间周期有着非常特殊的意义，它代表每根 K 线的时间跨度或者均线等技术指标在时间轴上的取值间隔。选择时间周期相当于选择群体运动规模以及价格惯性质量，其主要原因有以下几个：①时空压缩。周期越长，在时间和空间上产生的压缩效应将越显著。②平均与平滑效果。周期越长，即取值的范围更广，平均和平滑的效果越好。③滞后效应，即受到前期值影响的现象。周期越长，前期值的影响因子越大，滞后效应越严重。从形态分析的角度来看，时空压缩、平均与平滑效果以及滞后效应的直接结果就是过滤掉小的波动细节，相当于过滤掉小规模的群体运动，因此，选择较大的时间周期，在客观上相当于选择较大的群体运动规模，从而起到增大价格惯性质量的作用。由此可见，长周期 K 线要比短周期 K 线具有更大的惯性质量，类似地，长周期均线要比短周期均线具有更大的惯性质量。然而，时间周期的这种内涵在过去并没有得到充分的认识和重视。

此外，K 线的实体长度反映了市场交易的活跃程度，包括参与交易人数和投入资金大小，因此，K 线实体长度也与群体规模大小有关。一般来说，K 线实体长度越长，代表群体运动的规模越大，惯性质量越大。反之，K 线实体长度越短，代表群体运动的规模越小，惯性质量越小。由此可见，大阳（阴）线的价格平均移动速度不仅要快于中小阳（阴）线的平均速度，而且大阳（阴）线的惯性质量也要大于中小阳（阴）线的惯性质量。

通过上面的讨论，我们可以对 K 线图中的价格惯性质量作一概括：

（1）在同一 K 线图中，K 线实体长度越长，惯性质量越大。

（2）在不同 K 线图中，长周期 K 线比短周期 K 线具有更大的惯性质量，也就是说：月 K 线质量 > 周 K 线质量 > 日 K 线质量 > 分时 K 线质量 > 分钟 K 线质量。

（3）在同一 K 线图中，长周期均线比短周期 K 线具有更大的惯性质量，因此，我们有：长期均线质量 > 中期均线质量 > 短期均线质量。例如，MA120 质量 > MA60 质量 > MA20 质量 > MA10 质量。

（4）在不同 K 线图中，具有相同周期的均线实际上有着不同的惯性质量。例如，月图 MA60 质量 > 周图 MA60 质量 > 日图 MA60 质量，同样地，月图 MA20 质量 > 周图 MA20 质量 > 日图 MA20 质量。

第三节

价格势强弱的形态特征

有了速度和质量的概念，就可以把经典物理学对物质势的研究成果直接推广到金融价格势的研究中，从而为价格势分析奠定坚实的理论基础。

一、K 线形态

1. K 线的划分与意义

在 K 线技术分析中，K 线通常按照实体长度划分为大、中、小阳线（阴线），而实体长度又可以用涨幅或者跌幅来精确地描述。如表 6 - 1 所示，以中国股市为例，因为 A 股有涨停板制度，普通 A 股的涨停/跌停幅度为 10%，代表普通 A 股的最大涨跌幅度。而十字线与丁字线的实体长度为零，代表涨跌幅度为零，即价格在该时段内原地踏步，没有实质性进展。平均而言，K 线的实体长度（涨跌幅度）反映了价格在该时段内的平均移动速度。

表 6-1　中国股市 A 股 K 线对应的价格平均移动速度

蜡烛线（K 线）	典型的 K 线形态	实体的涨/跌幅度	价格移动速度	技术意义
涨停线/跌停线		10%	最快	超强势
大阳线/大阴线		6%～10%	很快	强势
中阳线/中阴线		3%～6%	较快	较强势
小阳线/小阴线		1%～3%	较慢	弱势
十字、丁字线等		0%	零速	零势（无势）

综合上一节的讨论，我们可以得到以下结论。

（1）在同一张 K 线图中，K 线实体长度越长，其代表的价格平均移动速度越快，并且惯性质量也越大，因此，其动量和动能就越大，代表更强的价格势。例如，大阳线代表 K 线图中的短期强劲涨势，而小阳线代表短期微弱涨势。类似地，大阴线代表 K 线图中的短期强劲跌势，而小阴线则代表短期微弱跌势。

（2）在不同周期的 K 线图中，虽然相同实体长度代表相同的价格平均移动速度，但是因为长周期图表的 K 线具有更大的惯性质量，因此长周期图表的一根 K 线要比短周期图表中同样一根 K 线具有更大的动量和动能，即代表更强的价格势。例如，出现在日线图中的一根涨幅为 8% 的大阳线，比起出现在小时图中同样一根大阳线，代表的价格势更强，因此意义也更加重要。

2. K 线的重要性比较

虽然说万物皆有其存在的意义，各种各样的 K 线也是如此，但是它们的重要性各不相同。例如，K 线的涨跌幅度越大，代表短期走势越猛烈强劲，即一方在力量对比上占据更大的优势；反之，涨跌幅度越小，说明短期走势越微弱，如小实体线、十字线等弱势线代表多空双方力量旗鼓相当、势均力敌，通常代表市场的暂停和稍息。从 K 线表征的价格势强弱程度，我们可以将它们的重要性排序为：大阳（阴）线＞中阳（阴）线＞小阳（阴）线。当然，对 K 线重要性的评价还要结合具体情况，从位置、环境、未来发展的角度等来综合考量，绝对不能教条，不分场合，一概而论。例如，在股市，个股经过长期的下跌之后，价格处于低位，交易不再活跃，市场处于低迷状态，成交量出现极度萎缩，甚至达到所谓的"地量见地价"状态。在这种情况下，一根带量上升的中阳线往往就不同凡响。因为与前面低迷区的小实体 K 线的平均水平相比较，中阳线的成交量和涨幅都可以增加到数倍以上，在成交量和价格上展现出双重突破，使得这根中阳线的强势意味十足，其重要性和意义非常突出。其实，在股市的底部附近，中阳线放量突破是很常见的情形，足以引起交易人的重视。

二、均线形态

在技术分析领域，利用均线来判断市场走势是最常用的分析手段。均线按照周期长短可以分为短期、中期、长期均线三种。例如，在日线图中，时间周期为 5 天和 10 天的是短期均线，通常用来判断市场短期走势并作为短线操作的参照指标；20 天和 60 天的是中期均线，用来判断中期走势并作为中线操作的参照指标；120 天、240 天的属于长期均线，用来判断长期走势并作为长线操作的参照指标。

虽然均线和 MACD 都属于趋向性指标，都具有平滑效果，可以简单快捷地呈现出价格波动的大体趋向，帮助交易者确认现有趋势、判断反转的趋势以及即将出现的新趋势，但是均线用来描述趋势变化具有明显的优势：①作为价格的同窗指标，均线与价格的互动关系更加密切，直观且简洁。此外，价格与均线的相对位置以及突破与穿越行为也有明确的技术意义。②虽然均线也具有滞后的特点，但它不像 MACD 那样在强劲行情的高档区或者低档区有显著的钝化和失真现象。例如，简单移动平均线是价格的算术平均，它不会领先于市场，但始终忠实地追随市场，因此成为当今应用最普遍的趋势追踪工具。通过下面的讨论，我们将看到，均线在描述价格势强弱程度时同样有着其他任何指标无可替代的作用和优势。

如图 6-2 所示，在 K 线图中，一种时间周期的均线代表一种惯性质量，而直线型的均线代表价格在该时段内保持匀速的直线运动。也就是说，在直线型均线对应的时间间隔内，价格的动量和动能都保持不变。根据动量和动能定律，这是外力为零时的惯性运动状态，说明在该时间段内，外部环境条件基本上保持不变，或者对市场没有产生影响，而市场总体上也保持内稳定性，所以直线型均线代表市场保持一种价格势不变，价格处于单一运动状态。例如，如果均线呈现线性上升趋势，代表市场在该时间段内处于一种上涨的价格势中。反之，如果均线呈现线性下降趋势，代表市场在该时间段内处于一种下跌的价格势中。下面我们来比较均线代表的价格势强弱程度。

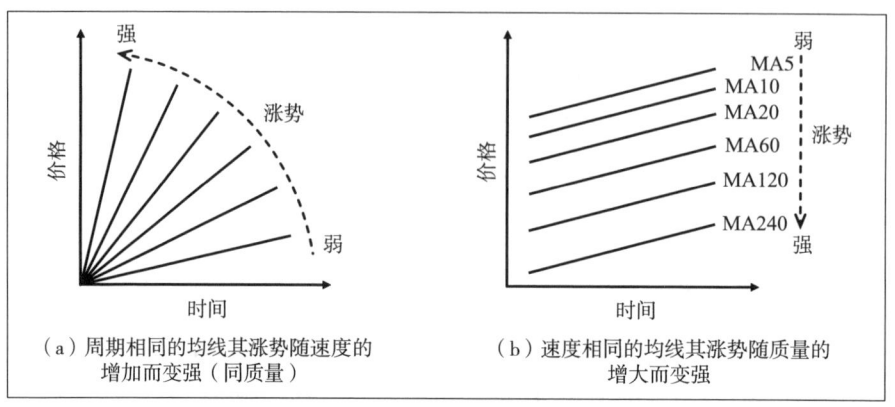

（a）周期相同的均线其涨势随速度的
增加而变强（同质量）

（b）速度相同的均线其涨势随质量的
增大而变强

图6-2　均线代表的涨势强弱程度比较

图6-2（a）：周期相同但斜率不同的均线比较（涨势）。如果均线的时间周期（即惯性质量）相同，价格势的强弱程度则由其斜率（速度）决定，因此，通过比较均线的陡峭程度，我们就可以判读价格势的强弱程度。例如，由于水平均线的速度为零，价格势动量和动能都为零，所以水平均线代表零势，即无势可乘！均线上升斜率越大，代表价格上涨的运动速度越快，其动量和动能就越大，它描述的涨势就越强劲。

图6-2（b）：斜率相同但周期不同的均线比较（涨势）。当均线的斜率（即速度）相同时，价格势的强弱程度则由时间周期（即惯性质量）决定。例如，长周期均线的价格势比短周期均线的价格势要来得强。图中均线所代表的价格势从强到弱的排序为：MA240 > MA120 > MA60 > MA20 > MA10 > MA5。

图6-3（a）：周期相同但斜率不同的均线比较（跌势）。类似地，当均线的周期（惯性质量）相同时，价格势的强弱由斜率（速度）决定。例如，下降均线越陡峭，代表价格下跌的运动速度越快，所以其动量和动能就越大，与此相对应的跌势就越强劲。

图6-3（b）：斜率相同但周期不同的均线比较（跌势）。当均线的斜率（即速度）相同时，价格势的强弱程度取决于时间周期（即惯性质量）。例如，长周期均线的价格势要比短周期均线的价格势强得多。因此，图中均线所代表的价格势从强到弱的排序同样为：MA240 > MA120 > MA60 > MA20 > MA10 > MA5。

此外，貌似相同的均线出现在不同周期的K线图中，其价值和意义也会大有差别。例如，在日线图中出现的强势均线MA20，比起在小时图中出现的

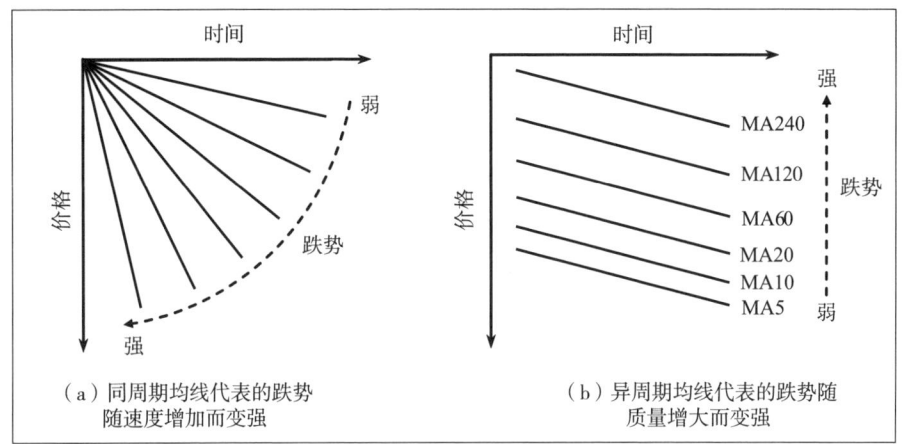

图6－3　均线代表的跌势强弱程度比较

同样一根强势均线MA20，其惯性质量（群体规模）更大，所以动量和动能更大，意义也更加重要。同样的道理，在同一张K线图中，因为均线周期要比单根K线的周期长得多，说明均线的惯性质量（群体规模）要远远大于单根K线的惯性质量（群体规模），因此，均线形态通常要比单根或数根K线形态更加重要。

需要指出的是，在动量和动能表达式中，速度和质量都是关键要素，也是决定价格势强弱的决定性因素。一方面，顾名思义，价格运动势是因为运动而产生，其实质就是因为运动而具有的能力，包括机械运动传递能力和做功能力两种，因此，毫无疑问，速度是根本。这就说明，在任何一张K线图中，强势的首要条件是价格运动有足够快的速度。速度反映了市场主导一方的实力，即买力或者卖力的大小，其实质是市场整体预期心理的统一性程度。只有市场整体预期心理和买卖立场高度一致，才会出现一方力量上的绝对优势，才会造成价格朝着一个方向的突飞猛进。另一方面，动量和动能都与质量成正比，这就说明有了速度，还要有一定的群体规模。实际上，在价格运动中，只有足够大的群体规模，才能形成强大的买卖驱动力，并且在时空上产生显著的作用效果以及更大的影响力。综上所述，价格势的强弱（即动量和动量的大小）实际上是一项综合指标，体现了市场参与交易的人数、交易的活跃程度以及交易资金总额等，在总体上反映了买力或卖力的大小。因此，加深对价格运动速度、惯性质量概念以动量和动能的认识和理解，可以帮助我们在分析价格运动时，具有坚实的理论基础和统一评价标准，在技术分析中更好地理清头绪。

第四节

价格势的转折变化

通过分析 K 线形态的变化，并结合市场发展的总体趋势，来研究价格势的转折变化，就能够窥视市场心理的变化，从而判断和预测市场未来的动向，这是典型的形态心理分析方法。

一、K 线价格势变化

K 线形态清晰直观地展现了短线价格势的强弱及变化。例如，K 线周期和实体长度越长，代表短线走势的动量和动能越大，相应的价格势越强劲，这是市场在短期内介入力量越大的表现。虽然上、下影线长度也反映了盘中多空双方力量介入的力道，对分析判读多空力量转换具有一定的参考意义，但是，从重要性与影响力来讲，收盘后的实体长度才描述了该时间段内价格的实质性进展，彰显了价格势的强弱程度。因此，从 K 线形态前后的变化中，我们就可以洞察市场心理的动态变化及意义。

图 6-4 列举了三种典型的双 K 线组合形态，下面我们来分析其中的技术意义。

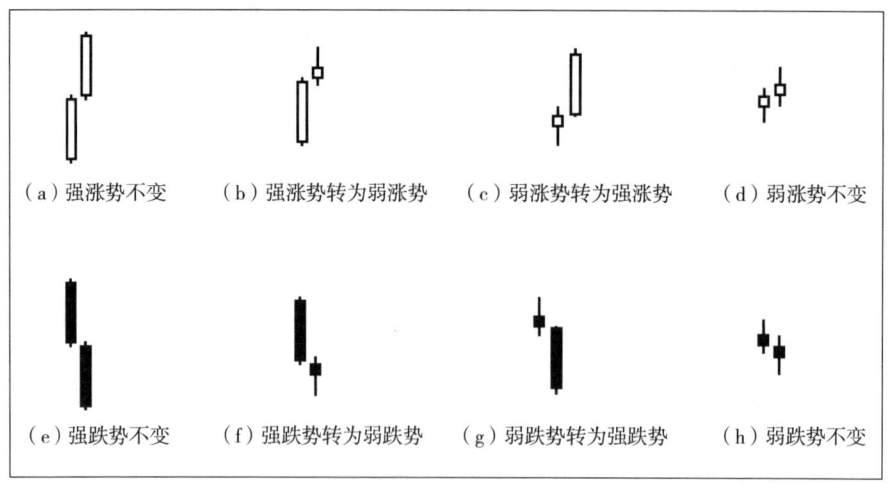

（a）强涨势不变　　（b）强涨势转为弱涨势　　（c）弱涨势转为强涨势　　（d）弱涨势不变

（e）强跌势不变　　（f）强跌势转为弱跌势　　（g）弱跌势转为强跌势　　（h）弱跌势不变

图 6-4　双 K 线组合形态描述的价格势强弱转变

图 6-4（a）：短期涨势持续走强，市场连续收出两根大阳线。其中，大阳线代表短期市场走势非常强劲，多方占据力量上的绝对优势地位，市场整体看涨心理的统一性程度很高，买力远大于卖力，市场以买入为主。而当市场持续收出两根大阳线时，说明市场总体上的预期心理和买卖立场在短期内都没有发生变化，投资者情绪持续高涨，市场保持强劲涨势的惯性运动，显示出多方当前的绝对竞争优势和价格运动状态的相对确定性。一般来说，一根大阳线的出现有时存在极大的偶然性，如因为短线操作的成本较低，有可能是主力的"诱多"骗线行为，或者行情初期主力的试盘动作，但是，连续出现两根大阳线一般来说绝非偶然。这种形态如果出现在行情的低档区，通常说明市场已经走出低迷状态，投资者信心基本保持稳定，未来有望继续上涨。

图 6-4（b）：在大阳线之后收出小阳线，即价格走势由强转弱，说明多头上升动力在衰退，而空头打压力量在增大。小实体线代表该时间段内价格走势微弱，这是多空双方力量比较接近的表现，任何一方都没有取得绝对优势，因此价格未来的走势具有不确定性。这种组合形态出现在涨势行情中，一般属于市场短暂的停歇和整固。有时价格甚至会出现小幅的回落，即在大阳线之后收出小阴线，这种情况如果出现在行情的早中期，往往是短线市场的阶段性抛盘所致，一旦获利回吐压力得到释放，市场通常就会恢复强劲上涨势头。

图 6-4（c）：市场在小阳线之后收出大阳线，即价格走势由弱转强，如果出现在涨势行情中，说明经过之前的短线调整，市场情绪已经得到明显修复，市场信心得到整固，又恢复了强劲上涨的势头。因为大阳线出现在短线调整（小阳线）之后，因此，技术意义比较明确，一般来说，未来继续上涨的可能性更大。

图 6-4（d）：市场连续收出两根小阳线，代表市场总体上的预期心理和买卖立场都没有发生变化，整体看涨预期心理稍稍占优，市场保持微弱涨势的惯性运动。总的来说，市场分歧较大，前景不明朗，投资者仍持谨慎态度。

图 6-4（e）、图 6-7（f）、图 6-7（g）、图 6-7（h）是相反的情形，读者可以依次类推，这里不再赘述。

需要指出的是，小阳线与小阴线都属于短线调整，代表多空双方在力量上比较接近，任何一方都没有取得绝对的竞争优势，是市场存在较大分歧的表现。其中，小阳线代表多头稍稍占优，而小阴线代表空头稍稍占优，但两者并无实质性差别。

二、均线价格势变化

从前一节的讨论可知，直线型的均线代表单一价格势，它的前提条件是市场的外部环境条件保持不变（即外力为零），而市场又保持内稳定性，因此，价格保持惯性运动。但是，一旦市场受到外力作用，使得市场心理发生变化，原来的多空力量平衡将会被打破，价格就会产生加速运动（利好作用）或者减速运动（利空作用），于是，价格势将会出现转折变化。反过来讲，从价格势的转折变化，我们就能推测市场预期心理的变化，从中发现多空力量对比的转变。

图6-5给出了六种均线转折的例子，下面我们来分别讨论它们表达的技术意义。

图6-5（a）：涨势加速。在上涨过程中，受到利好作用，市场的整体看涨心理得到进一步增强，其统一性程度得到提高，从而增强了买力，同时削弱了卖力，因此，价格运动得到加速。在形态上，均线出现转折，上升变得更加陡峭。

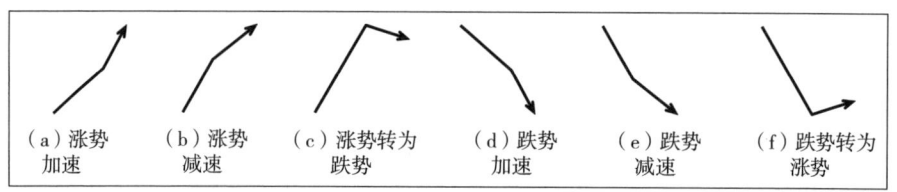

（a）涨势　　（b）涨势　　（c）涨势转为　　（d）跌势　　（e）跌势　　（f）跌势转为
　加速　　　　减速　　　　　跌势　　　　　加速　　　　减速　　　　　涨势

图6-5　均线描述的价格势强弱转变

图6-5（b）：涨势减速。在上涨过程中，受到利空作用，市场的整体看涨心理得到削弱，其统一性程度降低，因此，买力出现衰退，而卖力得到增强，使得价格运动呈现减速现象。在形态上，均线出现转折，上升变得缓慢。

图6-5（c）：由涨转跌。在上涨过程中，受到重大利空作用，市场从之前的以整体看涨心理为主逆转为以看跌心理为主，造成多空力量对比发生逆转，因此，走势也出现逆转，由涨转跌。但需要注意的是，一般来说，大行情的逆转并不是一蹴而就的，即使涨势行情已经接近末期，但是在趋势反转之前通常需要一段时间（如盘整过渡阶段）来消化市场情绪，市场才能进入跌势中。

图6-5（d）、图6-5（e）和图6-5（f）是相反的情形，读者可以照此类推，不再赘述。

实际上，影响价格变化的因素众多，极其错综复杂。作为唯象的分析方法，K 线形态技术分析虽然不能探明事情的真相，但是，从影响因素的作用效果来看，只有利好或者利空两种。在涨势中，利好对价格产生加速运动，利空产生减速运动；而在跌势中，利好对价格产生减速运动，利空产生加速运动。不难发现，经典物理学的理论、分析思路和方法在金融价格问题研究中具有深刻的启迪与借鉴意义，它进一步完善了技术分析的理论基础，赋予技术分析更加丰富的内涵，使得分析方法更加客观和理性。

三、K 线穿越均线的意义

前面提到过，K 线和均线的时间周期有着很大的不同。例如，在日线图中，每根 K 线的周期为 1 天，描述的是一天内的价格运动状态，如涨跌幅度、走势强弱，具有短线性质。而短期均线 MA5、MA10 和中期均线 MA20、MA60 的时间周期分别为 5 天、10 天、20 天、60 天，是 K 线周期的 5 倍、10 倍、20 倍和 60 倍，描述的是在较长周期内（如短期、中期、长期）的平均走势，在趋势市场通常起到趋势线的作用。此外，在下一章里将会讨论均线还有平均交易成本的性质，因此，当价格处于均线下方时，代表前期的做多单都处于亏损状态，做空单处于盈利状态。而当价格处于均线上方时，代表前期的做多单都处于盈利状态，做空单则处于亏损状态。由于这些原因，如图 6-6 所示，当 K 线穿越均线时，代表市场的当前走势已经超越均线代表的平均走势，说明多空的力量平衡已经被打破，市场整体上的预期心理和买卖立场发生了转变，这是市场走势发生转变的有力证据，具有重要的技术意义。

图 6-6（a）：K 线穿越均线向上。因为均线描述的市场平均走势向上，说明该时间段内市场处于涨势中，因此，K 线穿越均线的技术意义如下：①之前价格跌落至上升均线以下，形成 K 线和均线的无序状态，这是短线多头上升动力不足的表现。现在价格重新回到均线以上，说明短线市场已经得到调整，短线多头重新恢复上升动力；②大阳线对均线的突破和穿越形态说明短线上涨走势非常强劲，势头猛烈，超过该时间段内的市场平均走势；③原来的做多单开始走出亏损的状态，扭亏为盈。因此，总的来说，这是市场形势变得更好的迹象。一般来说，阳线的实体越长，说明短线走势越猛烈，对市场的推动和影响作用越大。

图 6-6（b）：K 线穿越均线向上。与图 6-6（a）不同的是，这里的均线代表市场平均走势向下，在该时间段内市场处于跌势中，因此，K 线穿越的技术意义如下：①K 线走势为涨势，与均线平均走势方向相反，说明短线走势已经发生逆转；②K 线走势穿越均线平均走势向上，在趋势行情中具有

明确的意义。例如，假设前期市场处于下跌趋势中，并且该均线已经被市场验证过，具有阻力线的作用，那么，当K线突破并穿越该均线时，就标志着原来跌势行情的形态格局已经被打破和中断，说明原来的下跌趋势已经难以为继；③原来的做多单开始走出亏损的状态，扭亏为盈。由此可见，这是原来的趋势开始出现变数、市场形势出现好转的迹象，而K线的突破与穿越现象就是技术面上的直接证据和有力信号。一般来说，阳线的实体越长，说明短线市场走势越猛烈，其技术意义就更加明确。

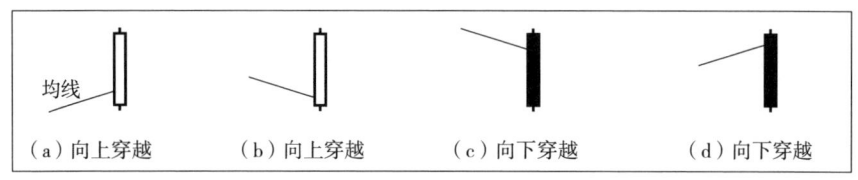

（a）向上穿越　　　（b）向上穿越　　　（c）向下穿越　　　（d）向下穿越

图6-6　K线穿越均线的意义

图6-6（c）：K线穿越均线向下。因为均线平均走势向下，说明该时间段内市场处于跌势中，因此，K线穿越均线的技术意义如下：①之前价格上升至下降均线以上，形成K线和均线的无序状态，这是短线空头动力不足的表现。现在价格重新回到均线以下，说明短线市场已经调整好，短线空头重新恢复下跌动力；②大阴线对均线的突破和穿越形态说明短线下跌走势非常强劲，势头猛烈，超过该时间段内的市场平均走势；③原来的做空单开始走出亏损的状态，扭亏为盈。因此，总的来说，这是市场形势变得更坏的迹象。一般而言，阴线的实体越长，说明当前价格下跌走势越猛烈，对市场的推动作用和影响力越大。

图6-6（d）：K线穿越均线向下。与图6-6（c）不同的是，这里的均线代表市场平均走势向上，即在该时间段内市场处于涨势中，因此，K线穿越的技术意义如下：①K线走势为跌势，与均线平均走势方向相反，说明短线走势已经逆转。②K线走势突破并穿越均线平均走势向下，在趋势行情中具有明确的意义。例如，假设前期市场处于上涨趋势中，并且该均线已经被市场验证过，具有支撑线的作用，那么，当K线突破并穿越该均线时，在形态上揭示了原来涨势行情的形态格局被打破和中断这一事实，说明原来的上涨趋势已经出现变故。③原来的做空单开始走出亏损的状态，扭亏为盈。由此可见，这是市场形势发生转变的迹象，投资者要提高警惕，预防趋势逆转。同样的道理，阴线的实体越长，说明当前价格走势越猛烈，其技术意义就更加明确。

在技术分析中，K线穿越均线是重要的转势特征。其中，因为均线具有更大的惯性质量，它更多地体现出原来趋势的支撑或者阻力作用，而 K 线具有较小的惯性质量，主要反映了当前价格的最新进展，当 K 线出现对均线的突破和穿越现象时，通常揭示了市场形势出现转折这一事实，使得原来的趋势形态被中断。因此，通过分析 K 线相对于均线（平均走势）的变化，就可以洞察市场形势与当前最新动向。下面以"一阳穿三线"为例，来讨论 K 线与均线分析中的注意事项。"一阳穿三线"通常是底部附近出现的转势形态，即一根大阳线实体同时穿越了 5 日、10 日、20 日三条均线。在理论上，这是一种短线强势信号，一般被认为是上涨行情的启动，在很多情况下确实如此。正因为如此，"一阳穿三线"往往具有很强的迷惑性。但必须注意的是，"一阳穿三线"之后并不一定都会紧跟着出现大牛行情。例如，在股市，如果股价长期处于底部震荡，在没有利好消息刺激下的第一根大阳线上涨，极有可能只是代表了主力在底部吸筹建仓工作的结束。建仓结束后出现的第一根大阳线往往还不是直接买入的最佳时机，因为大阳线之后常常会出现洗盘的动作。只有当洗盘结束，并且呈现主力强力护盘的短线反转形态，才是可靠的买进机会。由此可见，在实际操作中，投资者既要关注 K 线穿越均线的短线技术意义，也要从中长线的角度来分析其价值与重要性，以免对 K 线穿越形态过度解读。

四、不同周期的价格势比较

在市场趋势的分析、判断与预测上，均线作为趋势指标有着无可比拟的优势。例如，通过改变均线的时间周期长短，可以选择性地研究不同群体规模大小的趋势运动，从而在一张 K 线图中实现对长期、中期和短期不同趋势的实时分析和跟踪。由前面的讨论可知，长期、中期与短期均线具有显著不同的惯性质量。根据惯性原理，质量越大，惯性越大，要改变它的运动状态就越困难，因此将更多地体现出抵抗性；而质量越小，惯性越小，其抵抗力就越小，它的运动状态越容易改变。由此我们可以推断，时间周期越长的均线，其支撑或者阻力作用将会越强，而时间周期越短的均线，其支撑或者阻力作用就会越弱。中长期均线与短期均线之间的互动关系实际上反映了新旧趋势的交替演变过程，而任何一次新旧趋势转换通常都是从短期均线对中长期均线的突破和穿越作为开端和启动信号。显而易见，通过分析长期、中期、短期均线走势的互动关系，可以研究新旧趋势的交替演变过程，从而判断未来的发展趋势。下面我们以图 6-7 所示的短期均线和中期均线（如 MA20 与 MA60）为例子，来解读其中的技术意义。

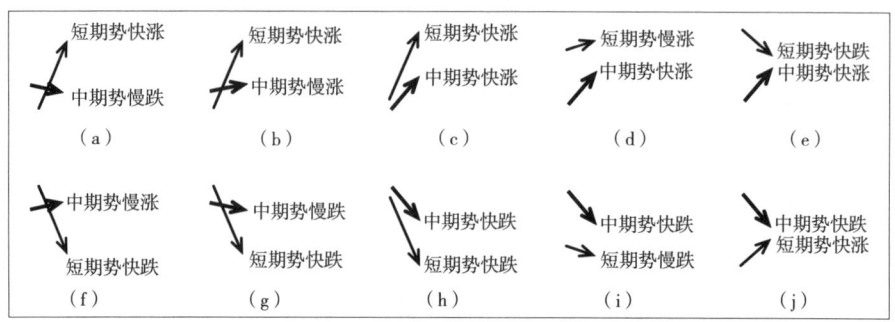

图 6 - 7   中期与短期平均走势分析

图 6 - 7（a）：准金叉穿越。中期均线呈现缓慢下降，说明中期市场处于微弱下跌趋势中，而短期均线却呈现出快速上升的势头，说明短期市场正在强劲上涨中。快速上升的短期均线穿越缓慢下降的中期均线是一种常见的均线穿越形态，代表当前形势正在好转。这种形态出现在底部时，通常代表已经有主力进场吸筹建仓，原来的低迷状态可能就要结束了。但是，从均线系统排列来看，中期均线（向下）与短期均线（向上）方向并未一致，仍属于杂乱无序状态，说明市场尚未完全调整好，一般来说，未来必然会有新的调整。从乖离率看，短期均线的快速上升将会造成它与中期均线之间的乖离率值过大，从而产生技术面上的短线回调要求，说明短线的快速上升一般不能维持很长的时间，投资者不要盲目跟从。

图 6 - 7（b）：金叉穿越。快速上升的短期均线穿越缓慢上升的中期均线，形成典型的金叉穿越形态。金叉形态代表价格正在加速上涨，是市场形势进一步好转的表现。金叉穿越形态出现在阶段性底部之后的上升初期，通常被认为是新一轮上涨行情的启动信号，未来存在较好的发展前景。但即使这样，投资者仍要择机入场，切不可盲目跟进。一般来说，要选择低交易成本的位置跟进，其原因如下：如果短期均线与中期均线之间的斜率相差太大，说明短期走势过于猛烈，上升步伐过快，而中期走势上升较慢，可能会一时跟不上短期走势的步伐，那么短期走势就会受到中期走势的拖累，在技术面上就是导致短期均线与中期均线之间的乖离率值过高，或者 K 线价格位置远离均线过高，使得价格与均线之间的乖离率值过高。乖离率值过高的技术意义是当前价格偏离市场平均成本太大，在这种位置上继续买进，势必造成过高的交易成本，因此，在这种情况下，很多投资者就会持谨慎态度，市场中继续买进做多的人数将会减少。但因为前期买进获利的短线抛盘在不断增多，引起短线抛压增大，短期市场将产生技术性回调需求。由此可见，金叉形成

之后通常给投资者带来跟进机会，但是要避免在乖离率值过高时进场买进，防止买在回调前夕，陷入回调陷阱。

图6-7（c）：多头排列。短期均线（居上）和中期均线（居下）向右上方发散，显示多头进攻的强劲态势，这是典型的短期和中期均线多头排列形态，代表短期和中期市场行情已经全面启动，处于强劲涨势中。在形态分析中，当MA5、MA10等短期均线形成这种多头排列形态时，就称为短期多头排列，MA20、MA60等中期均线形成这种多头排列形态时，就称为中期多头排列，而MA120、MA250等长期均线形成这种多头排列形态时，就称为长期多头排列。长中短期均线多头排列通常是强劲涨势行情的基本形态特征，说明长中短线投资者当前都一致看好。

在多头排列形态中，K线通常位于所有均线的上方，这种形态说明之前的买进单子在总体上都处于盈利状态，而当前的价位要明显高于市场的平均交易成本。这就说明，在涨势的上升期，因为市场的看涨情绪不断强化，即使价格在不断攀升中，交易成本越来越高，但仍然有越来越多的人愿意用高价买进，大众一致看好、踊跃买进是推动价格不断上升的前提条件。毫无疑问，越早买进的人越赚钱，风险越小，而越晚买进的人，潜在的盈利空间缩小，风险随之增大。实际上，市场没有一帆风顺的涨升，在多头排列形态出现后，投资者要善于利用价格的波动性来降低交易成本，提高交易的竞争优势。

图6-7（d）：高档衰退形态。随着行情进一步的发展，价格进入高档区，中期均线基本跟上行情步伐，呈现强劲上升趋势。但是，相对来说，短期均线的上升节奏却开始放缓，说明短线多头的上升动力已经呈现出衰退迹象。一般来说，这是因为随着价格不断的上升，获利盘不断增加，短线和中线抛盘都在增多，造成上升阻力的增大，其结果是，在价格的高档区，上方空头打压力度剧增，而买力却在衰退，市场即将进入调整期。

图6-7（e）：高档回落形态。虽然中期均线呈现强劲上升趋势，但是短期均线显示当前走势正在回落中。从技术面来看，在涨势的高档区，出现回调的原因有以下几个：①乖离率值偏大，继续买进的交易成本过高，造成买力的剧减；②抛盘增多，抛压过大，即卖力增大，继续拉升困难；③行情已近末期，市场资金出现衰竭，又没有新资金加入，即多头接近"弹尽粮绝"的境地；④主力机构的预计目标已经达到；⑤大环境转坏，主力继续拉升风险很大。如果出现以上任何一种情况，市场回调就不可避免。实际上，在价格的一路高歌中，最后终究会物极必反，行情进入阶段性顶部或者趋势末期。

图6-7（f）~（j）为相反的情形，读者可以依此类推，这里不再赘述。此外，多头排列和空头排列将在第八章第一节再作讨论。

第七章　强势形态的技术分析基础

作为一种分析工具，首先它必须满足我们的使用目的，其次我们必须理解这种工具的特点。例如，它能帮助我们解决什么问题？有什么优点和不足？K线形态技术是使用最为广泛的一种分析工具，趋势分析是其核心内容，通常用来分析和判断一段时间内的行情趋势。趋势的最大价值是它的示范和参考作用，它的预测功能其实并不可靠。然而很多人往往过于重视过去的趋势，而忽视未来价格不确定性，把过去的偶然性误认为将来的必然性，从而形成错误的思想和行为，在实际操作中一错再错，却不知其所以然。

成功的金融交易以顺势而为的乘势思想为指导，其实质就是借（强）势发力，运用强势在技术面上的竞争优势和相对确定性来增加发现大行情以及早期跟进的机会。为了实现这一点，我们不仅要理解乘势思想的丰富内涵，还要结合实际情况，掌握强势交易的精神实质、核心内容和主要特点。例如，概率论的赢率规则是实现长期稳定盈利的理论基础，其盈利策略实际上体现了顺势而为、乘势而上的思想。具体来说，就是以乘强势为手段，以做大行情交易为目标，通过不断的试错过程，以小风险为代价，捕捉利润丰厚的大行情，从而贯彻落实"控制风险，让盈利奔跑"的谋略智慧。

本章将在前一章的基础上，进一步完善强势交易的技术分析理论，其中将涉及强势的很多基本问题，如多空力量对比的量化分析、主力和市场平均建仓成本、支撑和阻力价位预测等，这些内容构成了以乘强势为核心的技术分析与预测的基础。

第一节

多空力量对比

由前一章的讨论可知，价格势的强劲程度可以用 K 线和均线来描述，下面我们将借助于 K 线和均线形态分析，具体地分析和判断当前市场多空力量对比，从而发现当前强势的竞争优势和方向，以此帮助我们更好地理解市场，洞察市场最新动向。

一、K 线的量化分析

如图 7 - 1 所示，K 线的实体长度反映了价格在该时间周期内的平均移动速度，而 K 线周期产生的时空压缩等效应具有过滤较小波动的功能，在客观上起到选择群体运动规模（即价格惯性质量）大小的作用，因此，在 K 线图中，每根 K 线都具有固定的质量和平均速度。按照经典物理学的动量和动能定义，物体的质量和速度确定后，其物质（运动）势的强弱程度就确定了。照此推理，在 K 线图中，每根 K 线都对应着一种价格势。实体长度不同，其对应的动量和动能就不同，强弱程度也不同。例如，阳线代表了涨势，价格运动方向向上。阳线的实体长度越长，代表涨势在该时间段内的动量和动能越大［见图 7 - 1（a）］；反之，阴线代表了跌势，方向向下，阴线的实体长度描述了该时间段内跌势动量和动能的大小［见图 7 - 1（b）］。换句话说，阳 K 线的涨幅表征了 K 线涨势的强劲程度，而阴 K 线的跌幅则表征了 K 线跌势的强劲程度。

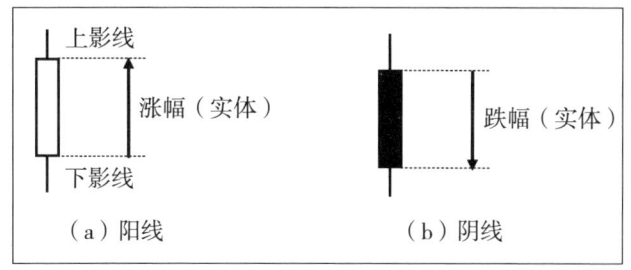

图 7 - 1　K 线的内涵及意义

在上面讨论的基础上，我们可以进一步作出如下推断。

（1）K线图中的所有K线或者均线都对应于一定的价格势，其强弱程度由动量和动能来描述，而质量和速度是决定动量和动能大小的两大要素。

（2）根据动量定律，一旦价格势形成，即市场中形成了一定群体规模的价格运动之后，那么，只要不受外力作用，并且市场保持内稳定性，这种运动状态就会一直持续下去，形成惯性运动。反之，如果市场内外环境条件发生了改变，在外力的持续作用下，价格运动状态就会随之而变，产生速度大小和方向的变化。

（3）从K线的实体长度或者阴阳变化，我们就可以推断市场的受力情况：①下面三种情况都是受持续利好作用力的结果：阳K线实体长度将由短变长（涨幅增大），或者阴K线实体长度将由长变短（跌幅减小），或者阴K线逆转为阳K线（跌幅反转为涨幅）。②下面三种情况都是受持续利空作用力的结果：阳K线实体长度将由长变短（涨幅减小），或者阴K线实体长度将由短变长（跌幅增大），或者阳K线逆转为阴K线（涨幅反转为跌幅）。

（4）价格势是在市场整体预期心理的驱动力作用下形成的，其强弱程度的决定性因素是多空双方的力量对比，即买力与卖力的强弱对比。在理论上，通过对K线涨幅与跌幅的量化分析，可以洞察市场多空双方的力量对比。

如图7-2所示，实体长度为零（如十字线、丁字线）的K线代表在该时间段内的涨跌幅度为零，价格位置没有发生移动，因此平均速度为零，实体动量和动能都为零，对应的多空力量对比为50%：50%，即多空力量均等，不分胜负。在中国股市，A股有涨停和跌停机制存在。在涨势中，涨停线（涨幅约为10%）为最强K线，对应的卖力为零，多空力量对比为100%：0。相反，在跌势中，跌停线（跌幅约为10%）为最强K线，对应的买力为零，多空力量对比为0：100%。在没有涨跌和跌停机制的其他交易市场，我们总可以找出最强劲涨势行情中最强劲（实体最长）的大阳线，将它的多空力量对比定义为100%：0，这显然是一种比较合理的近似。类似地，将最强劲跌势行情中最强劲大阴线的多空力量对比定义为0：100%。为简单起见，假定多空力量对比与K线实体的涨量或者跌量之间存在一一对应的线性关系，那么，从K线的实体长度就可以评估它们的多空力量对比［见图7-2（a）和图7-2（b）］。

表7-1为根据K线的升幅百分比计算出的各种K线的多空力量对比，其中，跌停线的升幅为-10%左右，负号代表跌幅。由此可见，大阳线对应的多空力量对比在80%：20%以上，代表多头在力量上的绝对优势，而大阴线对应的多空力量对比在20%：80%以下，代表空头的绝对优势。上下影线的长短只代表多空双方在盘中竞争对抗的激烈程度，对价格并无实质性进展。

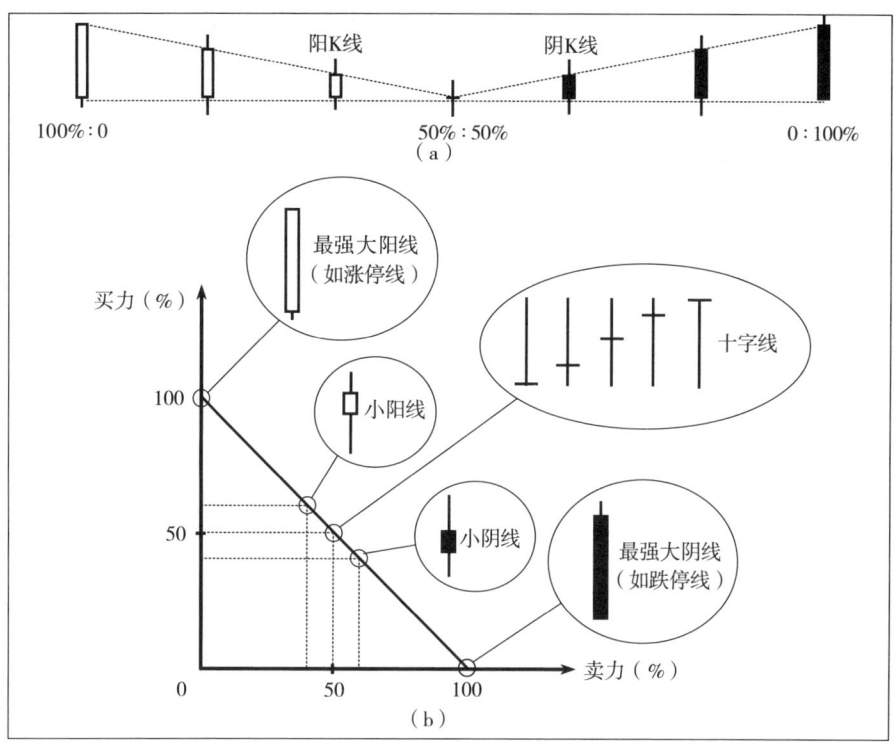

图7-2　K线实体描述的多空力量对比

表7-1　以中国股市A股为例，各种K线实体长度对应的多空力量对比

K线类型	实体长度（升幅百分比）	买力/卖力（百分比）
涨停线	10%	100∶0
大阳线	9%	95∶5
	8%	90∶10
	7%	85∶15
	6%	80∶20
中阳线	5%	75∶25
	4%	70∶30
	3%	65∶35
小阳线	2%	60∶40
	1%	55∶45

续表

K线类型	实体长度（升幅百分比）	买力/卖力（百分比）
丁字、十字线等	0	50∶50
小阴线	−1%	45∶55
	−2%	40∶60
中阴线	−3%	35∶65
	−4%	30∶70
	−5%	25∶75
大阴线	−6%	20∶80
	−7%	15∶85
	−8%	10∶90
	−9%	5∶95
跌停线	−10%	0∶100

二、均线的量化分析

在K线量化分析的基础上，我们可以通过分析均线变化的斜率来评估该时间段内多空双方力量对比的平均值。下面以中国股市的A股为例来说明这一点。在A股的日线图里，我们可以首先确定以下三种K线对应的多空力量强弱对比：

（1）涨停线：涨幅在10%左右，代表的多空力量对比为100%∶0。

（2）跌停线：跌幅在10%左右，代表的多空力量对比为0∶100%。

（3）十字线或丁字线：涨跌幅度为零，代表的多空力量对比为50%∶50%。

在理论上，我们就可以设计一系列由涨停线组成的涨势行情，即最强劲的涨势行情，然后计算出不同周期的均线斜率，即最强劲的短期均线斜率、中期均线斜率以及长期均线斜率。它们具有唯一确定性并且相同的结果，对应的多空力量对比为100%∶0；类似地，也可以设计一系列由跌停线组成的跌势行情，即最强劲的跌势行情，然后计算出对应的短期均线斜率、中期均线斜率以及长期均线斜率。它们也具有唯一确定值并且相同的数值，对应的多空力量对比为0∶100%；而由一系列十字线或丁字线组成的市场行情将产生水平均线，其对应的多空力量对比为50%∶50%，代表价格势为零的无趋势运动。与 K 线的量化分析相类似，当这三种斜率与多空力量对比之间的一一对应关系确定之后，假定多空双方量对比与均线斜率之间存在一一对应的线性关系，那么，我们就可以计算得到其他均线斜率对应的多空力量对比。下面举一个简单的例子来说明这一点，假设 80 度的均线斜率对应的多空力量对比为 100% : 0，而 -80 度的均线斜率对应的多空力量对比为 0 : 100%，那么，如图 7 -3 所示，我们就可以计算出不同均线斜率所代表的多空力量对比，结果如表 7 -2 所示。这种分析方法适用于任一时间周期的所有均线，也适用于其他的金融交易市场。

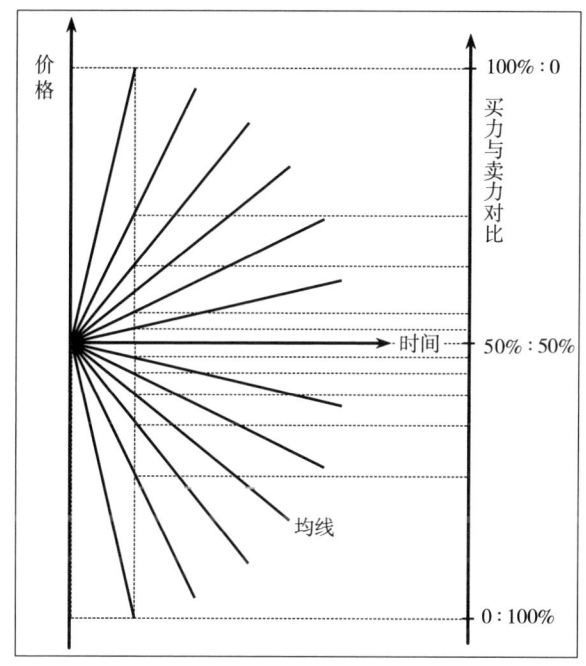

图 7 -3 均线描述的多空力量对比

表 7 -2 均线斜率对应的多空力量对比

均线斜率（度）	平均速度（a. u.）	买力/卖力（百分比）
80	5. 67	100 : 0
75	3. 73	83 : 17
60	1. 73	65 : 35
45	1	59 : 41
30	0. 58	55 : 45

均线斜率（度）	平均速度（a. u.）	买力/卖力（百分比）
15	0.27	52∶48
0	0	50∶50
−15	−0.27	48∶52
−30	−0.58	45∶55
−45	−1	41∶59
−60	−1.73	35∶65
−75	−3.73	17∶83
−80	−5.67	0∶100

在金融市场，大趋势行情实际上很少，中小波动居多，由于时间周期起到价格走势的平均与平滑效果，因此，在 K 线图中，一般来说，均线的周期越长，前期价格波动的影响因子越大，均线斜率往往越趋于平缓，即平均多空力量对比通常随着均线周期的增大而减小。这就说明市场心理的统一性程度往往在较小时间范围与较小群体规模内容易形成，而在较大时间范围与较大群体规模内则较难形成。

毫无疑问，价格势动量和动能概念的引入从深层次上揭示了 K 线和均线形态的丰富内涵，可以实现对不同时间周期内多空双方力量对比实时定量的评估。显然，它可以作为一种新颖的技术指标引入，通过分析市场多空双方力量对比的变化，更加精确地判断与预测市场未来的发展趋势。

三、折线形态的量化分析

折线图由每个时段收盘价的连线组成，体现了收盘价的重要性。与蜡烛图和条形图相比较，折线图最为简洁，适合用来查看价格走势变化。

在理论上，对于折线图中的折线走势进行量化分析是完全可以实现的。与前一节的讨论相类似，作为一种合理的近似，我们可以找出最强劲涨势行情中最强劲的大阳线，定义它的多空力量对比为100%∶0，然后设计一系列由该大阳线组成的折线，定义该折线斜率的多空力量对比为100%∶0；类似地，发现最强劲跌势行情中最强劲的大阴线，定义它的多空力量对比为0∶100%，然后设计一系列由该大阴线组成的折线，定义该折线斜率的多空力量对比为0∶100%。而水平折线代表的价格运动速度为零，对应的多空力量对比为50%∶50%。进一步地，假定多空力量对比与折线的斜率之间存在一一对应的线性关系，那么，从折线斜率就可以评估它们对应的多空力量对比，具体做法这里不再详述。

四、波浪形态的量化分析

波浪形态分析是所有波动和趋势形态分析的基础。在图 7-4 中，我们列示了三种不同的上涨波浪形态 *ABC*、*ABD* 和 *ABE* 作为例子。表征一个完整波浪强弱程度的主要指标有三个：一是持续时间；二是波动幅度；二是波浪回撤率或折返率。例如，强劲的波浪行情通常表现为较长的持续时间，较大的波动幅度，以及较小的回撤率。也就是说，要求前期波段 *AB* 具有较长的持续时间和较大的波动幅度，这是强势波浪的前提条件。

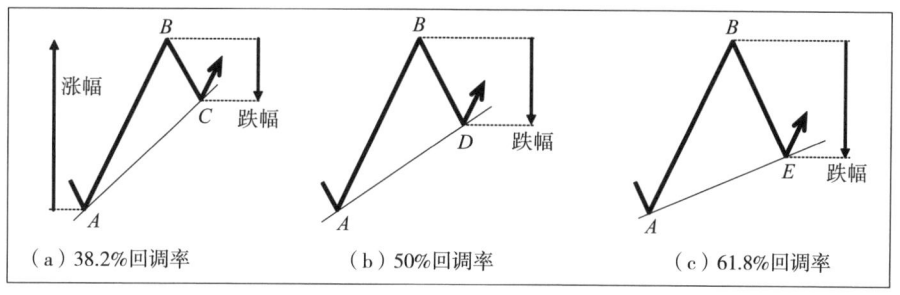

图 7-4　上涨波浪形态分析

在一个完整波浪结束之后，其回撤率描述了整个波浪形态的态势，或者说潜能，其实质是总体上多空双方的力量对比。按照黄金分割标准来划分，强势回调率大约在 38.2% 左右（浅幅回调），中等势回调率大约为 50%（中幅回调），弱势回调率大约会有 61.8% 的幅度（深幅回调），而接近 100% 的回调率则属于横向盘整运动。从多空力量对比的角度来看，0% 的回调率代表 100%:0 的多空力量对比，即卖力为零，不会发生回调；100% 的回调率代表 50%:50% 的多空双方力量对比，即买力与买力相等，价格回到原位。下面我们来作最简单的近似，假定回调率与多空双方力量对比之间存在一一对应的线性关系，那么，38.2% 的回调率对应于 100%:38.2%（=72%:28%）的多空力量对比；50% 的回调率对应于 100%:50%（=67%:33%）的多空力量对比，而 61.8% 的回调率对应于 100%:61.8%（62%:38%）的多空力量对比。由此可见，回调率为 38.2% 的强劲波浪所代表的多空力量对比与中阳（阴）线基本上处在同一量级，说明强势的本质内涵是一致的。此外，相对而言，买力大小取决于市场中持看涨预期的投资者比例，而卖力大小则取决于持看跌预期的投资者比例,因此,多空力量对比体现了市场中持看涨预期的投资者与持看跌预期的投资者之间的比例。例如,对于图7-4(a)的小回调率波浪,在总体上持看涨预期的投资者比例要比持看跌预期的投资者比例高出3倍以上,因此,这种波浪具有很大的潜能,后市大概率上涨。

第二节

主力与大众建仓成本比较

在股市,分析和研判主力建仓成本是K线形态分析的另一个重要内容,可以加深我们对K线图丰富内涵的认识。一般来说,强势线(如大阳线和大阴线)的背后都会有主力机构操作的影子,但是光有这个认识是不够的,还必须分析主力建仓成本以及市场平均交易成本。因为无论对于主力还是散户,都是通过市场操盘买卖来参与金融交易,并希望达到盈利目的的,但是交易的盈亏与交易成本有着直接的联系,较高的建仓成本意味着较小的潜在盈利空间和较高的风险。此外,金融交易本身不能创造价值,它是利用价格的每一次波动实现财富的大转移和再分配,让少数人赚得盆满钵满,而多数人则铩羽而归。所以,作为散户,就必须了解市场的竞争机制,了解自己的竞争对手,如主力机构的优势、目标、战略、操作手法以及劣势与操作破绽等。只有知己知彼,才能运筹帷幄,知进退,明得失,懂取舍。

虽然主力有很多方面的优势,如资金、人才、技术以及可用资源和资讯等,但是,主力机构的操作成本也很高,特别是资金控盘操作,需要高额的资金与时间成本的投入。例如,股市主力在底位买入大量股票后,表明他们同时也付出了相当多的资金和时间成本,如果股价不能上升到一定价位,就代表他们不仅不能实现盈利,反而还要蒙受交易成本的损失。因此,只要大势不是太糟糕,主力在底部建仓之后,一般都会想尽各种办法营造气氛,哄抬股价,以求实现手中股票的增值。相对来说,中小散户虽然没有资金和资源等方面的优势,但是他们在交易过程中除了支付平台规定的小额交易佣金之外,并不需要支付其他的高额成本,也不需要像主力那样必须"踩动踏板"去启动行情。由此看到,在与机构的博弈中,散户并不是没有一点优势。实际上,散户具有行动策略选择上的优势,关键是要利用"大猪"在行动策略选择上的劣势,找到有"大猪"的那个"食槽",守在"食槽"边,耐心地等待大猪"踩动踏板"启动行情之后,再择机出击。

当然,金融市场的主力机构要比智猪游戏中的大猪聪明得多,并且不守游戏规则。他们不会心甘情愿地为"小猪们""踩踏板"。恰恰相反，他们往往会选择破坏这个博弈的规矩，造成混乱，通过混乱给散户造成选择困难，从而削弱博弈规矩给散户带来的行动策略选择优势，来弥补他们在这方面的劣势。例如，金融机构和游资有时会和上市公司串通一气，散布虚假的利空消息。这种做法相当于大猪在踩踏板之前，先用欺诈手段诱骗小猪离开食槽，好让自己饱餐一顿。因此，散户想要战胜主力机构，必须练就一双"火眼金睛"，努力提高基本面与技术面的分析水平和实战能力，洞察时势，识别主力机构的骗人把戏，通过搭顺风车的办法与主力实现双赢。

一、强势 K 线中主力与大众的建仓成本

大阳线或者大阴线等强势线通常代表主力在短线上的强力介入，因此，通过对这些强势线形态的分析，我们可以判读主力的建仓成本等信息。在代表强势的大阳线或者大阴线中，由于上下影线的意义并不重要，所以我们将侧重于开盘价和收盘价的讨论。

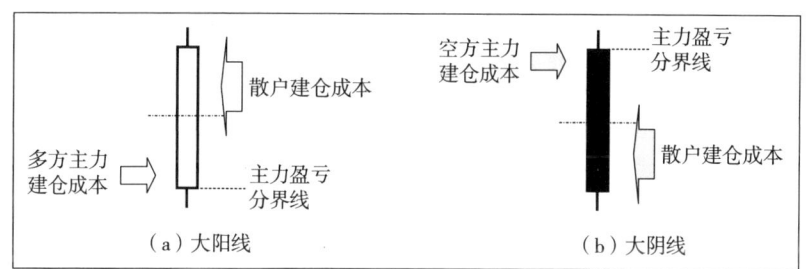

图 7 − 5　大实体 K 线对应的主力和大众建仓成本

图 7 − 5（a）：大阳线。从筹码分布来看，主力机构的筹码主要集中在大阳线实体的下半部分。主力的控盘能力越强，其筹码越是集中在 K 线底部的开盘价附近，最低建仓成本则为大阳线的最低价。当主力完成吸筹建仓任务并拉动价格上升后，中小机构和广大散户跟风追涨，进一步推动价格不断上扬，一直到收盘，形成大阳线。总的来说，主力的建仓成本较低，而散户跟风盘的筹码大多将集中在实体的上半部分，他们的建仓成本远远高于主力的建仓成本，因此抗风险能力较低，往往将承担很大的风险。例如，如果次日市场走势发生逆转，价格出现回调，那么，交易成本较高的散户跟风盘将最先承受亏损。如果价格继续下挫，散户的亏损单将会越来越多。而对于市场主力而言，只有当价格跌落至开盘价以下，前一天建仓的主力单才将基本上处于亏损状态。但当亏损发生之后，主力除了承受点数亏损之外，还有其他

的成本费用（如金融借贷或者融资成本、经营成本等），其亏损持续时间越长，损失越为可观。从短线的角度来看，大阳线的开盘价可以作为多头主力短线盈亏的分界线，对于短线操作具有重要的技术意义。

图7－5（b）：大阴线。同样的道理，从筹码分布来看，主力卖单通常位于大阴线实体的上半部分，而散户跟风杀跌盘的单子主要分布在大阴线实体的下半部分，建仓成本相对较高。一般来说，主力的控盘能力越强，其卖单越是集中在大阴线顶部的开盘价附近，最低建仓成本则为大阴线的最高价。总的来说，散户跟风盘的建仓成本要远高于主力的建仓成本，代表散户跟风盘的抗风险能力较差。如果次日市场出现反弹，价格逆转向上，散户跟风盘将最先出现亏损。当价格一路向上超过大阴线的开盘价时，前一天建仓的所有主力单也将基本上出现亏损，因此，从短线来看，大阴线的开盘价代表了空头主力短线盈亏的分界线。

二、波段中主力与大众的建仓成本

与强势 K 线的道理相同，一般来说，强劲波段行情大都由主力启动、领引，主力行为在行情走势的导向中起着至关重要的作用，而大众跟风盲从，推波助澜。以图7－6（a）所示的强劲上涨波段 AB 为例，在上一节讨论的基础上，我们也可以照此分析强势波段行情中主力和大众的建仓成本。

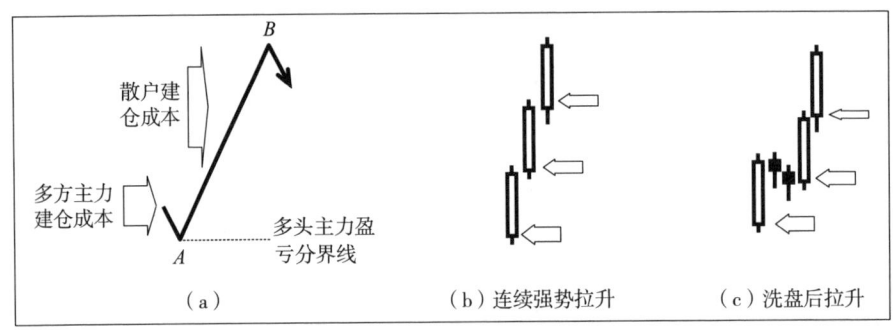

图7－6　涨势波段行情中主力与大众的建仓成本

实际上，强势波段是由该时间段内一系列强势 K 线组成的，体现了强者恒强的自然法则。为了方便起见，我们将上升行情 AB 之间的价格变化用一根平滑直线来表示。从筹码分布来看，主力的筹码主要位于波段的下半部分，而散户的跟风盘主要出现在上半部分。但是，由于资金实力、控盘能力以及操作策略与手法等方面的差别，不同主力在操控行情中所采用的手段可以有很大差别。下面我们来讨论两种典型的主力拉升手段。

图 7-6（b）：主力机构不计成本连续强势拉升方法。一种情况是控盘能力很强的主力采用连续拉大阳线的方法迅速推高价格，另一种情况是多个主力或者游资接力式的拉升。究其原因，是因为主力或者游资都看好后市，在操作上不计成本，连续强势拉动价格上升，造成建仓成本节节攀高。在第一种情况下，连续强势拉升行情通常反映了主力良好的控盘能力。一般来说，主力在拉升价格之前，往往要经过一年甚至更加漫长的吸筹过程，是典型的以时间换取空间操作策略。只有主力在底部吸足了筹码，已经达到了高度控盘（控盘量超过60%），才会采用这种方式拉升价格，让行情一飞冲天，没有回头整理或中途洗盘震仓现象。这样做既可以节省资金、缩短拉升时间，又可以进一步打开上升空间，中国股市里常常出现的连续多个涨停板拉升就是典型例子。与其他操作手段相比较，连续强势拉升更能够引发市场高度关注，赢得大众的热捧，激励市场信心，提振市场人气和情绪，进而产生"羊群效应"，吸引散户追涨杀跌。由于连续强势拉升的强化效应，主力在强势拉升过程中的资金投入量与市场成交量反而会呈现萎缩现象，例如，开始拉升时，主力资金占的比例很大，可占70%，然后，逐渐减少到40%，最后到10%，即在连续强势拉升的后期可以用很少的资金就拉出大阳线，达到"四两拨千斤"的效果。需要注意的是，在主力连续强势拉升过程中，虽然主力的建仓成本在不断上升，但因为价格上冲速度很快，主力每次在 K 线下半部分留给散户跟进的机会很少，因此，相对来说，散户跟风盘的建仓成本更高，也远远高于主力的建仓成本。

图 7-6（c）：主力考虑操作成本的非连续强势拉升方法。主力在拉升价格的过程中，并非连续拉大阳线推高价格，相反，经常利用市场中的获利回吐情绪，形成价格暂时的回调，进行恰如其分的洗盘，特别是在重要阻力区域，以小幅回调或横盘震荡整理来消化阻力，在市场回调情绪得到满足后，转向大单拉升。总的来说，在这种行情拉升过程中，主力采用既拉抬又洗盘震仓、砸盘挖坑的手法，可以有效地减轻后市的拉升阻力，同时，通过不断地调整筹码结构，降低自己的持仓成本，提高散户的持仓成本，也缩小了散户的潜在盈利空间，完成散户由低成本向高成本换手的过程。一般而言，非连续强势拉升方法通常反映了主力资金实力和控盘能力都十分有限，是在拉升过程中以时间换取空间的操作手法。

综上所述，在波段行情中，主力的建仓成本相对较低，底部区域是主力筹码最集中的地方，最低建仓成本为波段的谷底价位，而散户的跟风追涨盘主要集中在波段的上半部分，建仓成本较高。一般而言，上涨行情越强劲，价格上升速度越快，散户在波段低位上跟进的机会就越少，更多的跟风盘将出现在波段后期较高的价位上。一旦价格冲高回落，走势逆转时，散户单首先出现亏损。对于主力来说，只有当价格回落到前谷底以下时，才代表所有的主力仓位都将出现亏损。由此可见，上涨波段的谷底价格代表了多头主力盈亏的分界线。

类似的道理，在下跌行情中（见图7-7），顶部区域是主力筹码的密集区，最低建仓成本为波段的峰顶价位，而散户跟风杀跌盘的建仓成本主要集中在波段的下半部分，下跌波段的峰顶价格代表了空头主力盈亏的分界线。

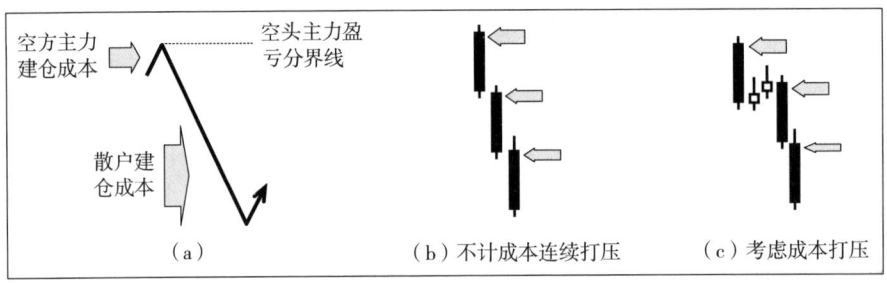

图7-7 跌势波段行情中主力与大众的建仓成本

通过前面的讨论，我们可以看到，作为市场的主导者，主力机构就像率先"踩动踏板"的大猪，在行情中通常起到启动者和领路者的作用，他们往往对行情具有优先权和一定程度上的决定权。作为弱势群体的散户，必须从主力资金进场建仓开始，根据主力在行情不同阶段所采取的不同操作手段和技术形态特征，来识别主力意图，这才是散户应该关注的重点。特别地，散户必须明白以下两点：①在利益博弈中，大众散户与主力机构在很多时候是竞争对抗关系，双方处于对立面；②散户乘势就是紧随主力机构的双赢策略，绝非跟随大众！

三、趋势行情中主力的"开店"操作模式

趋势运动是一种具有明确趋向性的周期性波浪运动模式，其中，每个周期单元由两个波段行情组成，一个是与趋势方向相同的推进浪，另一个是与趋势方向相反的调整浪，并且推进浪要明显大于调整浪的规模大小。趋势的形成有一定的根源，例如，在股市，主力利用大环境以及个股的利好条件（客观条件），以及大众的从众心理（主观条件），有组织有计划地发动一场

造势运动，通过上涨趋势运动不断把价格推向新高，从而为自己创造丰厚利润收益。在价格运动中，趋势是主力投入更多、规模更大、手段更加高明的一种操作策略，是天时地利人和的杰作。为了维持趋势的持续性发展，主力在推进浪和调整浪中采用了截然不同的操作手法——我们称之为"开店"操作模式。下面以图 7－8 的上涨趋势为例，来讨论主力的这种操作手法。

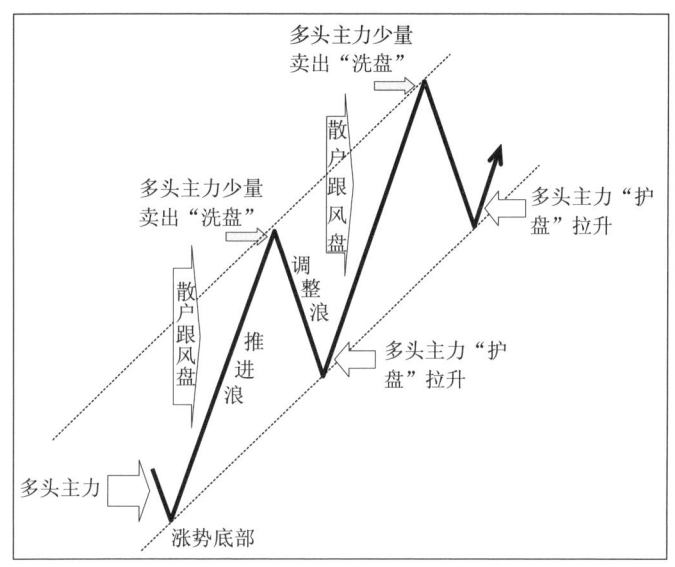

图 7－8　主力在上涨趋势的推进浪与调整浪中的不同操作手法

（1）推进浪。推进浪是价格不断创出新高，并取得实质性进展的上升波段。在推进浪过程中，主力有底部吸筹与拉升价格两个任务：一是底部吸筹。在拉升价格之前，底部吸筹是主力的第一步。例如，在股价的阶段性底部，主力在底部的下方吸纳市场里的低价浮筹，而在底部的上方采用少量筹码抛出，达到打压股价的目的，造成股价下挫，形成底部价格极不稳定的震荡局面，制造市场还要深跌的恐慌情绪，以此逼迫散户交出手中的筹码，同时阻吓投资者提前进场布局。通过这种操作手法，主力悄悄地吸纳低价筹码，完成吸筹任务，从而达到一定的控盘能力。主力在底部吸筹的目的有以下两个：①获得低价筹码，从而降低交易成本，增强盈利能力，同时降低交易风险；②达到一定的控盘能力，便于操控未来价格及行情走势，其中也有降低操作风险的作用。实际上，主力底部吸筹对于股市、汇市等金融市场都是一样的道理。只有当主力在底部区域吸取了足够的筹码，在未来行情的操控中才能达到事半功倍的效果，同时，这也说明具有良好控盘能力的主力筹码主要集中在底部附近，通常都会经历较长时间的底部吸筹过程。一旦吸筹任务完成，并且大环境条件合适，主力就会开始快速地拉抬价格，使之脱离自己的筹码成本区域。这时，在指标形态上将会展现趋势反转形态、黄金交叉和多头排列等形生势成的基本特征，表明底部的形成以及行情的启动。二是拉升过程。这是价格的主要上升阶段。行情开始后，主力的任务就是营造市场气氛，哄抬价格。在这个过程中，主力会用少量的资金来引导大众一路追涨跟进，从而不断地推进价格的上升。一般来说，主力的控盘能力越强，市场中的浮筹越少，上行压力就越小，拉升价格越容易；反之，主力的控盘能力越差，市场中的浮筹越多，上行压力就越大，拉升价格越难，势必会造成主力操作成本的增大。对于控盘能力较好的行情，总的来说，拉升早期的抛压较小，因此早期的回撤时间通常很短，不超过3~5根K线，回撤幅度较小，最大回撤不超过10%。在拉升过程中，主力成为坐轿者，而大众成为拉抬价格的轿夫，在市场一致看好的气氛下，不断地推进价格上涨至较高水平，形成推进浪行情。

（2）调整浪。调整浪是因为在前期的拉升过程中，短线交易产生的浮筹过多，引起抛压过大，导致拉升困难以及交易成本的急剧增大，主力必须用洗盘来清除市场中的浮筹，从而导致价格回落，形成调整浪。在这一过程里，主力有洗盘和护盘两个任务：首先是洗盘。散户中存在很多的短线交易者，热衷于追涨杀跌，当价格拉升脱离底部之后，随着市场情绪的逐步恢复，散户不断地受到市场的诱惑而跟进。随着价格一路上升、价格不断地创出新高，市场中获利筹码增多，抛盘也会相应增多，上行压力越来越大。如果主力强硬拉升将会面临很大的困难，不仅会大大地增加拉升的成本，而且也会承担很大的风险。此外，"坐轿子"的人多，"抬轿子"的人必然就少。主力并不希望底部跟进的散户太多，让这些散户"坐着轿子"一路顺顺利利地被"抬到山顶"，从而影响主力的出货和盈利计划，因此，在到达推进浪的阶段性顶部之后，主力通常会利用市场中出现的抛压，或者大盘的利空消息，趁机打压市场情绪，清除市场中的浮筹。通过主动控制、引导市场走势，为主力创造出更好的市场机会，并从中扩大自身的盈利。具体来说，在推进浪顶部，主力采用"砸盘"的反向操作，卖出仓位中的一小部分筹码，通过价格的回落来制造市场恐慌气氛，加剧短线交易者的"恐高"心理，迫使他们交出手中的筹码，只留下少数坚定的做多者。概括来说，主力通过一个中短期的洗盘过程，其目的有以下两个：①清理市场中的浮筹，以减少后期的拉升阻力。底部筹码被清理出局后，获利筹码将大大减少，从而将减轻后市上行压力；②进一步降低主力筹码的成本，增加盈利收益，增强对未来风险的应变能力，同时还提高了未来跟风者的建仓成本。毫无疑问，通过洗盘"换血"，可以增强队伍的凝聚力以及未来行情发展的稳定性，让市场重新焕发新的活力。一般来说，对于控盘能力较强的主力所运作的强劲上涨趋势，其回撤幅度不超过38.2%，而对于中等强度的上涨趋势，其回撤幅度在50%左右。其次是护盘。主力护盘通常出现在调整浪的末期。当洗盘目的完成，即主力通过一个回落过程成功地吸纳掉市场中的浮筹，消除价格的上行阻力之后，在下方的重要支撑价位附近，主力就会出手"护盘"（即挂出买单吸筹），阻止价格继续下跌。有时，市场在回落中也会出现短暂击破支撑线的现象，但是，只要市场整体环境没有恶化，在获利回吐压力得到释放后，主力都会果断地采取护盘行动，不会轻易让之前的付出和努力前功尽弃、功亏一篑。由于市场共识的作用，在重要支撑价位附近出现的主力护盘行为，可以有效地维持市场信心，防止破坏市场气氛。于是，在主力的引导下，市场走势将逆转向上，再度恢复强劲的上升动力，展开新一轮的推进浪行情。

　　一般来说，只要对未来发展继续看好，主力就会引导市场反复进行这种推进浪和调整浪的循环过程，形成我们熟悉的一浪推动另一浪的上涨趋势运动。但是，如果以下情况出现：主力的预期目标已经达到，或者市场资金即将耗尽，或者市场形势突然转坏，那么，继续拉升将会大大地增大风险，在这种情况下，主力就会派发手中所有的筹码，套现获取利润，主力出货标志着趋势末期的到来。图7－9为下跌趋势的情形，道理相同，读者可以依此类推，这里不再赘述。

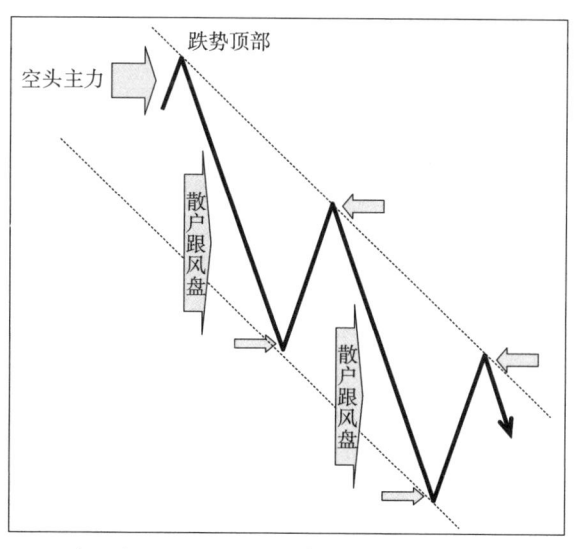

图7－9　主力在下跌趋势的推进浪与调整浪中的不同操作手法

四、均线代表的平均交易成本及意义

众所周知，均线可以作为趋势线使用，其前提条件是市场处于强劲趋势运动中。当均线作为趋势线使用时，它代表该时间段内多头与空头（牛熊市）的分界线以及支撑与阻力的分界线。例如，如果均线倾斜上升并且价格位于均线上方，那么就代表该时间段内市场处于多头行情（涨势）中，并且均线对回落到趋势线附近的价格运动经常会起到支撑作用；反之，如果均线倾斜下降并且价格位于均线的下方，那么就代表该时间段内市场处于空头行情（跌势）中，并且均线对反弹到趋势线附近的价格运动常常会起到阻力作用。除了趋势线的作用之外，均线还可以代表该时段内的平均交易成本。例如，在日线图中，10 日均线代表参与市场的交易人在 10 日内的平均交易成本；20 日均线则代表参与市场的交易人在 20 日内的平均交易成本。均线的交易成本概念对于实际操作具有重要的指导意义，它可以让投资者时刻注意到交易成本的高低，避免在较高的交易成本情况下进场。交易成本的高低将会直接影响到交易的成败，它的影响主要表现在以下几个方面：①盈亏比期望值以及未来潜在的盈利收益。低的交易成本才会有高的盈亏比期望值和高的期望收益，这是实现稳定盈利的前提条件之一。②乖离率值的大小。如果交易价位高于均线（平均交易成本）太多，将会造成乖离率值过高。而乖离率值过高将产生技术面的回调需求，从而给交易带来潜在风险，即买进在回调前夕，或者卖出在反弹前夕。③跑赢别人。在博弈对抗中，跑赢别人相当于给自己更多的机会，拓宽了自己的生存空间，而交易成本的高低是其中的一个重要因素。④控制交易风险。实际上，降低交易成本是提高盈利和控制风险的一种最有效方法。这些道理具有普适性，对主力机构和大众散户都一样适用。

当均线作为平均交易成本使用时，它描述的是该时间段内市场交易总体上是盈利还是亏损的分界线。例如，涨势中的均线倾斜上升，代表了价格的平均走势。如果当前价格位于均线的上方，表示之前买进做多的交易人平均来说都已经盈利；反之，如果价格位于均线的下方，表示之前买进做多的交易人平均来说都处于亏损状态。

1. 均线的走向与斜率

均线的走向与斜率是均线态势中最重要的两种形态特征，它们代表了市场的走向与强劲程度。一般来说，只有在强劲的趋势运动中，均线才能起到趋势线的有效支撑或者阻力作用。相反，一根平缓的均线代表价格势非常微弱，在理论上，基本上无势可乘。如图 7 - 10 所示，均线的走向可以简单地

分为以下三种情况。

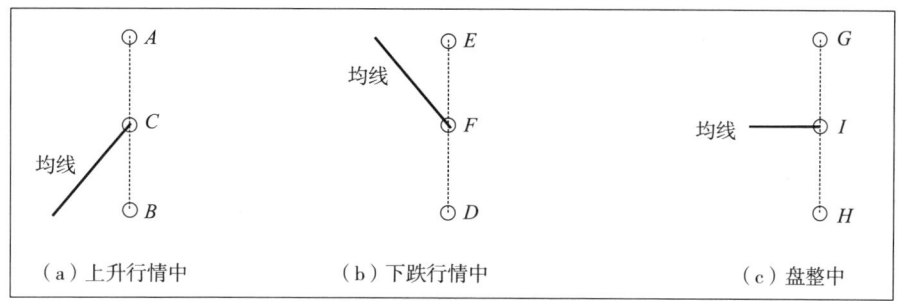

图 7 - 10　均线形态的技术意义

图 7 - 10（a）：上升均线。一根陡峭上升的均线说明在该时段内平均来说市场处于强劲涨势中，价格在不断上升，买进交易成本也在不断攀升中，但是，因为之前买进的单子都处于盈利中，所以仍能吸引更多的散户跟风追涨，说明市场做多热情十分高涨，大众买进意愿强烈，多头力量占绝对优势。陡峭上升的均线形态反映了涨势的强劲猛烈，这是在涨势行情中乘强势的前提条件。强势具有明确的竞争优势，价格运动状态的相对确定性以及概率优势方向。此外，强势的价格速度快，代表了较大的群体规模，其动量和动能较大，对改变其运动状态的抵抗力较大，因此，在未来持续发展的可能性更大。但必须清楚地认识到，因为价格未来变化的不确定性是永远无法改变的事实，在理论上，强势形态的这些特性只能代表过去和现在的相对确定性，并不能代表将来。此外，由于趋势行情在时空上具有一定的规模大小和时间长短，有始末之分，这就表明散户若要借势发力，就必须选择合适的时机，适时跟进。例如，如果涨势已近末期，价格处于较高的位置上，这时还盲目跟风追涨就意味着较高的交易成本和风险性，因此，时机的把握非常重要。好的交易机会可以提高交易成功率，并且降低交易成本与风险。

图 7 - 10（b）：下降均线。一根陡峭下降的均线说明在该时段内平均来说市场处于强劲跌势中，价格在不断地下挫，卖出交易成本也在不断递增之中。在汇市和期市等双向交易市场，因为之前卖出做空的人都处于盈利中，所以能够吸引更多的散户跟风杀跌，说明市场做空情绪高涨，大众卖出意愿强烈，空头力量占绝对优势。陡峭下降的均线形态反映了跌势的猛烈强劲，这是在跌势行情中乘强势的前提条件。同样的道理，乘强劲跌势还要寻找合适的交易机会，而不是盲目跟从。

图 7 - 10（c）：平缓均线。处于低价区的一根平缓均线通常代表市场处

于盘整区（如底部、顶部或者中期盘整区），平均来说，交易成本基本上不变。平缓均线代表价格势非常微弱，接近为零，这是多空双方力量不分胜负的表现，因此未来走向不明确。在这种情况下，市场往往很不稳定，价格容易围绕均线上下震荡，出现来来回回反复穿越均线的现象。对于散户来说，平缓均线代表无势可乘。从理论上来讲，当市场处于盘整状态时，市场分歧最大，多空竞争最激烈，未来前景不明确，散户提前布局存在不确定性风险。但是，对于主力来说并非如此，他们早已未雨绸缪，运筹帷幄，他们的布局都是经过了深入的调查研究和缜密的论证，具备"天时地利人和"的客观和主观条件，并且制定了切实可行的行动计划和实施方案，具有极大的成功把握。此外，当市场较长时间处于频繁震荡的不确定性状态时，更容易消磨散户的意志和耐心，让他们主动抛售手中的筹码，因此这种情况反而对主力有利，给主力提供了清洗浮筹、吸纳低价筹码的有利时机。

2. 价格与均线的相对位置

价格与均线的相对位置在形态分析上具有重要的意义，两者之间的距离就是我们熟知的乖离率值，可以用来判断价格位置偏离市场平均交易成本的高低。下面仍以图7-10为例来分别讨论。

图7-10（a）中价位 A：上升均线中的 A 位代表涨势中做多的短线高成本价位，其技术含义可以概括为以下几点：①当前价格 A 位于均线以上较高位置，即远在平均成本线之上，说明在 A 价位买进建仓要比该时段内的平均交易成本高得多。高的交易成本将缩小潜在的盈利空间（即盈亏比期望值），同时也增大了交易风险。②代表前期做多者的仓位平均来说都处于盈利状态。③如果价格离均线太远导致乖离率值偏高，在技术面上就会有一个回归的要求，即所谓的"物极必反"。其原因是随着近期价格的快速上升，大多数人获利丰厚。在这种情况下，一般来说，获利盘多，选择获利了结的单子就会比较多，容易形成抛压而引起价格的回落。综上所述，在短线高价位 A 跟风追涨显然不是最佳决策。

图7-10（a）中价位 B：上升均线中的 B 位表明在涨势中价格出现了破位下跌现象，其性质已经发生了质变，不能代表涨势中做多的低成本价位。其技术意义可以概括为以下几点：①虽然当前均线方向仍然向上，但是当前走势已经发生了逆转，并且价格穿越均线向下，这是原来的涨势形态被打破的有力证据。涨势技术形态的破坏和中断将会严重打击市场信心，产生市场恐慌情绪，从而大大地削弱原来的整体看涨心理，有时候甚至会扭转市场预期。②代表前期做多者的仓位由盈利开始转为亏损。因为害怕后市深跌，尚

有盈利的人往往会选择获利了结退场，而已经由盈转亏的人则害怕深跌造成大亏，也会选择在合适的价位上止损出场，从而形成恐慌性出逃现象。③未来有继续下跌的可能性，所以价位 B 通常不是涨势中的一个有利买入点。概括来说，在涨势中出现这种形态，为破位下跌的转势信号。

图 7-10（a）中价位 C：上升均线中的 C 位代表涨势中做多的短线低价位，与市场的平均交易成本大致相等。其技术含义可以概括为以下几点：①短线获利回吐抛压的释放。在价格从上到下的回调过程中，行事果断的多头短线获利回吐盘大都会了结单子退场，账面由浮盈变成实盈，市场中的抛压逐渐得到释放。当价格回落到均线附近时，平均而言，近期买入但没有结单的投资者基本上无利可图，因而市场基本上消除了短线获利回吐的抛压，这时拉升价格的阻力最小。一切事物总是沿着阻力最小的方向运动，价格运动也是这样，当市场中没有其他外来因素干扰和影响时，价格走势就会沿着阻力最小方向逆转向上，恢复上涨趋势。②涨势技术形态的市场共识作用。在趋势行情的发展过程中，获利回吐引起的回调是市场的一种正常调整过程，强劲涨势的均线在回调中常常起到支撑线的作用，并成为涨势中的最佳参考系。价格回调原则上只要没有跌破均线所代表的支撑线，即市场没有出现破位下跌现象，涨势技术形态没有被破坏，通常代表市场整体上的买卖立场并没有改变。良好的涨势技术形态有助于维护投资者的信心，维护市场稳定。③主力"护盘"位置。均线附近代表着短线上最低的交易成本，最小的拉升阻力位置，所以成为主力"护盘"的最佳位置。对于散户来说，强劲涨势中的最佳跟进时机也在均线附近，但应该在主力作出"护盘"动作之后，这是乘势的基本原则。

图 7-10（b）中价位 D：下降均线中的 D 位代表跌势中做空的短线高成本价位，其技术含义可以概括为以下几点：①当前价格 D 位于均线以下较低位置，说明在 D 价位卖出建仓要比该时段内的平均交易成本高得多。②代表前期做空者的仓位平均来说处于盈利状态。③如果价格距离均线太远将导致乖离率值过大，在技术面上会有短线获利回吐（反弹）的需求。综上所述，此时不是好的卖出时机。

图 7-10（b）中价位 E：下降均线中的 E 位代表了在跌势中出现了破位上涨现象，其性质已经发生了质变，不能代表跌势中做空的低成本价位。其技术意义可以概括为以下几点：①虽然均线方向仍然向下，但是当前走势已经逆转，并且价格穿越均线向上，这是原来的跌势形态被中断的有力证据。一般来说，跌势技术形态的破坏将会严重打击空头信心，削弱卖力。②代表前期做空者的仓位由盈利开始转为亏损，容易造成空头仓位的恐慌性抛售现

象。总的来说，价位 E 通常不是一个好的卖出时机，它是破位上涨的转势信号。

图 7-10（b）中价位 F：下降均线中的 F 位代表跌势中做空的短线低成本价位，接近市场的平均交易成本。其技术含义可以概括为以下几点：①获利回吐调整。当价格反弹到均线附近时，空头的短线获利盘已经陆续了结单子获利退场，而近期卖出但没有结单的投资者基本上无利可图，因此在均线附近，短线获利回吐给价格下行造成的阻力已经得到消除，这时价格下行的阻力最小。在这种情况下，如果没有外来因素的影响，市场走势将会沿着最小阻力方向逆转向下，恢复跌势。②市场共识的作用。强劲跌势的均线常常起到阻力线的作用，这是一种市场共识。在原则上，只要市场没有出现破位上涨现象，即跌势技术形态没有被破坏，通常不会产生市场恐慌情绪，也就说明市场整体上的买卖观点并没有改变。③主力"护盘"位置。均线代表短线上最低的交易成本，同时也是阻力最小的位置，因此，通常是主力"护盘"位置。对于散户来说，强劲跌势中最佳做空跟进机会也应该在均线附近，但在出现主力"护盘"信号之后。

图 7-10（c）中价位 G：平缓均线中的 G 位代表了盘整区中做多的较高成本价位，其技术含义有以下几点：①平缓均线在形态上通常对应于盘整区，价格多震荡。其描述的平均价格势接近为零，在理论上无势可乘。②位于均线上方高处的价格代表做多的较高成本价位，并不是一个好的买入点。但是做空的较低成本价位，如果盘整区震荡幅度较大，G 可以是短线的卖出点。③价格位置与平缓均线的垂直距离越大，乖离率值越大，短线技术面上的回调需求越迫切。如果这是后市的顶部，通常是主力出货或者做空的位置。对于散户来说，因为市场处于盘整区时，未来走向不明确，需要谨慎入市。

图 7-10（c）中价位 H：平缓均线中的 H 位代表了盘整区中做多的较低成本价位，其技术含义有以下几点：①平缓均线对应于价格盘整震荡，通常无势可乘。②价格位于均线之下较低的价位上，在此买进的成本较低，如果盘整区震荡幅度较大，可以是短线买入点。但在此卖出的成本较高，并不是一个好的卖出点。③如果乖离率值偏大，将引起短线技术面上的反弹需求。如果这是后市的底部，一般是主力吸筹建仓的位置。对于普通投资者而言，因为盘整区的前景不明朗，需要谨慎入市。

图 7-10（c）中价位 I：平缓均线中的 I 位代表了盘整区的中间价位，其技术含义有以下几点：①对应于盘整区，无势可乘。②价格位于均线附近，接近平均交易成本，对应于盘整震荡区的中间价格位置。但是，因为盘整区通常为震荡形态，震荡幅度较小，并且未来走向不明确，所以对于普通投资

者而言，既不是好的买入点，也不是好的卖出点。

上面的讨论对于短期、中期以及长期均线原则上都适用，它们揭示的是均线的内涵和本质，具有普适性。

第三节

市场支撑与阻力水平

在传统的趋势分析中，支撑与阻力概念是其核心内容，它们有着丰富的内涵和技术意义，在实际操作中有着非常广泛的应用。在《概率优势交易的原理和应用》一书里，我们将支撑与阻力概念描述为前后价格形态之间的数理逻辑关联，其物理内涵是群体运动中的惯性效应，它通常与之前交易密集区的市场心理和行为相关联。但是，在决定市场心理与行为的群体运动中，代表大资金的主力行为才是关键，市场行情的分析重点实际上就是研究主力机构的动向，因此，在实际操作中，通过 K 线形态分析来分析与判断主力行为，洞察主力的蛛丝马迹就具有非常重要的现实意义。

一、强势 K 线的支撑与阻力水平

在一些重要价位上出现的强势 K 线通常代表着主力的强力介入，而主力又代表了市场各方力量中的绝对优势者，散户只是市场的追随者，因此，只有站在主力的立场上，我们才能更好地认识到 K 线形态中支撑与阻力价位的内涵和实质。如图 7-11 所示，在前面讨论的基础上，我们可以将强势 K 线所包含的主要技术信息概括为以下几点。

图 7-11（a）：大阳线。大阳线代表多头短线强势行情，多方占据力量上的绝对优势。大阳线收盘价的技术意义可以概括如下：

（1）多头强势地位的形态标志，是多头强势 K 线的前沿阵地（即前线），也是多空双方的动态平衡点。从短线角度来看，多头若要保持当前的强势地位，就必须守住这个前沿阵地。

（2）多头强势 K 线的盈利线。收盘价决定了大阳线的实体长度，因而决定了短线多头的强劲程度以及盈利收益。

（3）多头强势 K 线的盈利支撑线。从短线来看，收盘价是多头要保持当前短线强势地位以及盈利收益的关键支撑价位。

概括来说，大阳线收盘价是维持多头短线强势地位以及利润收益的关键

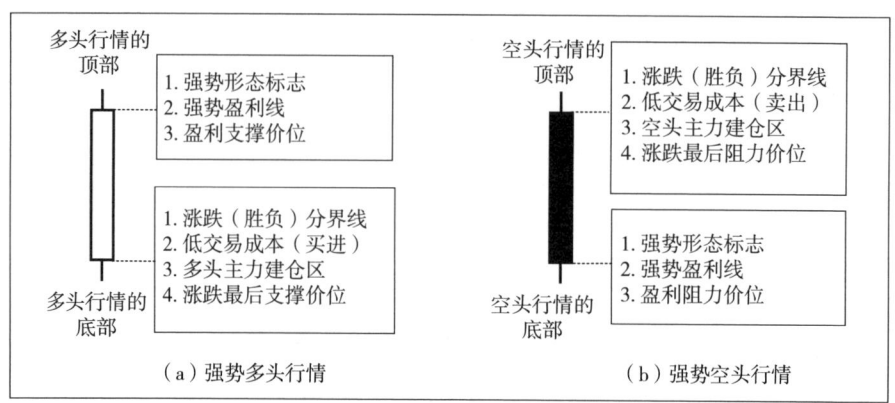

图 7 - 11　强势 K 线的技术意义

支撑价位。例如，如果次日市场涨势出现疲软，收出小实体 K 线（如小阳小阴线），一般来说，只要小实体收在大阳线收盘价之上，那么就说明多头短线强势地位未变，市场处于强势整理中。反之，如果回落跌破了大阳线的收盘价，说明这根大阳线形成的条件是不成熟的，即市场尚未调整好，因此需要靠回调来继续调整。

大阳线开盘价的技术意义可以概括为以下几点：

（1）它是该时间段内涨势与跌势、阳线与阴线、多头行情与空头行情、多空胜与负以及盈利与亏损的分界线。

（2）开盘价附近是该时间段内做多的低交易成本区域。

（3）它是多头主力低成本的吸筹建仓区域。

（4）它是决定该时段内多空胜负与盈亏的最后、最强支撑价位。

值得注意的是，支撑作用形成的实质是来自买盘的承托，它一般指的是一个区间内的综合买力，如成交密集区的综合买力，而不是一个具体价位上的买盘承托。因此严格来说，支撑指的是一个区间，而不是一个具体的价位。但是，我们习惯上把某个价位称为支撑价位往往具有特别的意义。例如，我们把大阳线的开盘价称为决定主力在该时间段内胜负（盈亏）的关键支撑价位，其意思是市场收盘时如果收在开盘价之上，那么，就代表在该时间段内多头赢（盈利），空头输（亏损）。反之，如果收在开盘价之下，则代表多头输，空头赢。而当收盘价收在开盘价位置时，代表在该时间段内多空双方不分胜负，不输不赢。因此，在短线回调过程中，开盘价成为多方坚守的最后一道防线。如果多头不能守住这道防线，导致价格跌破大阳线的开盘价，则意味着在该时段内吸筹建仓的多头主力基本上将面临亏损。在上涨行情中，价格破位下跌至大阳线的开盘价以下，在形态上标志着短线走势的逆转，很容易产生市场恐慌情绪。如果因此而导致局势失控，将会让多头主力前期的一切努力和投资付诸东流。因此，开盘价成为短线回调中涉及多方主力胜负与盈亏的最后和最强支撑价位，也往往是多头的出手"护盘"位置。当然，市场上很多人往往把大阳线的最低价作为短线支撑价位，他们认为这么做也有一定的道理。但是，从理论上说，K线的涨与跌、阳与阴与多空的胜与负以及盈与亏之间有着内在逻辑关系，并且具有内在的统一性，就这一点而言，把大阳线的开盘价作为决定K线涨与跌、阳与阴以及多头胜与负、盈与亏的最后和最强支撑价位更为合适。

图 7 - 11（b）：大阴线。大阴线代表空头短线强势行情，空方力量占据绝对优势。大阴线收盘价的技术意义可以概括如下。

（1）空头强势地位的形态标志，是空头强势K线的前沿阵地或者前线，代表多空力量的动态平衡点。

（2）空头强势K线的盈利线。收盘价决定了大阴线的实体长度，因而决定了空头短线的强劲程度以及盈利收益。

（3）空头强势K线的盈利支撑线，收盘价是空头要保持当前短线强势地位以及盈利收益的关键支撑价位。

概括来说，大阴线收盘价是维持空头短线强势地位以及利润收益的关键支撑价位。例如，如果次日市场跌势出现变数，收出小实体K线（如小阳小阴线），一般来说，只要小实体收在大阴线收盘价以下，那么就说明空头短线强势地位未变，市场处于强势整理中。反之，如果反弹向上突破了大阴线的收盘价，说明这根大阴线形成的条件是不充分的，即市场尚未完成调整，因此需要靠反弹来继续调整。

大阴线开盘价的技术意义可以归纳为以下几点。

（1）它是该时间段内跌势与涨势、阴线与阳线、空头行情与多头行情、空头多头双方的胜与负以及盈与亏的分界线。

（2）开盘价附近是该时间段内做空的低交易成本区域。

（3）是空头主力的做空区域，也是股市主力的出货区域。

（4）是决定该时段内空头与多头胜负以及盈亏的最后、最强阻力价位。

同样的道理，阻力作用通常是某一区间的抛盘打压而形成，主要集中在成交密集区。而我们把大阴线的开盘价称为决定空头与多头胜负以及盈亏的关键阻力价位，是因为如果空头不能守住这道最后的防线，就意味着在该时段内做空的空头主力将面临失败和亏损，空头主力为了确保他们的空头仓位不赔，就必须守住这道防线，因而大阴线的开盘价成为短线反弹中空方主力的最强阻力价位，通常也是空方主力的护盘价位。否则，反弹超过大阴线的收盘价，就代表空头主力的失败和短线走势的逆转，其性质就完全不一样了。

一般而言，散户不可能拉出大阳线，也不可能砸出大阴线，强势K线大都是主力行为，由主力资金推动，而小实体线的涨跌大多属于散户行为，其开盘价和收盘价没有多少实际意义，因此，强势K线形态分析是短线支撑和阻力分析必须掌握的基础知识。但必须指出的是，虽然强势K线在短线上呈现出一定程度上的重要性，然而，单根K线毕竟势单力薄，它的量能有限，在大局势中的影响力也非常有限，不能过度夸大。实际上，我们分析强势线的目的是希望以此为契机，来增加发现大行情并且在早期跟进的机会。因为并不是每一根强势K线之后都会马上出现大行情，强势线之后是否会出现大行情，关键要看是否满足"天时地利人和"的客观和主观条件。在股市，指的是坐庄条件、控盘能力以及大盘环境和个股等条件是否已经成熟。此外，一切事物都在不断的变化之中，我们不能用固定思维模式来应对复杂变化的市场。以大阳线为例，以下因素都会影响未来走势的变化：①市场中浮筹过多造成继续拉升困难，那么，主力在进一步拉升价格之前先会采取洗盘行动，用来清除浮筹的抛压。②如果突然出现利空消息或者大环境变坏，主力可能会借机打压。③拉升时机尚未成熟。例如，在行情启动之前，市场主力经常会以大阳线的方式来进行试探性的拉升，用来测试买卖双方的力量对比，试探性的大阳线不一定具备持续性。④如果大阳线本身就是主力的"诱多"骗线行为，那么，大阳线的性质就完全改变了，其后不可能有持续性发展。

二、强势波段的支撑与阻力水平

下面以图7-12中的强劲上涨波段行情为例，来说明强势波段行情中的支撑与阻力水平。

图7-12（a）：多头强劲上涨波段行情，代表多方力量占据绝对优势。多头强势行情的顶部具有以下重要的技术意义。

（1）多头强势地位的形态标志，是多头强势行情的前沿阵地或者前线，也是多空双方的动态平衡点。

（2）多头强势行情的盈利线。其中，上升波段历时的时间范围和空间幅度是对该多头波段强弱程度在形态上的具体描述，对后市具有示范和参考作用，而上升波段的高度决定了盈利收益，顶部价格位置是决定多头收益的盈利线。

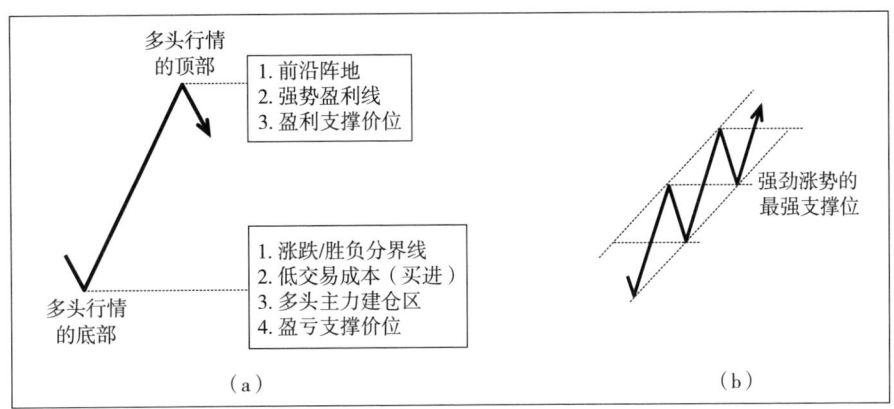

图 7 – 12   强劲上涨波段行情的技术意义

（3）多头强势行情的盈利支撑线，顶部价位是多头要保持原来的强势地位以及利润收益的关键支撑价位。

多头强势行情底部的技术意义有以下几点：

（1）它是该时间段内涨势与跌势、多头行情与空头行情、多空胜与负以及盈利与亏损的分界线。

（2）开盘价附近是该时间段内做多的低交易成本区域。

（3）它是多头主力低成本的吸筹建仓区域。

（4）它是决定该时段内多空胜负与盈亏的关键支撑价位。如果多头不能守住这道最后的防线，就意味着之前买进建仓的主力基本上将面临亏损。在这种情况发生之前，多头主力通常会做最后一搏，在局势失控之前尽量减少损失。投资者一定要擦亮眼睛，辨别真伪，不要去做替死鬼。

图 7 – 12（b）：一种常见的上涨趋势形态。前一个推进浪的顶部通常成为后一个调整浪的支撑价位，前高的有效支撑作用表明了主力向上做盘的态度坚决。从这里可以看到，这种上涨趋势的回调率必须维持在50%左右。按照黄金分割标准划分，这是属于中等强度的价格势。如果在回调过程中，前高不再能起到有效支撑作用，回调率超过了50%，那么，就说明主力态度已经发生了改变，造成多头上升动力的衰竭，这足以引起投资者的高度警觉。

图 7 – 13（a）和图 7 – 13（b）为强劲下跌波段的情形，同样的道理，空头强势波段行情的顶部与底部具有不同的技术意义，作者可以依此类推，这里不再赘述。

一般来说，波段行情顶部与底部的支撑或阻力作用只适用于强劲波段行情，如趋势运动中的推进浪波段，而不适用于调整浪或者其他微弱波段行情。

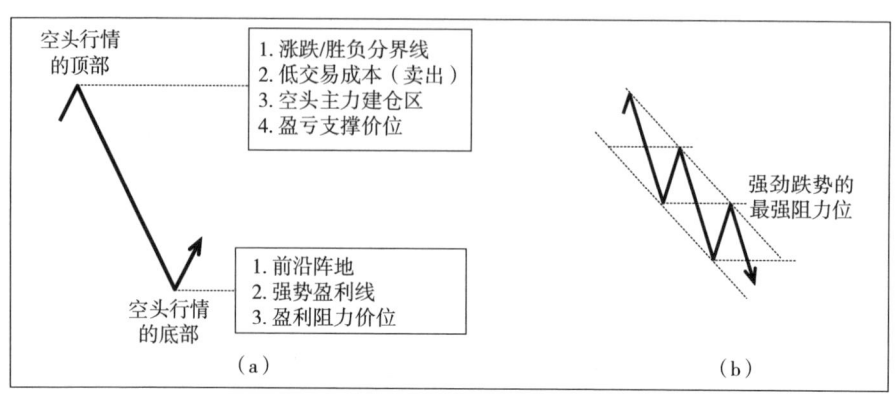

图 7-13　强劲下跌波段行情的技术意义

强劲行情的衡量标准就是速度和质量两个方面，即价格上升速度快，代表价格势强劲迅猛；持续时间长，上升幅度大，在时空上形成一定的规模，代表群体运动规模大，惯性质量大。只有强势行情才能比较真实地反映了主力的操作意图，它们的底部和顶部才具有实际意义。与小实体 K 线的道理一样，调整浪与微弱波段的顶部或者底部也没有多大实际意义，因此，投资者决不能犯教条主义的错误，一味盲目套用。

三、强势均线系统的"接力式"支撑或阻力作用

在技术分析书籍里，均线的支撑或者阻力概念是一个十分热门的课题，然而，由于缺乏深度的理论支撑，往往只停留在表面形式上。那些论述都有一个共同的特点，即以少数案例为论据，貌似有根有据，让人误以为非常可信，却完全忽视了很多情况下的无效性，造成认识上的误导。下面我们首先来讨论均线支撑或者阻力作用在趋势行情中的一般性特点，然后再讨论影响均线支撑或阻力作用发挥的主要原因。

以一个具有一定普遍性的强劲上涨趋势为例，假设市场环境条件相对稳定，主力控盘能力较强。当行情启动后，随着价格的拉升，短期均线的反应最灵敏，能迅速跟着价格向上移动。因为主力控盘能力较强，市场的浮筹较少，市场步伐相对一致，所以一般而言，在上涨行情的早期，获利回吐的抛压较小。即使技术面上出现回调的需求，其回调幅度也会较小，回调时间很短暂。例如，早期的回调一般不超过 3~5 根 K 线，其中大多为小阴线，小幅回调将会在陡峭上升的短期均线 MA10 支撑下结束［见图 7-14 (a)］。短暂抛压的释放有助于后市的拉升，市场走势将很快恢复上行，再度呈现强劲的

势头。随着行情进一步展开，市场气氛日渐热烈，追涨跟风盘不断增加，价格不断创出新高，总的来说，造成市场回调阈值的提高。随着中短线获利单的增多，获利回吐抛盘也在不断增多，一旦抛压达到市场回调阈值，将造成短线买卖立场发生逆转，价格回调就会开始。在这种情况下，要求的回调时间也会变长，回调幅度相应地增大。虽然短期均线 MA10 的走势（斜率）基本上没变，但它已经不再能够发挥有效的支撑作用，市场将会跌破 MA10，逼近中期均线 MA20。如果市场不出现意外，通常会在 MA20 附近得到有效支撑作用，使得价格走势逆转向上，恢复上涨动力。以此类推，我们将会看到，在行情一步步的推进过程中，价格不断推至新高，回调阈值也在不断提高，导致所要求的回调幅度逐渐增大，其结果是，均线的支撑作用通常呈现出从短期均线 MA10，到中期均线 MA20，MA60，再到长期均线的接力式支撑作用。同样的情况也会发生在跌势行情中［图 7 - 14（b）］，这里不再赘述。

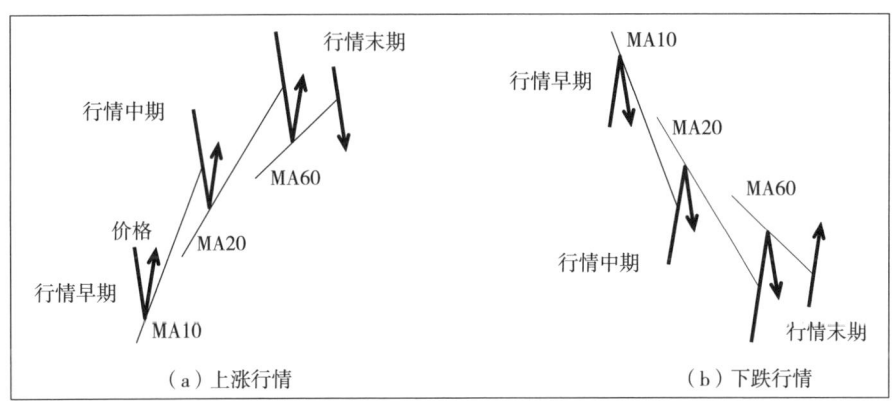

图 7 - 14　强劲趋势行情中均线系统的接力式支撑（阻力）作用

在强劲趋势行情的发展过程中，均线系统表现出的接力式支撑或者阻力作用实际上揭示了趋势运行的一般性规律，我们将在第八章第三节做更详细的讨论。

四、支撑或者阻力概念的深度思考

通过上面的讨论，我们可以看到，所有的支撑或者阻力概念都与强势形态有关。例如，短期支撑或阻力通常与强势 K 线（即大阳线或大阴线）相关联，中长期支撑或阻力则通常与强势波段形态有关。强势形态的支撑或者阻力作用不是贸然出现的，其中有着深刻的原因。下面我们来讨论决定支撑或阻力作用的两个重要因素：价格势的强劲程度以及有效性。

（1）在理论上，只有强劲的价格势才具有较大的动量和动能，才能发挥有效支撑或阻力作用。相反，对着微弱的价格势（如一根平缓的均线）谈论其支撑或阻力作用是非常荒谬可笑的。事实上，市场内外因素变化可以引起多空力量此消彼长，促使双方力量对比发生根本性的转变，从而导致市场走势的逆转，这种现象可以出现在任何时刻、任何位置上，它与支撑或阻力概念完全是两回事，不能混为一谈。

（2）有效性。在分析支撑或阻力作用时，我们常常发现，同样的形态结构，有时可以发挥有效支撑或阻力作用，有时则完全不起任何作用。归其原因，主要有以下两点：

其一，与当前所处的位置有着很大的关系。在上面对均线的讨论中，我们已经发现，最强势的均线，如果所处的位置不对，照样可以不起任何作用。实际上，支撑或者阻力概念并不是孤立存在的，它反映了复杂的市场行为。而所有的市场行为都有一定的目的性，其实质就是利益博弈，谋取自身利益的最大化。在这种零和博弈中，对于市场主力来说，只有设法让对手盘以及大众散户的利益最小化，亏损最大化，才能实现自身利益的最大化。例如，市场主力在获得足够的控盘能力之后，其操作策略是有针对性的，当然包括对大众散户的操作策略。而趋势行情其实就是主力根据市场情况和大众行为制定的一种最优策略方案。在方案中通常包括了对价格行情走向的具体操作计划。在操盘过程中，支撑或者阻力概念常常成为主力策划方案中的一种重要操作手段，是不可或缺的。这也说明，为什么同样的价格或指标形态，却因为处在行情的不同阶段，就会呈现出完全不同的结果。对于散户来说，只有站在主力的角度来思考问题，才能触及本质。

其二，与强势行情的持续时间范围有关。实际上，每个趋势行情都有一定的持续时间，趋势概念只在特定时间范围内有效。这就说明与趋势有关的规律、原理和概念等都有一定的适用范围，超出这个特定范围，都是无效的。例如，趋势线在趋势范围内是有效的，一旦超出这个范围一般就不再有效。由此我们可以推论，强势形态也有适用范围，不是毫无条件的。例如，强势形态的有效性取决于它的可持续性。一般来说，只有可持续性发展的强势形态，它才会继续发挥有效的支撑或阻力作用。对于均线同样如此，在一定的时间范围内，有些均线是"有效均线"，有些则是"无效均线"。例如，对于一个中期规模的趋势行情而言，短期均线和中期均线属于"有效均线"，而长期均线就是"无效均线"。而对于一个短期行情，除了短期均线之外，中期和长期均线都是"无效均线"。此外，在行情的不同阶段，均线周期不同，有效性也会随之变化。例如，在行情早期，只有短期均线才能跟上市场步伐，才是"有效均线"，中期均线和长期均线都是"无效均线"。只有随着行情的继续推进，到达中期之后（如果行情仍在持续发展），中期均线才能真实反映中期市场的变化趋向，并且展现其应有作用，成为"有效均线"。类似地，长期均线需要经过更长时间才能展现其"真实性"和"有效性"。

很多人都熟知均线服从原理，其意思是短期均线要服从中期均线，而中期均线又要服从长期均线，即变盘的方向将会按长期均线的方向进行，长期均线向上则向上变盘，长期均线向下则向下变盘。实际情况并不总是如此。就长期均线来说，它必须真实反映长期市场的走势，并且处在合适的位置上，最后，最重要一点就是，长期趋势还会持续下去！

第四节

股市量价关系与筹码分布

在股市，量价分析和筹码分布是很多投资者都喜欢的分析工具，可以用来追踪主力或者游资的资金动向，并配合 K 线形态分析，掌握主力或游资的操盘风格。虽然外汇市场以及期货市场没有精确的成交量指标（量价分析）以及筹码分布，但是，价量配合和筹码分布所揭示的本质内涵与内在逻辑关系在金融市场都是相同的。例如，在股市，底部放量上涨通常被认为是股价结束调整、新资金介入的一个信号，往往预示着股票行情启动的开始。随着计算机网络和软件技术的高速发展，实时的大数据采集和统计分析已经成为可能，可以用来追踪主力、机构、游资以及散户等各种资金动向，精确把握大资金的意图，从而进一步拓宽了基本面和技术面分析的渠道和内容，使得时机的选择和把握可以更加精确。

在这里，我们只是简单介绍量价分析和筹码分布的基本原理，有兴趣的投资者可以参考有关的专业书籍。

一、量价分析

1. 成交量

成交量是买卖双方达成交易的数量，一般可用成交股数和成交金额两项指标来衡量。例如，某只股票成交量为十万股，这就表示买方买进了十万股，同时卖方卖出十万股。成交量与价格是交易中两个重要的指标，也是市场趋势的最基本要素。量价分析就是通过对成交量与成交价格变化关系的研究，来识别当前股市的趋势和动向，并从中寻找有利的交易时机。

一般来说，在不同趋势行情中，买盘与卖盘数量是不均等的，成交量可以表达为：

$$成交量 = min（买盘，卖盘）\qquad(1)$$

其中，min（买盘，卖盘）代表取买盘与卖盘中的最小值。在上涨行情中，买盘通常要多于卖盘，所以，涨势中实际成交的股票数量由卖盘数量决定，即涨势行情的成交量 = 卖盘数量。一般而言，主力控盘能力越好，市场上的浮筹就越少，股价拉抬越省力，成交量越小。反之，如果主力的控盘能力较弱，市场上的浮筹就较多，上涨过程中的抛盘较多，成交量较大。此外，对于市场来说，在上涨过程中，如果股民都看好后市，因而持仓惜售，导致卖盘数量较少，那么，虽然价格上涨很猛烈，成交量也可以较小。而在下跌行情中，卖盘通常要多于买盘，因此跌势中实际成交的股票数量由买盘数量决定，即跌势成交量 = 买盘数量。在下跌过程中，如果成交量较小，说明投资者对后市走势都不看好，导致买盘很少。而较大的成交量说明市场中存在较大的分歧，所以投资者仍有买进意愿，买卖双方都比较活跃。

从成交量的多少，我们就可以评估多空双方买卖交易的活跃程度，然后再结合行情与价格走势，来洞察市场动向。我们分以下三种情况来讨论。

（1）成交量较小。说明市场交易极不活跃，买盘少或者卖盘少，或者两者都少。以下三种情况都可以造成较小的成交量：①市场一直处于低迷中，投资者都持谨慎态度，没有很强的买卖意愿，导致成交量很小，出现"地量见地价"状态，通常表明行情已近底部。②市场人气和买卖呈现一边倒的局面，行情势头猛烈，成交量反而较小。③高度控盘市场，市场中大部分筹码都集中到了主力的手中，散户手中的筹码很少，因此股价拉抬或者打压极其省力，成交量很小。后面两种情况都是强势的表现，代表多空中有一方已经取得力量上的绝对优势，市场正处在强劲的趋势中。总的来说，在趋势运动中，如果成交量出现萎缩现象，通常说明大家都对后市走势十分认同，意见非常一致。

（2）成交量较大。说明多空双方意见有较大的分歧，买卖双方都比较活跃，买盘多，卖盘也多，股价还会有较大幅度的涨跌。一般来说，买盘多说明仍有相当多的投资者继续看好后市，有买进意愿。而卖盘多则表示持股者不惜售，他们担心行情生变，为了收获一定的浮盈而抛售，或者害怕深套而出逃。如果出现在一个长期低迷之后的市场里（即低位放量），说明有大资金开始关注并介入，市场已经摆脱长期低迷状态，交易开始活跃，后市看好；但对主力而言，在行情的初期出现较大的成交量，说明主力控筹不充分，在外浮动的筹码较多；如果出现在涨势行情的高档区，卖盘增加代表市场整体看跌预期心理在增强，导致卖盘增多，说明多空分歧正在增大。抛盘增多将造成抛压增大，产生股价拉抬阻力，从而给未来走向增添变数。

（3）巨量：成交量放巨量代表股民的买进意愿非常强烈，卖出意愿也非常强烈，导致买盘和卖盘都非常多，交易十分活跃。显而易见，巨量说明多空双方存在严重分歧，如果出现在行情中，无论对短期上涨还是下跌都是一种拖累，不利于后市行情的发展。巨量常常出现在行情的末期，这时，市场气氛异常热烈，个股交易异常活跃，主力不断利用大阳线诱多，引导跟风盘介入，自己却在暗中悄悄出货。而很多散户已经被股价的大幅上涨激起亢奋的热情，头脑发热，生怕自己赶不上，失去理性还在疯狂买入，因此，换手率很高，成交量巨大。在K线形态上，盘中震荡幅度较大，大阳线频繁出现，股价却出现滞涨迹象，形成末期的大阳线诱多陷阱，对散户具有非常大的欺骗性和杀伤力。

2. 量价关系

价格的方向有三个：上升、下降、水平，对应的趋势方向为：上涨、下跌、横盘。成交量的方向也只有三个：放量、缩量、平量。股价涨跌与成交量胀缩之间存在一定的内在关系，如同步或背离的关系。量价分析法是指投资者通过分析价量关系是否一致，来判断市场形势，对持续和反转进行分析，从而确定股票最佳买卖时机。

概括来说，量价关系共有以下九种：价涨量增、价涨量平、价涨量缩、价平量增、价平量平、价平量缩、价跌量增、价跌量平、价跌量缩。其中，价涨量增和价跌量增分别描述了在涨势初期和跌势初期股价与量能的同步关系，而价涨量缩和价跌量缩显示的则是在涨势末期和跌势末期的量价背离趋势。同步和背离关系是最重要的四种量价关系，代表了一个趋势行情通常都会经历的四个阶段［图7-15（a）］，揭示了趋势行情中最典型的量价变化规律性，成为股市投资者配合K线形态分析来识别趋势运动阶段性的有力工具。下面我们来分别讨论这四种重要的量价关系。

（1）价跌量缩（背离关系）。即随着股价下跌，成交量却渐减，量价之间出现背离现象。一般来说，在下跌过程中，卖盘多于买盘，所以成交量萎缩是因为买盘减少，说明买入力量保持谨慎，没有太多的承接抛盘的意愿，造成交易活跃程度降低。

如果在跌势的早中期出现价跌量缩关系，说明市场情绪进一步变坏，投资者并不看好后市，买进意愿减弱，导致买盘减少，成交量萎缩，所以，后

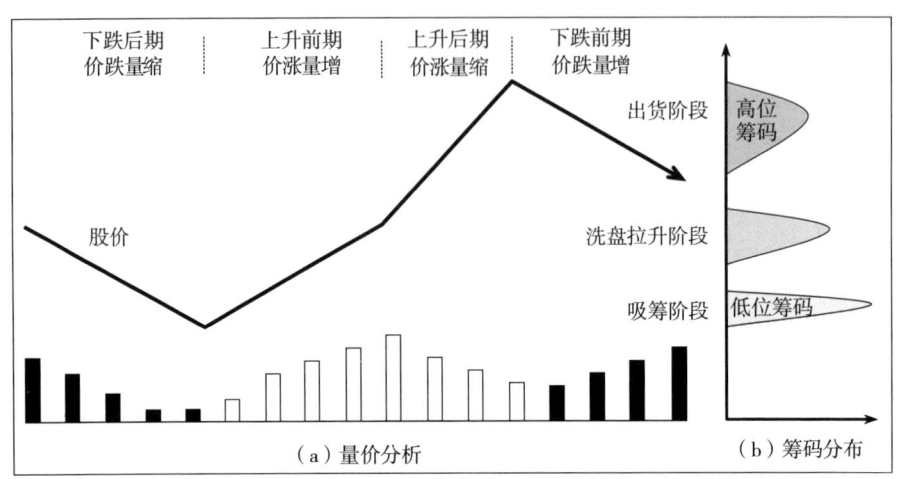

图 7 – 15　股市趋势行情的量价分析与筹码分布

市通常继续看跌。但是，如果出现在跌势的低档区，有可能是因为空头卖力的衰退，造成成交量萎缩，这种低位背离现象一般是股价即将反转的信号。此外，价跌量缩也会推动市场进入低迷期。例如，股价经过长时间下跌过程之后，成交量极度萎缩，呈现地量状态，而当股价再也跌不下去，到达地价时，就是所谓的"地价见地量"状态。其中，地价代表市场在经过大幅下跌之后，空头力量已经衰竭，股价缺少继续下跌的动力，因此，地价见地量形态往往意味着目前市场已经接近跌势的底部。此后只要有主力介入吸筹，股价就会呈现止跌企稳的迹象，后市将有望震荡上扬。

如果在涨势早中期的回调中出现价跌量缩的量价关系，通常是主力在洗盘操作。在洗盘过程中，随着价格的下挫，抛盘不断地被清洗出去，市场中的浮筹数量逐渐减少，导致成交量出现萎缩现象。但当洗盘结束股价再次拉升时，应该呈现价涨量增的量价关系，代表多头力量的增强。

（2）价涨量增（同步关系）。即随着股价上升，抛盘在增多，所以成交量增大，交易变得更加活跃。

价涨量增是涨势行情初期一种最常见的量价关系，通常代表多头的主动进攻模式。其中，股价在底部的止跌代表空头力量已经衰竭，企稳是因为有资金的介入，而低位放量正是多头力量正在崛起的信号，也是一轮上升行情的前兆。因此，低位放量的技术意义可以归纳为以下三种：一是主力进庄（吸筹建仓）信号；二是行情发动前的试盘信号；三是上攻行情启动信号。通常代表涨势形成或会继续，可以追涨或继续持股。但值得注意的是，价涨量增时要温和放量，而不是放巨量，其中的道理已经在前面说明。

（3）价涨量缩（背离关系）。即随着股价的上升，卖盘在减少，所以成交量反而出现萎缩，交易活跃程度不增反降，量价之间出现背离现象。

如果在涨势早中期的推进阶段出现价涨量缩关系，通常是因为股价上涨造成股民惜售（期望在更高价位上抛出），因而卖盘减少，成交量随之萎缩，这种情况说明投资者继续看好后市，市场整体看涨心理不断增强，因此后市继续看涨。但是，如果在涨势的高档区出现价涨量缩关系，则有可能是因为多头买力的衰退，造成成交量萎缩，这种高位背离现象一般是股价即将反转的信号，投资者对此要保持高度警惕。

（4）价跌量增（同步关系）。即随着股价下跌，买盘在增多，成交量逐渐放大，呈现出一种量价配合现象。说明价格虽然在下跌中，但是投资者的买进意愿仍在增强，导致买盘增多，所以成交量放大，交易变得活跃。

这通常是在涨势末期、跌势初期的量价关系，主力抛盘在悄然增加，但是市场仍然沉浸在强劲涨势的气氛中，投资者还在盲目地跟风，继续看涨买进，买盘仍在增多，从而出现价跌量增的同步关系，通常代表主力在出货，价格将继续下跌。但是，如果在涨势的回调中出现价跌量增形态，则说明市场中的浮筹太多，抛压太重，后市行情有变盘可能。

这里需要指出的是，迄今为止，价涨量增与价跌量缩一直被认为是量价同步（配合）关系，而价跌量增与价涨量缩是量价背离关系。例如，这些观点认为，随着股价下跌，成交量应该顺势减少，所以价跌量缩是短线量价同步现象；反之，如果成交量不减反增，那么，价跌量增就是一种短线量价背离现象。显然这是一种简单的字面解读，没有触及问题的本质。实际上，在金融市场，特别是可以双向交易的市场里，涨跌作为趋势循环中的两种不同运动方式，只不过是方向相反而已。从运动学的角度来看，"跌"其实不过是反方向的"涨"。而要深刻认识和理解价格（趋势）运动问题，就必须从牛顿运动定律出发。例如，在上涨趋势中，多头买力是推动力；而在下跌趋势中，空头卖力是推动力。正如在涨势初期，买力推动行情加速上升，形成价涨量增同步关系一样，在跌势初期，放量下跌通常意味着主力大资金在出逃，卖力推动行情加速下跌，形成跌势中的价跌量增配合现象。

3. 量价分析的重要性

在股市，主力可以在短线技术面上做骗线，也可以在资金进出以及成交量上造假。例如，主力可以通过对倒虚增成交量，制造股市放量的假象，却无法减少市场上散户的成交量。也就是说，主力只能把成交量做大，不能把成交量做小，因此，相对而言，成交量的真实性、有效性、敏感性、可靠性、全息性要远远高于K线和均线。例如，从成交量以及量价关系，我们可以发现以下两点：①缩量是市场中最真实的技术指标，是主力唯一无法造假的。②是散户行为还是主力行为，只要看量就行。因为散户是不会有大量的，大单就是大户，而巨量或者连续的大量，只有主力才能做到，必定是主力行为。换句话说，主力可以在技术形态和指标上做骗线，但是在成交量上，主力却无法隐藏它的行踪，成交量能真实地展示市场主力的动向与意图。因此，在股市，读懂了量价关系，就能看懂主力行为。

二、筹码分析

筹码分布描述了流通股票持仓成本分布，即在不同价格区间的成交量所形成的分布情况，它反映了不同价位上的整体持仓数量［见图7-15（b）］。趋势在表观上描述了股价的变化，其内因是主力、机构、游资和大众（中小散户）之间博弈行为的高度体现，而各方的筹码分布就是其力量大小与持仓成本分布的表现形式。各方力量之间的角力实际上是他们的筹码在行情不同阶段的转换，这种高低位筹码转换揭示了股价变化的内在规律和本质。其中，又以主力筹码最为重要，反映了主力的操作策略和意图。一轮行情的跌宕起伏是与主力行为密不可分的，主力在趋势行情的不同阶段所采用的操作策略与手法完全不同。例如，在底部是震仓吸筹，在顶部则是震荡出货。通过各种操盘手段，引诱散户上钩，实现对股票持仓成本的控制和转换，从而达到牟取暴利的目的。但必须指出的是，主力在操作过程中，有时也会出现破绽，留下蛛丝马迹。投资者通过研究量价关系和筹码分布状况，并结合其他技术指标分析，可以判断主力操作股票的性质，判断主力下一个阶段操作的动作，识别主力建仓和派发的过程，从而可以提前做出继续持股、加码追涨或是卖出股票止盈或者止损的决定。

从技术面上看，筹码分析的主要作用可以概括为以下几点：①分析主力的吸筹情况与建仓成本；②判断个股主力强弱；③判断主力的动向、行为与意图；④了解获利盘和被套盘状况；⑤分析上升或下跌过程中的阻力或支撑位；⑥测算主力的获利比例，进而分析出主力的操作计划。

要理解趋势行情中主力筹码的转换，就必须对一轮行情的演变过程进行全面的分析。一般来说，一轮行情主要由以下三个阶段构成：吸筹、拉升和派发（出货）。下面我们从筹码分布角度来分析主力在各个阶段的主要操作手段。

1. 吸筹阶段

在主力吸筹阶段，股价处于长期下跌的低位，获利筹码较少，上方套牢盘较多（大多为散户）。市场通常处于低迷状态，股民的买进意愿不强，买盘少。这时主力通常会故意打压股价，并通过反复的横盘震荡，消磨散户持股信心，迫使短线跟风盘出局和上一轮行情高位套牢盘不断地割肉，从而主力在低位吸筹承接，最后，在底部附近形成窄幅密集型筹码峰，成为主力的吸筹成本区。

主力吸筹成功与否的评价标准主要有两个：一是洗盘是否充分。吸筹阶段主要是以主力买入、散户卖出为筹码转换方向。只有在低位充分吸筹之后，主力才会拉升股价，从而结束吸筹阶段。二是持仓量。持仓量的多少对主力做盘有着极为重要的意义：①持仓量决定了主力未来的利润量。筹码越多，最终的利润就越大。②持仓量决定了主力的控盘程度。吸取筹码越多，散户筹码越少，主力对股票的控制能力越强，那么，主力在拉升过程中所需的资金就越少，花费的操作成本也就越低，并且操控行情与走势越容易。

当主力吸筹完毕后，在拉升行情前，往往会根据行情需要进行洗盘。其原因如下：一般来说，当主力在低位进场吸筹的过程中，有一部分短线跟风者跟进买入，为了把这些低位跟风盘清洗出去，还需要进一步的洗盘，即在吸筹建仓价位的上方进行反复的盘整振荡，迫使这些跟随者离场，同时洗盘还可以清除掉一部分盘面中的中线套牢盘，这样就可以减少日后拉升过程中的获利抛压，并且让自己的利润最大化。在洗盘阶段，总的来说，主力为买方，散户为卖方，筹码从散户转换到主力手里。虽然洗盘不可能把所有的跟风者清理出局，但可以大大地减少前期的跟风盘。实际上，在行情的拉升过程中，主力只允许小部分人跟风，而且跟风资金不能过大，以避免主力在拉升途中，跟风资金出货，增加主力的拉抬成本。如果跟风资金过大被主力发觉，主力就会使用各种手段将其驱逐出局。主力洗盘的目的就是要把低位跟风盘清理出局，让新资金在较高价位上进场接力，通过换手，抬高投资者的持股成本，使投资者的成本比自己高，以减轻拉升过程中的抛压。在洗盘过程中，操盘手通常会使用各种手段对技术图形进行破坏，如大幅震荡，放量下跌挖坑，急速冲高回落，以及在卖档大单压盘诱空等，来达到洗盘的目的。

在主力洗盘末期，成交量往往出现大幅度萎缩迹象，即抛盘越来越少，表明持股者心态稳定，浮筹大多已清除，主力的洗盘任务已经完成。如果主力继续砸盘已经失去意义，同时还有丢失筹码的风险，这时，主力往往会用一定的资金在关键价位上直接入市买进，拉高股价进行护盘。一般来说，当股价向上突破洗盘整理区域，才表明洗盘工作已完成，即将展开新的走势（进入拉升阶段）。

2. 拉升阶段

洗盘结束后，是否马上能进入拉升阶段最终还需要个股、板块概念题材和大盘走势的配合。如果各方面条件都已经成熟，股价将进入启动拉升阶段。在拉抬股价的初期，市场主力会采取放量对倒的手段，在技术面上形成价涨量增的走势，吸引散户介入。因此，拉升阶段初期的典型特征是成交量稳步放大，股价稳步攀升，均线系统开始转好，逐渐形成多头排列并向上发散的迹象。主力在拉抬过程中的急与缓，时间的长与短，涨幅的大与小等，主要由主力自身的持仓量、控盘程度、大盘行情、跟随者人气以及主力的操作风格和操作思路所决定。

拉升阶段在形态上形成涨势行情，这是主力产生利润空间的阶段，但拉升行情需要靠散户的跟风完成。在此过程中，主力利用筹码优势和控盘能力，将主要筹码锁定在底部吸筹区域不动，而用一小部分筹码和资金，根据市场实际情况调控拉升节奏，不断地制造市场乐观气氛，诱惑散户进行跟风，将股价朝着预计目标推进。对于散户而言，当洗盘结束后，在后市的拉升过程中，看到有利可图，他们便在"羊群效应"的作用下，纷纷进场追涨买进，在主力的"抬轿计划"中帮助主力完成拉升工作。概括来说，在拉升阶段，筹码分布如下：下方锁定的主力筹码基本上不变，而大量的散户筹码在高价位不断追涨进入，形成筹码峰上移的现象。

3. 派发（出货）阶段

当主力持有的股票达到一定的目标价位后，主力就会在合适的时机果断地出货，这就是主力出货阶段。这时股价实际上已经处于高位，主力已经有了很大的获利空间，但市场人气空前旺盛，股民仍然沉浸在牛市的诱惑中，继续跟风追涨，而主力则顺势悄悄地派发筹码。在派发阶段，主力常常会通过各种渠道来散发出各种"利好"消息，通过虚假的强势拉升动作以及横盘调整，引诱场外的散户投资者进场接货，不断与散户交换筹码，达到高价转换筹码套现获利的目的。而很多散户还没有意识到其中的风险，仍然盲目杀入，承接主力的高价盘。从筹码分布上来看，主力在底部的锁定筹码慢慢消失，移向高位，形成筹码高位集中。随着主力出货工作的完成，一轮下跌行情也将随之降临。

一般来说，在到达主力预计的顶部目标价之下20%的价位时，主力开始边拉升边出货，由此形成高位震荡横盘，或者利用除权使股价绝对值下降，再拉高或横盘出货。此时，技术面上的利好信息不断，市场气氛异常活跃，个股交易达到鼎盛，单日涨幅和成交量不断创出前所未有的新高度，但是，股价往往呈现背离走势，代表个股已经进入了最好一波的冲刺，其行情也就快要结束了。因为买盘的后续资金一旦用完，抛压就会倾泻而下。

根据上面的讨论，我们可以看到洗盘与出货的明显区别：①洗盘是通过制造市场恐慌情绪，尽量把态度不坚定的跟风盘清除出去，而出货是要稳定股民的信心，尽量吸引买盘，在尽量高的价位上派发尽量多的股票。②洗盘通常出现在低中价区，而出货通常出现在主力预期的高价区。③洗盘时，主力因为手中筹码较多，对于价格的打压需要进行一定把控，并不会让股价跌破关键支撑价位，所以价位一般都在关键支撑价位（支撑线）之上。而主力出货需要把手中大量的股票抛售，变现才是他们的目的，所以不存在对关键支撑价位或者关键支撑线的守护。④洗盘末期必然缩量（下跌），而出货开始必然放量（下跌）。

三、股市中的诱多及诱空操作

我们国家的股市实行涨、跌停板和 T＋1 制度，而涨停或者跌停可以理解为主力行为，因为散户是不可能统一行动去拉涨停或者砸跌停的。下面是主力在涨势的高价区借涨停板进行诱多，或者在跌势的低价区借跌停板进行诱空的两种典型反向操作手段。

1. 诱多操作

主力以出货为目的的诱多操作一般出现在上涨行情的高价区。例如，主力先在涨停价位挂出巨量买单（即高挂买单），营造后市还会大涨的假象。因为买盘高出市场价很多并且量大又集中，而抛盘有限，造成持股人更加惜售，散户追涨更加疯狂，结果股价少量成交后大涨，甚至收涨停。在这种情况下，原先想抛出获利了结的持股人会更加看好后市而惜售，而有些投资者则以涨停价追买。此时主力撤走买单，在该涨停价处挂出卖单，逐渐出货。当买盘快被消化掉时，主力又在之前的价位上挂出新的买单，作出护盘的假象以进一步诱多。当散户又追入时，主力再次撤掉买单再挂出卖单。如此反复操作，以达到高挂买单虚张声势诱多，在不知不觉中悄悄在高位完成出货任务。

2. 诱空操作

在下跌行情低价区的诱空手法与诱多相类似，但主力的目的是吸筹建仓。主力先在跌停价位挂出巨量卖单，恐吓持股人，营造后市还会大跌的假象。于是，在恐慌气氛下，持股人纷纷"割肉"抛盘出逃。这时，主力就悄悄撤除原先的卖单，然后逐渐挂出低价买单，开始吸纳抛盘。当抛盘吸纳将尽时，主力又在跌停板价位处挂出巨量卖单，再次诱空并吸筹，如此反复。所以在诱空操作中，主力在低于市场价很多的价位上挂出巨额卖单为虚，低价吸筹为实。

显而易见，在诱多（诱空）操作中，主力充分利用了涨势涨停板（跌势跌停板）中买卖盘之间的悬殊差别，造成巨量买单（卖单）挂而不交的事实，成为营造市场热烈气氛、达到顺利出货（吸筹）的目的。其基本特征可以概括为以下几点：①价格处于涨势的高档区或者跌势的低档区；②出现巨量大单频繁地挂出然后撤回的现象；③成交量很大；④涨停板或者跌停板经常被打开。此时，我们就要警惕行情转势的到来。

在股市，还有很多人使用换手率分析行情发展。换手率是当天成交的股票数量与全部流通股的数量的比值。显而易见，成交量越大，换手率越高，两者是正比关系，因此，换手率在某种意义上也代表了成交量的大小。但是，换手率还描述了在一定时间内市场中股票转手买卖的频率，代表了个股交易的活跃程度。有兴趣的读者可以去阅读有关换手率的专业书籍，这里不再介绍。

必须指出的是，不管是量价分析还是筹码分析都有其局限性。例如，在股市，量和价通常是指日成交量和收盘价，在具体分析时，不但要结合当前，更要结合前一段时间来考察。而筹码分析只是从筹码的转换来分析市场的多空转换，从筹码的角度对股价变化进行逻辑推理。在实际操盘中，只有将量价和筹码分析与直接反应股价变化的 K 线以及均线趋势分析等结合在一起，并且结合基本面分析，才可以更加全面地了解股价变化的全貌以及长中短线局势，从而迅速地对市场变化作出反应，发现市场中存在的有利交易机会。

第五节

尾盘分析的重要性

众所周知，K 线的开盘价、最高价、最低价和收盘价代表一天价格波动中的四个极端：时间的两个极端（开盘价和收盘价）与价格的两个极端（最高价和最低价）。在这四个价格中，开盘是序幕，盘中是过程，收盘才是定论，因此，收盘价是最重要的。其重要性表现在以下三点：①收盘价是多空双方经过一天交战后的最后结果，是双方都接受的价格，它的本质意义在于对第二天市场走势的指向，此影响在一定程度上对于短线操作具有很好的指导作用。②收盘价是决定当天多空胜负和盈亏的基准。③收盘价距离明天最近。

所谓的尾盘也即盘尾，一般指的是收市前最后半小时的盘中状况，相当于围棋中的"收官"阶段，表示到了最后阶段，已接近结束（即收盘或收市）。在围棋收官阶段，争夺范围虽已趋狭，但每着所得路数多寡，明显有别，如缓急先后次序失当，可致胜败逆转，其重要性不言而喻。在金融市场，半小时的尾盘阶段也十分重要，其时间范围虽短，却是多空双方一日拼斗的总结。尾盘往往是全天交易最集中也是多空较量最激烈的一段时间，会直接影响次日盘面的走势，对次日开盘有一定的指示作用。故收盘指数和收盘价历来为市场人士所重视。

一、识别盘中假突破现象

假突破是金融市场最常见的骗线现象，它是利用虚假的蜡烛线或短期形态造假，其自身所反映的信号与后市走向完全相反，是主力的一贯伎俩。例如，在上升之前，先通过一个向下的短暂破位假象，引起恐慌性抛盘；或者在下跌之前，先用一个向上的短暂突破假象，引发追涨，其盘中或短线反映的信号与后市走向完全相反，这是兵不厌诈的兵家之道。

假突破现象容易迷惑人是有它的原因的。以向上假突破为例，当K线突破前期重要阻力价位后，价格往往出现直线式拉升，在短线上呈现猛烈强劲的势头。一般来讲，突破代表新的上升空间已经被打开，往往是未来还有上涨空间的表现。例如，当价格突破了三角形、旗形、箱形等盘整区域时，未来通常会出现一定的升幅。因此，激进型交易者一般会在突破后马上进场追涨，而稳健性投资者会在突破后回踩支撑线时杀入。但实际情况是，真突破（有效突破）与假突破（无效突破）都有可能发生。其中，真突破指的是突破以后，能够延续突破时的走势，价格进一步上扬，并展开新一轮上涨行情；而假突破指的是突破以后，并没有延续突破时的走势，原本以为突破后的短暂回踩动作，却没料到回踩过于猛烈，市场走势反而逆转下行，形成假突破，令短线买入者全部被套。

1. 假突破K线

就骗线而言，单根的虚假蜡烛线占大多数。图7-16列出了常见的盘中假突破K线，下面我们来简单分析一下它们的技术意义。

图7-16（a）、图7-16（b）、图7-16（c）：空头强势失败线。空头在盘中一度收出大阴线，呈现强劲下跌势头，但是却不能一直保持盘中的优势

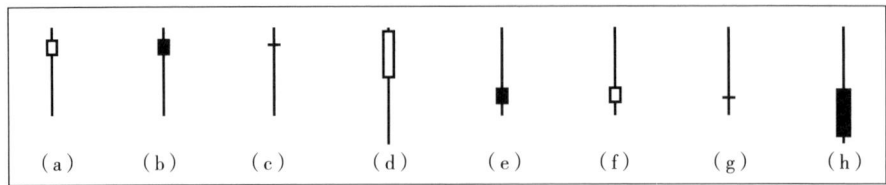

图 7 - 16　常见的盘中假突破 K 线形态

力量。多头随后一扫之前的颓势，开始走强，逐渐收复之前的"失地"，使得空头的跌势得到遏制，最后收出带有长长下影线的小实体。其中，小实体代表股价并未取得实质性进展，多空力量势均力敌，暂时不分胜负，因此，未来走势并不确定。但是，这里带有长长下影线的小实体 K 线有稍微的看涨意味，如果收出长下影小阳线其看涨意味更浓。

这三种 K 线的欺骗性都很强。如果出现在下跌过程中，当市场在盘中呈现出强劲猛烈的下跌势头，并且空头一举突破下方的重要支撑价位或支撑线时，在即时（实时）图形中呈现的大阴线突破穿越形态很容易给投资者造成一种错觉，让人误以为新一轮下跌行情即将开始，从而成为诱空骗线行为，引诱没有经验的散户跟风杀跌；如果出现在上涨过程中，盘中一度收出的大阴线会让人以为市场走势发生了逆转，然而空头却不能一直保持盘中的优势，最后多头成功地阻止了局势的逆转。但后市如何发展，需要结合市场整体局势与后市走势发展来具体分析。例如，在下跌行情的阶段性底部出现空头先强后弱现象，通常说明空头力量的衰竭，其下跌动能匮乏，因此，多头力量的崛起将扭转市场走势，推动后市上扬。但是，如果在涨势高位出现，有可能是空头的试盘动作，如测试市场的反应、空头的力量以及多头在下方的支撑力度等。在这种情况下，投资者就要保持高度警惕，预防后市出现变数。

图 7 - 16（d）：由空转多的假突破强势线。与上面的讨论一样，长长的下影线代表空头在盘中先强后弱，而随后的大阳实体则代表多头先弱后强，最后彻底逆转局势，呈现猛烈的上涨势头。如果出现在下跌过程中，当市场在盘中呈现猛烈的下跌势头，并且空头一举突破下方的重要支撑价位或支撑线时，即时图形中将呈现跌势迅猛的大阴线突破形态，投资者很容易受到迷惑，误以为新一轮的跌势行情已经开始，于是，很多激进型投资者唯恐错失交易时机，争先恐后跟风杀跌。不料随后，市场走势突然逆转向上，呈现出强劲的上涨势头，多头不仅一举收复了原先的"失地"，并且一路推进，最后收出大阳线。它表明了空头力量的彻底溃败，彰显了多头力量的绝对优势。如果出现在上涨过程中，盘中一度呈现的大阴线突破形态往往让人觉得局势

已经完全逆转，跌势已经开始，引诱投资者跟进做空。而事实是，市场走势很快转向，多头力量重新雄起，不仅彻底击败空头的凌厉攻势，而且不断推进价格上扬，表明多头已经重新占据绝对优势，最后收出大阳线。总的来说，这是一种相当可靠的单 K 线反转形态，后市还会继续看涨。

图 7 - 16（e）、图 7 - 16（f）、图 7 - 16（g）为多头强势失败线，图 7 - 16（h）为由多转空的假突破强势线，道理是一样的，读者可以依此类推，这里不再赘述。值得注意的是，在上面这八种 K 线中，图 7 - 16（d）和图 7 - 16（h）两种 K 线虽然并不常见，但一旦出现，它们的技术意义就十分明确。其中，图 7 - 16（d）代表从盘中的空头强势逆转到随后的多头强势，而图 7 - 16（h）则与此相反，从盘中的多头强势逆转到随后的空头强势。它们本身就是多空力度极强、反转极快的单 K 线反转形态，令人防不胜防，因而极具杀伤力。

2. 真假突破的特点与意义

从技术面上来讲，突破指的是价格（如股价或者大盘指数）在波动中，打破了前一段时间内形成的支撑或者阻力区，而这个支撑或者阻力区可以理解为前期的密集成交区或者筹码堆积区。一般来说，突破能否成功主要与以下三个因素有关：①支撑或者阻力情况。在前期密集成交区形成的支撑或者阻力有大小与强弱之分，它们与时间周期、持续时间范围、交易活跃程度（筹码堆积程度）都有着密切的关系。一般来说，K 线周期越长，密集成交区的持续时间越长，交易越活跃，堆积的筹码越多，那么，支撑或者阻力作用就越强。②当前宏观经济形势与市场形势等多种因素的影响。具体来说，主要包括以下两个方面的内容：一是市场中长期发展趋势，二是市场目前是否具备发动新一轮行情的条件。例如，如果上档阻力区的抛盘多，打压力度大，那么抛压是否已经得到充分的消化。③主力状态和操作意图。市场主力往往拥有真假突破的最后决定权，这是根据宏观经济和市场形势以及主力自身状态制定的最优决策，以获取最大利润为根本目的，同时具有较低的操作风险。

（1）真突破。真突破的形成，主要是因为市场目前已经具备发动新一轮行情的条件，主力完全掌握了市场的主动权。例如，在股市，上档筹码抛压已经得到充分的消化，主力完全控盘。在这种情况下，主力完全有能力带动市场，大幅快速地拉升股价，形成真突破。

（2）假突破。市场是否已经具备发动新一轮行情的条件其实并不是决定真假突破的关键。简单来说，如果市场目前已经具备发动新一轮行情的条件，既有可能是真突破，也有可能先发生假突破，随后再真突破，这是典型的欲擒故纵之术，其本质是蓄势待发，以使进攻效果最大化的策略。但是，如果市场目前还没有具备发动新一轮行情的条件，那么，就必定是假突破。由此可见，调整好的市场是真突破的必要条件。

二、识别尾盘骗线操作

在股市主力的操作手法中，尾盘成交价格是主力常用的一种做盘操作技巧。例如，主力机构通常都在尾盘或者周线、月线、年线收盘前对持仓个股或者大盘进行尾盘控制，制造多头或空头陷阱。一般来说，主力的尾盘战术可以分为尾盘急拉与尾盘急打（急跌）两种，它们都属于主力影响股价的经典手法。实际上，尾盘操盘技巧在不同的环境中被不同主力所利用，他们的真实意图不尽相同，投资者在实战中应依据不同环境进行综合分析和判断。

1. 尾盘急拉

如果全天走势和成交量运行都比较平稳，但主力在尾盘最后半小时内用大单放量拉高股价，做高收盘价，用大阳线虚造假行情，这种情况代表有大资金在操作，通常有以下两个特点：一是主力连续地大单扫盘；二是股价一般没有回调，股价在分时走势图上呈现快速直线式拉升，代表多头一气呵成的凌厉攻势。尾盘急拉的主力意图分别如下。

（1）在涨势的阶段性高位或高位整理形态中出现尾盘急拉，是一个危险的信号，说明股票其实已进入派发阶段，主力在盘中减仓之后，尾市再将股价拉高，给投资者制造一种放量突破的错觉。股价一般会在次日跳空高开，目的是引诱散户跟进接盘，掩盖主力拉高出货的真实意图。这种尾盘拉高的主要目的有两个：一是避免走势图出现恶化，为第二天出货做 K 线图形；二是将股价推高，为次日继续派发留出空间。因此，主力的真正意图是拉高出货。散户有以下两种识别方法：①看有无大成交量配合。如果尾盘股价呈现直线式拉升，并且当天成交量过大，说明尾盘拉高股价为"诱多"陷阱，代表主力拉高出货。②看有无利空消息配合。结合大成交量、利空消息，可初步确认为空头行情，可考虑适当卖出股票。

（2）如果大市和个股都处于低位，出现尾盘急拉现象，通常说明主力掌握的筹码不足，尾盘拉升的目的是收集筹码。这是因为尾盘时间短，抛压小，主力买入的筹码有限，股价拉升容易，因此，一般主力不选择在盘中拉升而采用尾盘偷袭方式，既达到拉高股价的目的，又可以节省拉升成本和护盘资金，是一种较好的操盘技巧。而且跌势中的尾盘拉高更容易引发短线获利盘与解套盘抛售，有利于筹码吸纳。次日甚至此后数日，下跌概率极大。但是，如果在个股的低位出现尾盘急拉现象，并且当天出现价涨量增的量价关系，则表明主力吸筹建仓比较充分，建仓已经完毕，主力准备拉升，股价开始启动。当主力建仓完毕之后，为了避免跟风盘买进，主力常常会选择在尾盘突然拉升股价，次日开盘继续迅速拉升，甚至到涨停，不给短线交易者参与机会，短期内行情会继续走高。另外一种情况出现在行情的后期，股价在尾盘不是直线式拉升，而是震荡放量上涨，全天成交量也明显比先前放大，从K线图上看是价涨量增的形态。一般来说，这是主力实力较弱、力量不强、手上资金不充足的表现。这种尾盘的震荡拉高其实是一种对敲，其目的还是吸引跟风盘入场，以降低主力拉升成本，同时为以后的出货加大空间。这种走势出现后股价往往还能走高，但持续时间不会很长。

2. 尾盘急跌

全天走势和成交量运行平稳，但是股价在尾盘半小时内却出现了快速下跌的情况，或者全天成交比较活跃，趋势向上，却在尾盘出现了急剧打压的行为。股价以砸盘的方式向下回落，短时间内呈现凌厉下跌态势，代表有大资金的操纵。其表现形式为：一是大单小单一起对着接盘砸，直到下方没有接盘才稍有停顿；二是在技术形态上，K线破位向下。尾盘急跌的主力意图分别如下。

（1）如果出现在一个跌势的阶段性低位或低位整理形态中，实际上，价格继续大幅度下跌的空间已经很小，尾盘放量下跌属于主力经典的诱空行为，说明多方有意打压股价以获取更多的低价筹码，一般属于拉升之前的洗盘。具体来说，可以分为以下几种情况：①尾盘时故意打压股价，次日跳空低开，达到压价吸筹的目的。②当主力完成吸筹，达到很高控盘度之后，买单微小的动作都能够让股价快速上涨，为了防止市场识别出拉升之前的迹象，主力会利用尾盘的动作把股价打低，做出大阴线或者长上影线，制造盘面恐慌，使得持有该股的股民忐忑不安，以为该股主力在出货了（因为是放量下跌），急急忙忙在第二天割肉出局，同时还起到阻吓散户进场的目的。此外，因为在尾盘买单较少，主力打压不会消耗太多的筹码。③主力在第一天尾盘用很少的筹码把股价打压到一个更低价位，第二天再高开涨停，显示自身实力，引起投资者注意，但大大地降低了主力吸取涨停筹码的成本。此外，尾盘急跌还成为市场主力在股价拉升之前一种不公平的利益输送手段。例如，市场主力利用他们的绝对控盘能力和地位，预先让合谋人在很低的价位上挂买单，然后采取尾盘急打的手段，把价格一笔砸到合谋人的买单位置，实现利益输送。

但是，如果在下跌过程中出现尾盘价跌量缩现象，表示买入力量保持谨慎，没有太多的承接抛盘的意愿，尾盘的卖压往往会转移至下个交易日的开盘，从而影响开盘结果，容易以低开的方式开盘，继续延续下跌走势。而在下跌过程中若尾盘放巨量下跌，一般为恐慌性抛盘出逃，是大盘将跳空而下的讯号。

（2）如果在涨势的阶段性高位或高位整理形态中，突然出现尾盘急跌，可以断定多空势力已经分出高下，空方占据绝对优势，股价将转入下跌趋势，而尾盘急跌一般是疯狂出货的表现。

有时在上涨过程中，也会出现尾盘急跌现象（即杀尾盘），如果该股技术面没走坏，且基本面又没有发生大的变化，那么，这种情况下的杀尾盘可能就是一种假杀，是主力诱空的行为，用来清除坐轿子的散户，后市继续看涨。

这里需要指出的是，并非所有的尾盘拉升或者回落都有实际意义。例如，一般来讲，尾盘有小幅拉升或小幅回落，都属于修正尾盘，并无太多实际意义。

3. 周一效应与周五效应

（1）周一效应（星期一效应）。星期一是一周的开端，其走势往往对一周都有影响（即周一影响一周效应）。例如，周一收盘股指、股价收阳线还是阴线，对全周交易影响较大。因为多（空）方首战告捷，往往会乘胜追击，连接数根阳线（阴线）。投资者在研判时不仅要把握市场主力的短期动向，而且还要关注大盘和个股的走势关系以及个股的发展状况。

此外，周末股票市场休市，在两天休市的时间里，宏观经济指标的变化影响着股票市场的整体收益，上市公司也趋向于在周末发布重大的信息。如果有负面消息出现，很多投资者因为对自己的收益期望感到过度担心，往往会在周末期间产生严重的焦虑情绪和恐惧心理，在下周股市行情不确定的情况下，很多股民会选择在星期一卖出所有的股票。因此，星期一效应反应投资者过分关注与夸大消息面对股价的影响，造成星期一价格波动强烈的现象。

（2）周五效应（星期五效应）。星期五收盘股指、股价也很重要，其分析价值明显高于其他四个交易日，值得投资者多加关注。这是因为周五的市场表现不仅决定了周K线的收盘情况，即反应了当周的多空胜负，更是不少市场主力展示实力和做盘意图，甚至实施骗线操作的黄金时间（类似于尾盘骗线）。

在股市，周五还会出现一种现象，即有些投资者倾向于在周五根据市场传言或者其他信息来预测周末两天消息面会发生什么变化，从而提前做出买入或卖出股票的举动。由于这个原因，在周五收盘之前股价可能会出现比较大的上涨（预期好）或下跌（预期不好）。

此外，还有些投资者有逢周五减仓、离场观望的操作习惯。这是因为投资者担心周六、周日两天消息面的不确定性可能会带来市场风险，特别是当市场处于关键技术点位或弱市行情时，尤为担忧。于是，部分投资者在周五减仓操作，多数个股在这种群体跟风效应的作用下会走出相对疲弱的走势。

三、尾盘重要性与散户策略

1. 尾盘重要性

概括来说，尾盘的重要性主要有以下几个原因。

（1）尾盘是多空双方一日拼斗的总结，尾盘时间虽短，却是决定收盘价的关键时段，又处于承前启后的特殊位置，多空双方都会对收盘股指、股价进行激烈的争夺。尾盘状况和收盘价会直接影响次日盘面走势，对次日开盘也有直接的指示作用。

（2）在尾盘阶段，市场通常会对政策面和消息面特别敏感。例如，如果在收市后或次日有重大数据或消息公布，通常因为有些机构或者消息灵通人士在尾盘的大量买进或抛售行动，而造成尾盘股价出现大幅波动，往往暴露出大势走向和个股行情。

（3）尾盘战术是主力常用的一种操作手段，主力在尾盘人为地造假或造势，既能达到技术上的骗线目的，又能节省成本，是主力进行造势或者骗线操作的最佳时间段。例如，在股市，当主力在低位建仓时，一般会采用尾盘打压的手段，制造生产恐慌，使得短线 K 线形态看起来不宜买进；而在高位时，主力又常常采用尾盘拉升的手法，制造生产繁荣气氛，诱导散户买进，帮助自己出货。

（4）尾盘分析在实际操作中的地位非常重要。尾盘分析不仅是识别盘中假突破等骗线的有效途径，可以提高对 K 线的分析准确性，减少对市场未来走势的误判，而且通过对尾市不同情况的分析与研判，可以帮助投资者及时发现主力的动向，规避市场风险。

2. 散户尾盘策略

（1）尾盘交易。尾盘是非常好的入场和出场时段，尾盘交易既能帮助投资者识破主力在盘中的假突破等骗线行为，也能规避大盘的系统性风险，如有效地预防大盘暴跌产生的巨大风险。此外，尾盘交易可以给投资者更多的时间思考，避免盘中盲目的追涨杀跌。

（2）当尾盘突然出现急拉或者急跌的现象，一般都是主力所为，散户一定予以充分的重视，弄清主力意图，谨慎行事，避免上当受骗。例如，一般而言，尾盘急拉始终不是进场的好机会，不管后市能否拉升，在尾盘急拉中入场的成本太高。

3. 尾盘分析的局限性

虽然尾盘是决定全天多空胜负以及收盘价的关键时段，但投资者需要注意的是，仅仅根据尾盘情况作出决策是有局限性的，主要原因有以下几点：①影响尾盘盘面变化的因素很多，如大盘形势和板块效应，个股行情发展状况，各个主力的不同情况。此外，是否有政策面、消息面等的影响也无法确定，盲目跟风容易出错，从而造成亏损。②尾盘毕竟只是全天股市走势的一小部分，过于看重尾盘技巧容易使人目光短浅，常常为蝇头小利而搏杀。实际上，如何把握尾盘看盘技巧是一门较深的学问，当出现尾盘急拉或急跌现象时，为了识别主力意图，一定要和全天盘中走势和个股发展情况结合起来，有时还需要结合大盘走势和板块效应等综合分析研判，避免盲目行动。

四、尾盘分析案例

图7–17是汇市中的一个实例。从图7–17（a）我们可以看到市场正处于下跌通道中，价格在反弹中接近上方的阻力线，因为受到上方卖盘的打压，K线1在盘中强势逆转下跌，一度跌出了大阴线的形态，与前一线形成看跌吞没形态。从形态上来看，这是强烈且明确的短期走势反转信号，貌似市场在原来的阻力线附近再次承受打压作用，终结反弹，空方重新占据力量上的绝对优势，后市看跌。在这种情况下，有些激进的交易人便会迫不及待地在盘中跟风杀跌，唯恐错过了"大好的"做空机会。但实际情况是，他们预期的下跌行情并未出现，当天收出了带长下影线的小阴线。这就表明下方有很多的承接盘，虽然多头没有逆袭走势，然而却成功地阻止了跌势的继续。此后连续3天，空头盘中的攻势都被多头成功化解，最后收出一系列小实体线。从多空双方的激烈较量情况可以看出，多头下方支撑十分坚实，而空头下跌动力明显不足。接下来，在图7–17（b）中我们可以看见，随着一根大阳线的强势拉升，空头颓势毕露，显示多头重新占据力量上的绝对优势和市场主导地位，市场由此进入上涨行情。

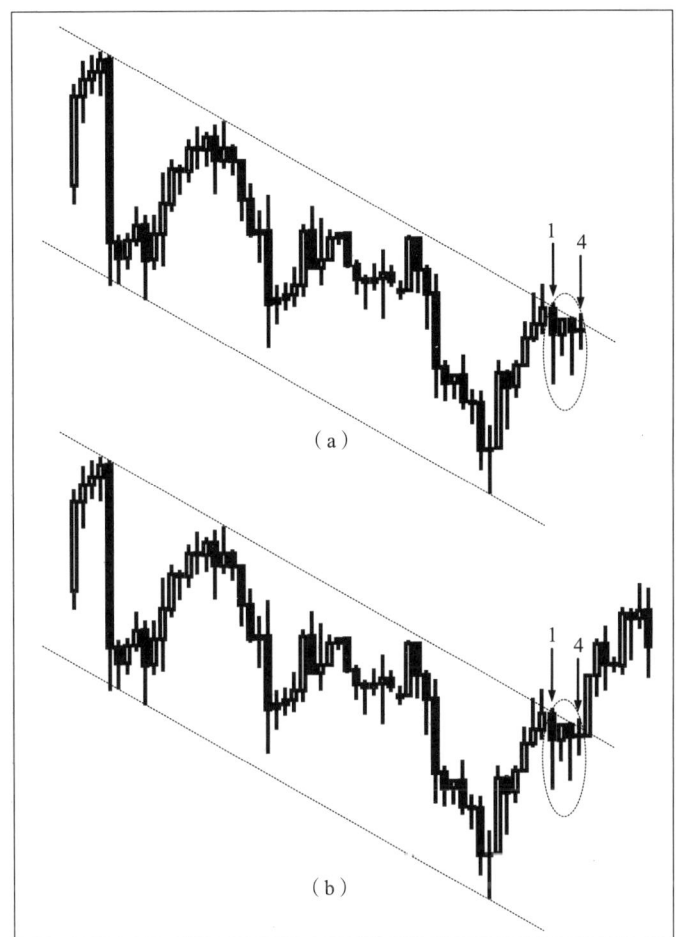

图 7 – 17　尾盘分析案例

五、"仙人指路"形态

"仙人指路"通常指股市中 K 线的一种特殊形态（见图 7 – 18），但在汇市、期市等其他市场里都会出现，道理相同。

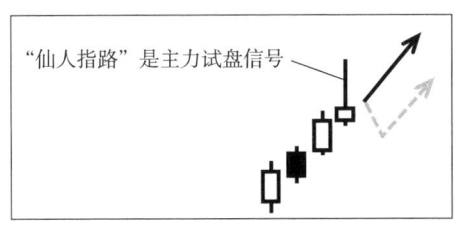

图 7 – 18　"仙人指路" K 线形态

1. "仙人指路"的定义

（1）出现位置："仙人指路"出现在大调整阶段的中期底部、拉升阶段初期或者拉升波段中期。

（2）运动情况：当天价格在盘中高开高走放量上冲，看似多头力量很强，但价格冲高之后，却突然受到上方抛盘打压，使得价格冲高回落，最终收出一根带长上影线的小阳或小阴线。

（3）形态特征：价格当天的振幅在7%以上，上影线振幅大约在5%以上，而K线实体的涨跌幅在2%左右，换手率在5%以内，全天量比1倍以上（即当日量能要有所放大）。此外，收小阳要比收小阴好，上影线必须是盘中放量上涨收出的。

（4）技术意义："仙人指路"指的是主力在拉升价格之前，先打出一个长长的上影线，看似空头力量很强，实则是主力震仓行为。其后不久行情仍将沿着这个上影线的方向运行，后市的涨势较为凶猛。一般而言，低位的"仙人指路"要比高位的"仙人指路"更可靠。

这里需要强调指出的是，并不是所有带长上影线的小阳（阴）线都叫"仙人指路"。例如，在下跌通道中或者下跌阶段的反弹行情中出现，就不属于"仙人指路"；当天量比达到5倍以上，换手率达到10%以上，放巨量的，不属于"仙人指路"；当天收盘价跌至昨日收盘价之下，跌幅达到5%以上，也不属于"仙人指路"。

2. "仙人指路"的三种情况

概括来说，"仙人指路"在下面三种情况下出现，它们具有明确的技术意义。

（1）出现在阶段性底部中期。这是主力向上展开攻击性试盘的动作，试盘的主要目的有：测试是否有其他主力潜伏，测试上档阻力，测试跟风盘，测试散户的反应，测试下方承接盘和支撑位。同时发出进一步加大建仓力度的操盘信号指令。此时出现的"仙人指路"通常是主力在盘中打压建仓的典型操盘手法。

（2）出现在拉升阶段的初期。主力通过先拉升后打压的操作手段，向上展开攻击性的试盘动作，目的是测试盘面筹码的稳定度和上档阻力。例如，在重要的阻力位收出长上影线，看似突破受阻，其实是主力突破前的一种蓄势和洗盘动作，在继续拉升的前夕，进一步清除不稳定的浮筹，为后市的正式拉升做最后的准备。因此，此时出现的"仙人指路"通常标志着拉升序幕即将正式开始，也是主力日内洗盘的典型操作手法。

（3）出现在拉升波段的中期。在连续阳线拉升之后，突然收出一根放量的带长上影线的小实体线，看似上涨动力衰减，甚至有人还以为是涨势行情到了末期出现的看跌"流星线"，其实是主力在盘中拉高洗盘的重要操盘手法，属于极强势的震仓洗盘整理形态，以提高散户跟进追涨的短期成本，此后行情仍会沿着这个上影线的方向运行，甚至涨势更为猛烈，涨幅更大。

"仙人指路"和出现在顶部的"流星线"以及底部的"倒锤子线"具有相同的 K 线线型，但出现的位置不同，量能也不同，因此意义完全不同。例如，顶部的"流星线"出现在拉升后期，当日成交量放出天量，不具备"仙人指路"的特征，是顶部的反转信号。而底部的"倒锤子线"一般出现在下跌趋势的底部，并且全天成交量放巨量，它往往代表不同的主力操作手法：当某只股票有潜在的利好，或者主力在大盘好转后有意炒作某个股时，此时用一般方法建仓时间较慢，于是主力会采用拉高股价，然后顺势下滑，佯装拉高出货的态势，引诱散户抛出手中的筹码。此时有多少抛盘，主力就会买入多少，在形态上收出巨量小阳线甚至小阴线。一般而言，放量下跌通常代表有主力资金砸盘，而当股票在盘中放巨量从高处直线式下跌时，很容易制造恐慌情绪，但实际上股价并没有出现深幅回档，此后通常会出现进一步的上升行情。

3. "仙人指路"的成功条件

总的来说，"仙人指路"的安全性和可操作性较其他 K 线形态强，但在有些情况下，貌似的"仙人指路"之后也会出现真正的回调或转势，由此产生误判，造成交易的方向性错误，这一点务必注意！

概括来说，"仙人指路"的成功条件有以下几点：

（1）对于个股而言，强势股是基本条件。

（2）从形态上看，在股价的上升通道是必要条件。

（3）一般来说，"仙人指路"出现后，在后面一天必须出现高开高走，或低开高走，绝不能出现高开低走的现象，这是决定主力是否开始继续上攻的重要标志，也是"仙人指路"能否成功的主要条件。

在股市，"仙人指路"的成功有着深刻的背景，既有大盘趋势和板块效应，也有个股行情发展状况。因此，"仙人指路"的研判，要根据大盘、板块和个股的特点一起来分析，需要严谨的基本面调研以及对政策利好走向比较专业的分析和预判。

4. 仙人指路的运用

在出现"仙人指路"形态之后，按照其在趋势行情中的不同位置，通常有以下两种不同的交易机会，投资者可以根据实际情况，及时跟进。

（1）短线投资。如果"仙人指路"出现在股价拉升行情初期，短线交易者可在尾盘或者次日早盘时果断跟进。但是，对于在重要阻力位出现"仙人指路"的个股，应该等待股价突破阻力位后介入。

（2）中长线投资。如果"仙人指路"出现在股价的阶段性底部中期，中长线交易者可在次日执行建仓计划，而当股价进入拉升初期时，再及时加仓。

正如前面反复强调的那样，坚持交易中的风险意识对于交易生涯的成功至关重要，这就意味着我们在每一次交易中都要考虑万一判断失误时持仓计划中的止损措施。例如，一般来说，"仙人指路"形态之后，股价将会出现连续拉升。但是，如果第二日收阴，在形态上破坏了"仙人指路"的有效性，或者亏损超过预期，就要坚决执行止损计划出场。

在"仙人指路"形态交易中，通常有四种止损位的设置方法：①按照"仙人指路"形态设置，止损价位设在"仙人指路"最低价下方。即如果次日收出阴线，并且形成阶段性顶部的"流星线"反转K线组合，则坚决止损退场。②按照跌幅止损，如将止损价位设在买入价以下3%~5%的跌幅内。③按照阻力价位设置。突破跟进交易的止损位设在这个阻力位的下方。④按照短中期均线设置，如跌破10日、20日均线就止损出局（如果该股之前是沿着10日、20日均线上升的）。

第六节

短线支撑与阻力实例

无论在股市、汇市，还是期市等其他金融交易市场，我们可以很容易发现，在趋势行情的初期阶段，大阳线或者大阴线在短线上常常能够起到有效的支撑或者阻力作用。图7-19为来自汇市的第二个实例，其中，图7-19（a）中的大阳线A和B发挥了有效的支撑作用，而图7-19（b）中的大阴线C和D也起到有效的阻力作用。这种情况很多，其中的道理已经在前面做了阐释，这里不再赘述。

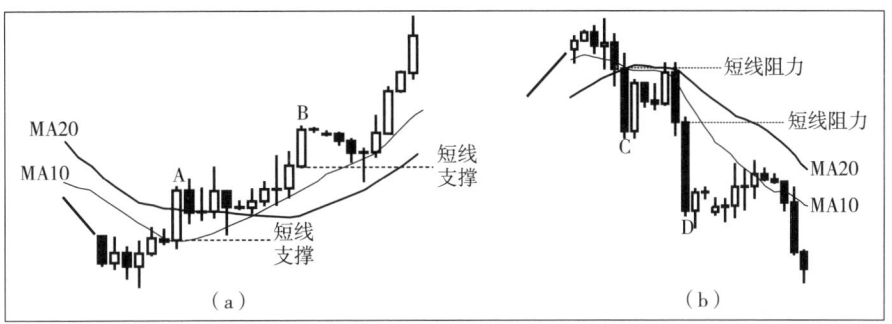

图 7 - 19　上涨（下跌）行情初期的短线支撑（阻力）价位

第八章　强势的可持续性发展研究

　　本章将在第六章和第七章的基础上，首先对强势形态进行总结，归纳为两种基本形态，即短线性质的强势K线形态（大阳线或者大阴线）以及中长期性质的强势均线系统形态（多头排列或者空头排列）。其次将强势的技术意义和重要性归结为以下六点：①价格运动状态的相对确定性；②价格运动的概率优势方向；③多空一方在力量对比上的绝对优势；④较大的惯性特质和较强的抵抗力，前者意味着较强的可持续性发展能力，后者代表较强的支撑或阻力作用；⑤主力大资金动向；⑥大行情机会。

　　在实际操作中，交易的目的只有一个——盈利！任何分析与交易方法也围绕着这一目的展开。而持久稳定的盈利条件建立在概率论的赢率规则基础之上，其中一个行之有效的方法就是在大行情中交易，以提高盈亏比期望值为主要手段，这正是我们强调强势交易的主要原因。虽然强势形态的出现显示了主力资金的踪迹，但是，骗线行为的存在以及市场的不确定性则大大地增加了技术分析与预测的难度，强势之后不一定就是大行情，短线的竞争优势并不能成为未来的必然趋势，因此强势的可持续性仍然是一个亟待解决的问题。而要做到这一点，不仅要关注强势的发生，而且还要结合行情发展的规律性以及市场整体局势，来分析强势的性质和强势出现的意义，从中洞察主力意图。只有这样才能辨别"真伪"，在根本上解决强势形态的实操性问题，即它在未来的可持续发展与大行情机会。

第一节

强势形态归纳

　　在经典物理学里，动能和动量概念的引入使得物质势强弱程度的定量分析成为可能，它们通过动量定律和动能定律描述了物体因为运动所具有的一种能力。具体来说，表现在两个方面：一是支撑与阻力作用；二是可持续性发展能力。一般来说，质量越大，速度越快，物质势就越强，其支撑与阻力作用就越显著，可持续性发展能力就越强，所以乘势宜乘强势！

在第六章对于价格势讨论的基础上，我们首先来总结和归纳强势 K 线和均线的表现形式和技术意义。

一、短期强势 K 线

1. 单根强势 K 线

大阳线和大阴线都是典型的单根强势 K 线形态，通常代表了价格变化中的短期强势信号。例如，大阳线（大阴线）的实体涨（跌）幅在 6% 以上，代表价格在该时间段内朝着一个方向移动的速度很快，其运动状态具有相对确定性和概率优势方向。例如，在中国股市的 A 股中，大阳线代表多空力量对比在 80%∶20% 以上（见表 7 - 1），说明多头占据力量对比上的绝对优势，而大阴线代表多空力量对比在 20%∶80% 以上（见表 7 - 1），空头占据绝对优势。

2. 强势 K 线反转与突破形态

短线强势反转形态是十分常见的 K 线组合，它们通常是形成波动底部或者顶部的基本形态，而突破形态大多是以强势 K 线对局部或者阶段性底部（顶部）构成的关键支撑或阻力价位的突破，因此通常具有重要的意义。几种典型的强势 K 线反转以及突破形态将在第九章第六节讨论。

3. 强势 K 线组合形态

强势 K 线组合形态是东方蜡烛图技术中的重要分析内容，是经过市场验证的"定式"，代表了市场普遍认可并接受的观点（即共识）。下面我们来介绍几种常见的强势 K 线组合形态，更多 K 线组合形态内容可以参见史蒂夫·尼森的《蜡烛图技术——古老东方投资术的现代指南》一书。

（1）三法形态。图 8 - 1（a）代表上升三法形态。在价格拉升阶段，市场收出一根大阳线，随后出现短暂回调，回调 K 线一般多为 1~3 根小阴线，偶然也会有小阳线，但最重要的一点是，这些小阴小阳线（实体以及影线）都没有击穿第一根大阳线的最低价，或者即使出现破位现象，其持续的时间也很短暂。随后，又一根大阳线雄起，其收盘价超越了第一根大阳线的收盘价，最好能创出新高，代表回档抛盘已经全部被买盘吸收，短线回调已经结束，后市看涨。

一般认为，在拉升过程中，大阳线之后的几根小阴小阳线回调代表前期涨势中产生了一些短线获利回吐的抛压，但是通过 1～3 线回调，抛压得到消除，并且显示市场在第一根大阳线的开盘价附近得到了强力支撑，后市价格将继续上扬，因此，这属于强势 K 线组合中的连续形态。

图 8-1（b）是下降三法形态，属于下跌行情中的连续形态，道理相同，这里不再赘述。

图 8-1　上升三法与下降三法形态

作为比较，下面介绍另外两种意义截然不同的强势线组合形态。

（2）逆包前三。图 8-2（a）为上升逆包前三连续形态。在上涨行情中，市场在连续收出 3～5 根小阳线（也可以含有一根小阴线或十字线）之后，突然收出一根坚挺的大阴线，收盘价跌至第一根小阳线最低价以下（或者至少跌破其实体的一半以下）。这种形态常被误解为走势反转，其实往往是上涨过程中市场向下快速回吐卖压，属于技术性回档修正现象，通常市场隔天又会重拾涨势。

图 8-2（b）则为下降逆包前三的连续形态，道理一样，读者可以依次类推。

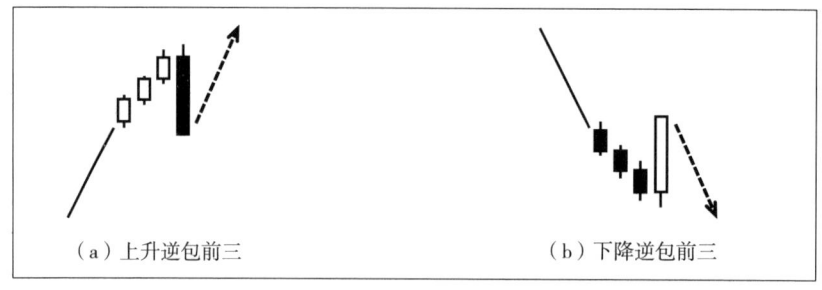

图 8-2　上升逆包前三与下降逆包前三连续形态

（3）大阳前阻线反转形态。如图 8-3（a）所示，在连续上涨行情中，突然出现两三根下跌小阴线，随后一根大阳线蹿起。如果大阳线未能收破前波高点之上，则后市可能会反转而下。

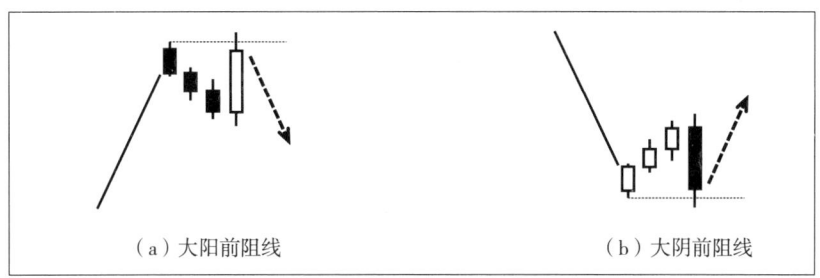

（a）大阳前阻线　　　　　　　　　　（b）大阴前阻线

图 8 - 3　大阳前阻线与大阴前阻线反转形态

图 8 - 3（a）的这根大阳线也极具欺骗性，它直逼前波的最高点，甚至一度突破前波的最高点，一般人常以为这是大涨的信号，但其实恰好相反，市场很快回落到前高之下，仅是盘中影线突破，很容易在此形成双重顶部反转形态而造成市场的溃败。

图 8 - 3（b）为看涨的大阴前阻线反转形态，道理一样，这里不再赘述。

二、强势均线系统

如第六章讨论的那样，K 线和均线都能用来描述价格势的强弱程度。在 K 线表征中，虽然每根 K 线都有各自的技术意义，但与单根 K 线相比较，K 线组合形态或 K 线系统描述市场短线动向更加明确。而均线是时间跨度更长的走势表征工具，描述了一段时间范围内的市场平均走势，其意义更加重要。其中，由短期、中期和长期均线组成的均线系统是分析和判读市场动向与行情强弱的一种有力分析工具。

1. 多头排列

多头排列形态是指当市场进入强劲上涨趋势之后，短期、中期、长期均线由上而下依次排列，并呈现发散状向右上方移动，这通常是多头进攻的一种强劲态势［图 8 - 4（a）］。

多头排列形态代表短线交易者和中长期投资者一致看好行情，多方力量强大，后市将由多方主导行情，买力远大于卖力，因此价格节节攀升并拉动均线上升。多头排列是市场走势非常明确的时期，后市通常有较大的上升空间，是典型中长期行情的开端，因此投资者应该把握多头排列中的做多机会。

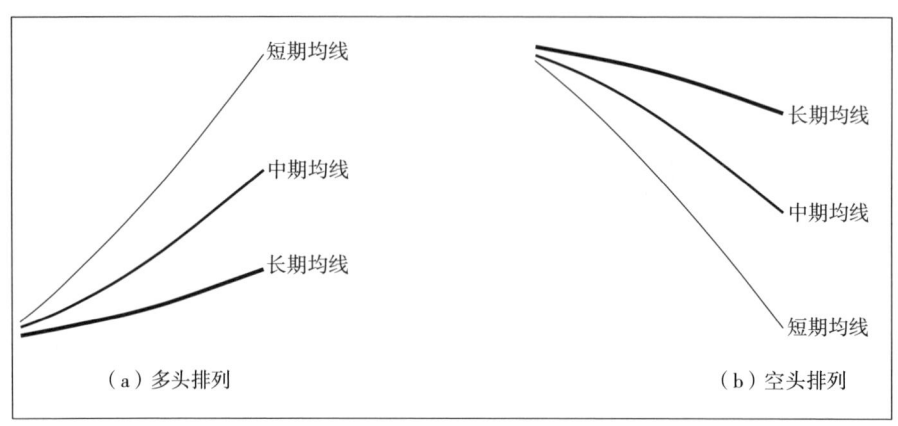

图 8－4　多头排列和空头排列形态

在多头排列形态中，K线居上，下方依次为倾斜上升的短期均线、中期均线、长期均线。由于多头均线反映了该时段内做多者的平均交易成本，因此，当多头排列发生时，平均来说，之前买进的成本很低，做短线和中长线的交易者都有盈利，市场气氛热情高涨，呈现出一片兴旺景象，是典型的牛市特征。

需要指出的是，多头排列出现在不同的周期图表中，其重要性有着明显的差别。一般来说，图表的时间周期越长，多头排列代表的趋势运动越强劲猛烈，其规模和幅度通常越大，意义更加重大。例如，周K线图的多头排列通常要比日K线图的多头排列重要得多，也更加具有实际操作价值。

2. 空头排列

与多头排列正好相反，空头排列形态是指当市场进入强劲下跌趋势之后，长期、中期、短期均线由上而下依次排列，整个均线系统形成向右下方发散，显示空头进攻的强劲态势［图 8－5（b）］。

空头排列形态代表短线交易者和中长期投资者一致看空行情，空方力量强大，后市将由空方主导行情，卖力远大于买力，因此价格连续下跌并拉动均线下降。当空头排列出现时，价格位于均线系统下方。在股市，这说明过去买进的成本都比现在高，做短、中、长线的此时抛出都在"割肉"，市场一片看坏。显然，这是典型的熊市特征。

3. 均线黏合现象

为了理解均线系统有序排列的意义，我们来讨论均线黏合现象。在股市，中长线主力通常会通过一年以上的时间来完成充分的吸筹建仓工作，达到个股的相对控盘甚至绝对控盘程度。当个股在底部经过很长时间的横向盘整之后，因为交易日趋平淡，会达到"地价见地量"的状态。股价在极小空间内长时间震荡，会导致短期均线和中期均线之间的间距逐渐减小，并且相互交织聚合在一起，有时也会和长期均线扭合在一起，其结果是均线与均线的间距很小甚至有时重合，即呈现"均线黏合"现象。从成交量上看，均线黏合的末期成交量将逐步萎缩。从交易成本看，短期、中期甚至长期交易成本都趋于相同，即价格处于一个相对的低价区。从筹码分布角度来看，筹码高度集中，形成很窄的单峰。未来一旦均线向上发散，并且成交量放大，那么后期涨幅空间就非常大。均线黏合形态的技术意义可以概括为以下几点：①均线黏合的最大价值就是"平缓"，代表市场分歧最大，多空力量均衡，难分胜负。②往往是主力长期吸筹的结果，导致筹码分布高度集中。③短期和中长期平均成本大致相等，通常表明长中短线都已经经过充分调整，之后必然会选择方向，只是等待时机而已。④均线黏合之后一定会发散，所以均线黏合还是变盘信号。从均线黏合状态向上发散，就形成多头排列；向下发散，则形成空头排列。一般来说，均线黏合时间越长，发散后空间就越大。

与此相反，在底部没有得到充分换手的股票，由于调整时间不充分，主力没有吸取足够的筹码，市场中的浮筹还很多，那么均线系统就不会出现黏合现象，反而呈现出杂乱无序的排列。此外，按照统计数据，市场大部分时间都处于无趋势的波动状态，只有少部分时间处于趋势运动中，这就说明均线系统通常都呈现无序的状态。从形态上讲，均线无序状态代表价格运动状态（走势）在短期、中期和长期方向上的不一致性，从本质上讲，说明短期、中期和长期市场还没有完全调整好，市场内部还存在较大分歧，无序状态的均线系统实际上并没有很大的实际意义。毫无疑问，这样的市场在未来必然会曲折多变，不会一帆风顺。

第二节

强势相对确定性的意义和应用价值

如果市场分歧很大，多空力量旗鼓相当，难分胜负，那么，市场运动就会失去明确的目标和方向性，价格将呈现震荡波动形态，这种市场总体上就没有很大的实际操作价值。与此相反，强势K线和强势均线形态在技术面上具有明确的意义，也有实际操作价值。具体来说，强势的技术意义可以概括为以下几个方面。

一、运动状态的相对确定性

首先，我们要对不确定性和相对确定性给出严谨的定义，以统一思想，提高认识。

在经典物理学中，只要已知初始条件，物理变量（如位置和速度等）都是可以精确预测的，百分之一百的准确，并且具有唯一性，这就说明经典物理学中的物理量通常都具有确定性。但是，对于随机性问题，分析和预测会有多个可能的结果发生或出现，在事件发生之前，不确定会出现哪个结果，即未来结果具有偶然性；或者影响变量变化的因素太多，过程过于复杂，而我们的认识又有局限性，因此，预测结果往往不能确定，我们就认为该变量存在不确定性。因此，不确定性的定义是，不管采用何种决策方案，都可能出现两种或两种以上的结果，即预测结果没有唯一确定性。

从盈利的角度来看，所谓的不确定性和相对确定性，都是以盈利为标准来评估的。因为在金融市场，一切的一切就是为了长期稳定盈利，那么，不难理解，用概率论的术语来讲，不确定性就是没有盈利的把握，相对确定性就是具有盈利的把握。为了加深对此的理解，下面我们举一个简单的游戏例子来进一步说明这一点。假设游戏结果只有两种，按照游戏结果的不同，可以分为以下三种情况：①两种结果的出现不存在概率，即大量重复中也不存在统计规律性，没有赢的把握，说明结果存在不确定性，不可预测。②概率分布为50%：50%，即胜负均等，这样的游戏系统不存在概率优势和期望收益优势，当然就不具备长期稳定盈利的条件，即没有盈利把握，我们认为这样的游戏系统也不存在盈利的确定性。③概率分布为80%：20%，因为存在概率优势和期望收益优势，因此，具备长期稳定盈利的条件（有盈利把握），也就存在相应的盈利决策方案，我们认为这样的游戏系统具有相对确定性。由此可见，在技术分析中，相对确定性代表我们对未来结果（稳定盈利）具有一定程度上的可预测性，是大概率事件。

强势形态代表市场在该时间段内价格运动状态的相对确定性，它明确了以下重要信息。

1. 价格运动的概率优势方向

强势的运动状态十分明确，下面以图8-5中的不同K线为例来作进一步的说明。

图8-5（a）：大阳线。代表市场处于强劲上涨中，向上是价格运动的概率优势方向，而向下或者横向运动都是小概率事件。

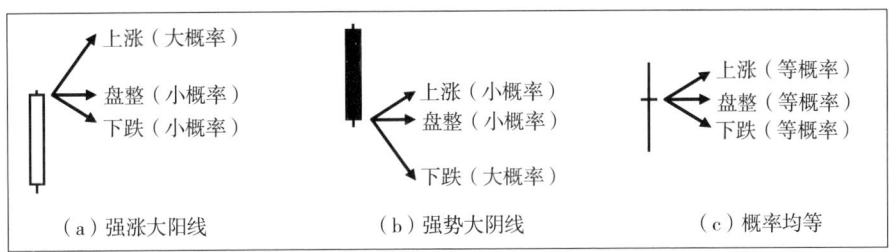

图 8 - 5　强势 K 线代表的概率优势方向

图 8 - 5（b）：大阴线。代表市场处于强劲下跌中，向下是价格运动的概率优势方向，而向上或者横向运动都是小概率事件。

图 8 - 5（c）：小实体线。小实体线代表多空力量不分伯仲，胜负难定，市场前景不明确。用概率论的术语，就是价格运动在上、中、下三个方向上的概率大致相等，没有一个存在概率优势。

2. 多空一方力量上的绝对优势

在军事战争中，猛烈的进攻常常在短暂的平衡之后，一旦力量均衡被打破，一方占据绝对的力量优势，那么，通常会集中力量，一举突破原来的防线，并趁势扩大战果，向敌方占领区推进。从心理学的角度来说，一举突破、猛烈进攻是提振士气、震慑敌手的最好办法。

在金融交易市场，多空双方的博弈与军事战争中的场面如出一辙。在多空双方的较量中，当一方力量积蓄起绝对压倒性的优势后，常常以强势 K 线作为行情的开端，以价格突破作为表现形式，通过对前期重要支撑或者阻力价位的突破，一举扭转局势，展开新一轮的攻势。成功的攻势经过时空上的积累，将在形态上呈现均线的有序排列。这种强势 K 线突破形态和均线有序排列代表了该时段内多空力量对比中一方的压倒性优势，一般都具有强大的心理威慑作用，由此激发市场人气和情绪，诱导"羊群效应"，带动市场出现一边倒的局面，使得价格朝着一个方向出现大幅度的移动。实际上，心理博弈术被普遍运用在竞争对抗问题中，其手法都非常相似。

3. 短期支撑或者阻力水平

正如前一章讨论的那样，从强势 K 线和均线，我们可以分析和判读主力的建仓成本与交易成本，以及多空胜负或盈亏的分界线。此外，因为强势具有的较大抵抗力，短线强势形态往往可以帮助投资者识别短期支撑或阻力位置。

4. 较强的可持续性发展能力

强势在形态上对应于较快的价格移动速度，代表在该时间段内具有较大的动能和动量。按照动量定律和动能定律，在未来往往具有较强的可持续发展能力。

二、主力大资金的进入

通常来说，只有主力大资金才能强行拉出大阳线或者大阴线，才能带动强劲趋势，走出大行情，因此，强势 K 线和均线系统有序排列往往透露出主力资金的踪迹。一般来说，主力操作通常都是有计划有预谋的，强势线的背后必然隐藏着主力的某种操作意图。在金融市场，乘势宜乘强势，跟庄宜跟强庄，强势形态给投资者提供了主力资金的信息，如果结合市场整体形势和行情发展状况一起分析，就可以成为识别主力操作意图的有力分析工具。

三、大行情的机会

大行情通常以强势 K 线作为开端，而均线系统有序排列（即多头或空头排列）则是大行情爆发时的最基本形态特征，因此，通过分析强势和均线系统状态，有助于识别市场整体局势和行情发展状况，提高发现大行情的机会。按照概率论的赢率规则，在大行情中进行交易可以大大地提高盈亏比期望值，并提高交易的成功率，降低交易风险，从而实现长期稳定盈利的目的。

四、注意事项

虽然通过分析强势形态，可以洞察主力资金流向，提高发现大行情的机会，但是，也要清楚地认识它们在实际应用中的短板及不足。

1. 强势之后未必一定是大行情

投资者需要认清，在短期强势之后未必都是大行情。其原因可以归纳为以下几点：

（1）市场的随机不确定性。不确定性是投资者永远无法避免的事实，代表了决策的风险性。

（2）人为判断失误。由于金融市场的复杂性，而且主力机构在技术上又比普通投资者技高一筹，惯用欺诈手段误导和蒙骗大众，因此，很容易造成投资者对市场形势的误读和误判，从而导致指导思想或者策略的错误，致使行动失败。

（3）小概率事件（墨菲定律）。虽然强势形态指明了大概率事件的方向，而小概率事件出现的可能性很小，但并不等于它就不会出现，这就说明对于小概率事件必须时刻有防范意识。例如，在金融交易中，即使你认为把握非常大，风险极低，但是仍然要有风险控制意识和防范措施，以防万一。

（4）时机问题。由于价格变化的波动特点，大行情中也存在时机问题，并不代表投资者可以随意出击。好的出击点可以降低交易风险，提高潜在的盈利空间，相当于在每次交易中都贯彻"限制风险，扩大盈利"的制胜思想。

2. 短线操盘的成本与特点

从操作成本的角度来考虑，主力操作单根 K 线的成本和风险最低，操作短期 K 线组合形态（如短期洗盘）次之，而若要在中期的技术形态上造假则成本、难度以及风险都会变得很高，也违背了市场运行和价格变化规律，往往得不偿失。实际上，在合适的大盘环境下，市场主力在 K 线以及短期形态上做手脚，进行技术性骗线，并不是什么难事。主力往往利用投资者对短期强势形态之后大行情的期盼心理，真真假假，虚虚实实，让投资者难辨是非，从而上当受骗，这已经成为主力惯用的一种操盘手段。

3. 市场运行规律性与趋势变化规律性

投资者需要清楚地认识到，K 线或者短期技术行为都有被主力操作的可能性，真假难辨，只有市场整体规律性，如市场运行规律性与趋势变化规律性，代表了市场的客观规律性，这是市场各方包括主力都要遵守的游戏规则。虽然主力竭力打破这种规则，但是，这往往意味着要与市场作对，成本极高，风险极大，基本上不太可能。

由此可见，投资者若要明辨是非，识别真伪，唯一的办法就是要真正地掌握市场运行规律性以及趋势行情的发展规律性，结合市场整体局势和行情发展情况来看待短期强势出现的意义和作用，从而识别主力的真实意图，避免上当受骗。

第三节

强势行情的可持续性发展研究

乘势其实就是跟随大趋势行情的策略，这是实现长期稳定盈利的基础。但是短线强势的崛起通常只是大趋势行情的一个必要条件，而不是充要条件。由于金融交易的波动属性，而超级机构具有雄厚的资金实力，可以轻松地影响短期内的市场行为和价格走向，因此，短线强势之后的实际市场走向依然会比较复杂，通常会出现以下三种情况：继续强劲走势；强势整理；浅幅回落或深幅回落。在股市，主要与大盘和个股形势以及行情发展情况等有着密切关系，还与主力的操作策略与手段有关。

从交易成本考虑，低成本的交易机会通常出现在强势之后的回调过程中，这就表明分析强势回撤形态的重要性。这种分析的重点在于分析与判断主力意图，预测强势回撤之后的市场走向以及可持续性发展问题，因而有助于阐明一些实操性问题，如为什么强势回撤中可以提供最佳入场机会？

一、强势 K 线回撤形态分析

以图 8-6（a）所示的大阳线为例，我们列出了大阳线之后典型的四种调整形态，下面我们来简单地讨论其中的技术含义。

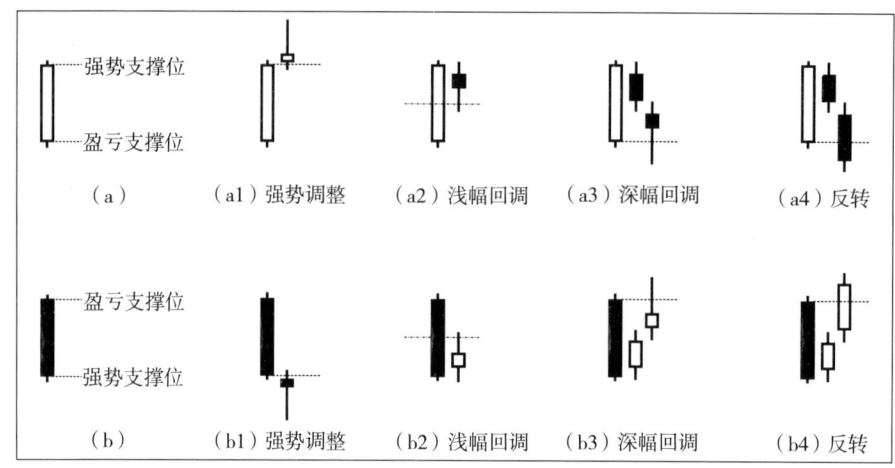

图 8-6　强势大阳（阴）线之后的调整形态

图 8-6（a1）：强势整理形态。在出现大阳线的次日，多空双方在盘中进行过激烈的较量，到尾盘结束时两者旗鼓相当，不分胜负，价格并没有取得实质性进展，当日收出小阳线或小阴线，并且小实体收在大阳线的收盘价（多头强势支撑价位）之上。说明多头当天虽然没有取得实质性进展，但依旧控制着市场的节奏，因此，大阳线之上的小实体线可能只是多头的暂时停息，属于强势整理形态。强势整理形态通常出现在拉升过程中，有时次日还会收出小实体线，只要没有破坏强势整理形态，后市大概率看涨。但是，一旦强势整理形态被破坏，说明短线的强势地位已经不保，投资者就要警惕了。

图 8 - 6（a2）：浅幅回调，即小回调率整理形态。在大阳线的次日价格回落，收出小阴线（一般为 2 ~ 3 根）或者一根中阴线，阴线实体在大阳线的收盘价以下、实体中线之上（相当于 50% 的回调率）。随后，市场在大阳线实体的中线附近得到买盘的强力支撑，收出有效的看涨反转形态，走势逆转向上，通常说明前期的获利回吐压力较小，市场稍作回调就能释放抛盘卖压，重新恢复上升动力。

图 8 - 6（a3）：深幅回调，即大回调率整理形态。大阳线之后的回调经过数根小阴小阳线（一般为 3 ~ 5 根）才结束，价格跌至大阳线开盘价附近（相当于 100% 的回调率），但是小阴线的实体都收在大阳线开盘价之上，即大阳线实体内。如果盘中下跌时出现了对大阳线开盘价的突破，突破时间往往非常短暂，价格又很快回到大阳线开盘价以上，表明空头动力的不足。随后，市场在下档得到多头的强力支撑作用，走势逆转向上，这是常见的大阳线深幅回调形态，说明在前期的上涨过程中产生的抛压稍大，但经过深幅回调也已经得到释放，此后，多头重新恢复上升动力。

图 8 - 6（a4）：反转形态。大阳线之后的回落比较强烈，最后出现短线下跌破位现象，阴线实体通常收在大阳线的最低价之下，对大阳线形成了 K 线吞没反转形态，代表大阳线的买盘已经被随后的卖盘全部"吃掉"，短线市场进入跌势中。如果出现在行情的早期，这根大阳线通常是主力的试盘行为，用来测试价格拉升过程中上档筹码的抛压情况以及下档买盘的支撑力度。这种情况说明上档筹码的抛压较大，形成较大的上涨阻力。说明主力底部吸筹不足，如果主力强行拉升必然要付出较大的成本，因此，为了给以后的大幅拉升扫平障碍，主力一般会先进行洗盘处理，将短线获利盘清洗出去。

大阴线后的调整形态［图 8 - 6（b1）至图 8 - 6（b4）］也是一样的道理，读者可以依次类推，这里不再赘述。

在这里需要指出以下两点：①大阳线（大阴线）之后的回撤情况与它出现的位置、行情发展状况以及市场整体局势有关。例如，如果大阳线作为底部的突破形态出现，那么，次日的表现往往是奠定短期行情基调最重要的一天。如果次日出现较大的回调，通常代表多头的上升动力不足，其原因可能是市场浮筹较多，主力控盘能力较差，力不从心。在这种情况下，一根大阳线并不能代表行情的启动，也许只是主力用来试探一下市场的反应（即主力试盘动作）。但是，如果行情已经脱离底部，并且经过短暂的拉升过程之后出现回调，那么这种回调幅度通常取决于前期买进的短线获利盘的抛压大小。一般来说，在拉升过程中，随着价格的不断上升，前期买进的短线盘在获利后开始抛售，形成抛压，如果价格进一步拉升出现困难，主力就必须借助市场中出现的抛压来洗盘，从而清除这些浮筹，减轻后市拉升的阻力。但是，洗盘力度是主力根据实际情况而决定的。比如，浮筹多，抛压重，上行很困难，就要大洗；若浮筹较少，抛压较轻，上行有难度但不大，小洗即可。当然，如果主力控盘程度很高，浮筹很少，那么，少量的抛压就不足挂齿，主力不用洗盘就可以用较小的成本轻松拉抬价格，连续拉出大中阳线（图8-6中未列出）。洗盘之后的市场走势主要与以下两个因素有关：一是主力的洗盘效果，即主力通过洗盘是否达到了预期目的，成功地清除掉市场中的不稳定浮筹，从而减轻后期拉升阻力。二是主力资金有没有中途撤离？如果大环境条件突然变坏，主力为了避免承担更大的风险，也有可能中途撤离。一般来说，如果市场环境条件相对稳定，主力资金没有中途撤离，一旦主力达到洗盘目的，那么，在回撤结束之后通常就能恢复强劲走势。②大阳线强势整理形态以及浅幅和深幅回调形态的成立都是有前提条件的，即主力通过相应的回调基本上消除了之前的拉升阻力，重新恢复上升动力。从形态上来看，大阳线强势整理形态的小阴小阳线实体必须收在大阳线的收盘价之上［图8-6（a1）］，随后在收盘价附近得到强力支撑。类似的道理，浅幅回调必须在大阳线实体中线附近得到强力支撑［图8-6（a2）］，而深幅回调必须在大阳线的开盘价附近得到强力支撑［图8-6（a3）］。一般来说，回调一旦结束，多头必须在形态上展示出强劲的上涨势头，收出大中阳线（大阳线尤佳），显示多头已经重新恢复力量上的绝对优势和上升动力，能够迅速推动行情创出新高。反之，如果在回调结束之后，市场继续呈现疲弱态势，投资者就要提高警惕，预防后市生变。

二、强势均线系统回撤形态分析

均线不仅是跟踪趋势的一种有效工具，还是用来分析市场支撑或者阻挡作用的有效途径。由于以均线为参考标准的交易系统比较简洁易懂，相对容易把握，可靠性也较好，因此，成为最受投资者喜欢的分析工具之一。

在讨论趋势行情的均线系统特点之前，我们先根据趋势运行的一般性规律，来概括一下趋势运动的要点。

（1）强劲程度：笼统地说，决定行情强劲程度的是多空双方的力量强弱对比，它反映了市场整体预期心理的统一性程度，决定了市场买卖立场和步伐的一致性。按照经典物理学理论，决定运动势强劲程度的两个因素是质量和速度，它们决定了动量和动能的大小。在金融市场，就是群体规模大小和价格移动速度快慢。在形态上，衡量一个趋势行情强弱的三要素为：持续时间长短，上涨幅度大小，以及回撤率大小。

（2）预期目标：目标价位与主力成本以及持仓量密切相关。主力的成本越大，越需要达到较高的目标价位才能够获利丰厚。在股市，个股升幅与主力持仓量大体上成正比关系。持仓量又决定了主力控盘程度，从这一点来说，控盘程度越高越好。在中国的股票市场上，大多数主力都是做中线，其控盘程度大约在35% ~60%之间，即主力相对控盘。

在股市，考虑到主力的持股成本和持仓量后，主力的拉升目标可以这样算出：

目标价位 = 持股成本 ×（1 + 主力持仓量占全部流通股的百分比 ×2）　（8 – 1）

例如，如果主力持仓成本是10元，持仓量是30%，最低拉升目标就是 $10 \times (1 + 30\% \times 2) = 16$ 元；如果持仓量是50%，最低拉升目标就是 $10 \times (1 + 50\% \times 2) = 20$ 元，即目标价位大致是在股价翻倍的位置上。当然，具体有多大的升幅空间还要视主力的实力、大盘的情况而定。

（3）回调阈值：在上升行情中，回调阈值决定了行情将在哪些位置上出现回调，即回调的易难程度。例如，如果回调阈值较低，那么，市场回调就会容易发生因此比较频繁。要阐明回调阈值的本质，需要从动力学的角度出发，研究力与质量、速度和加速度的关系。按照牛顿第二定律，在涨势中，如果买力大于卖力，那么向上运动将得到加速；如果买力与卖力相等，即合力为零，那么市场在总体上将保持原来的运动状态不变（即惯性运动）。但是，当买力与卖力均等时，市场分歧最大，多空竞争最激烈，因此，价格一般将围绕均线（价格半均运动方向）呈现出上下震荡形态；如果卖力大于买力，向上的价格运动将减速，直至反转成为下跌趋势。由此可见，回调阈值取决于买力与卖力在行情中的变化情况。

一般来说，上涨行情启动后，在主力引导下，市场产生"羊群效应"，大众情绪逐渐被激发，追涨跟风盘不断增加，说明买力在不断增加，所以，价格得到加速，价格不断创出新高。随着价格的上升，之前买进的获利盘随之增加，短线获利抛盘也开始增加，即卖力逐渐增加。当价格经过连续上涨，被推向局部或者阶段性高位时，前期买进的人都获得了盈利，短线交易成本也被不断抬高，乖离率值偏大，使得短线投资者的买进意愿减弱，导致买力减少，而短线抛压却随着抛盘的激增呈现快速增长，结果导致卖力大于买力。这时，主力要继续拉抬价格就会非常困难，既增大成本，又增加风险。在这种情况下，主力就会放弃拉抬价格的做法，听任市场自由回落，甚至反向做单，借机打压洗盘，导致价格加速回落，从而形成回调过程（如调整浪）。不过，趋势早中期的短线调整一般不会影响后市的发展，抛压经过适当的回调释放之后，多头又会重新恢复强劲的上升动力，从而把价格不断推向一个又一个高峰。

在趋势运动中，"羊群效应"导致买力呈现超线性的增长，因此，在趋势早中期的每个拉升阶段，买力在从小到大不断增大的同时，也把价格不断地推向新高。而在每一轮的上升行情中，随着价格的逐渐涨升，卖力也从零开始逐渐增大，直到回调时开始释放，在回调结束时又回归到零（如果完全释放），如此反复在整体上呈现出一种循环过程。总的来说，"羊群效应"导致趋势早中期的回调阈值不断提高，而当趋势进入末期之后，因为多方上升动力的衰退，导致买力逐渐减小，回调阈值反而不断降低，使得趋势末期的价格容易呈现频繁震荡现象。

（4）回调幅度：回调过程是因为卖力大于买力，造成价格走势逆转而形成的，而回调时间长短和幅度深浅主要与回调阈值有关。具体来说，取决于卖力（回调早中期）以及买力（回调后期）的情况。一般来说，较小的回调阈值意味着市场中的抛压较轻，卖力较小，浅幅回调即能释放；而较大的回调阈值意味着抛压比较严重，卖力较大，需要深幅回调，即较长的回调时间以及较大的回调幅度才能释放。在趋势行情的发展过程中，随着价格不断推向新高，回调阈值也在不断抬高，导致回调发生时的卖力越来越大，因此，一般来说，在整体行情中的价位越高，位置越靠后，回调幅度也会越大。

在上面讨论的基础上，我们可以很容易地理解强势均线系统"接力式"支撑作用的缘由，下面以图8-7来加以说明。

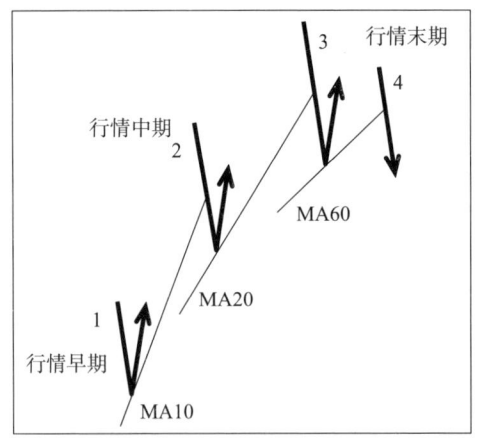

图8-7　强劲涨势中均线系统的接力式支撑作用

图8-7（1）：在强劲趋势行情的早期，因为回调阈值较低，抛压较轻，

卖力较小，要求的回调幅度较小，所以强劲上升的短期均线 MA10 常常能发挥有效的支撑作用，使得市场止跌企稳，结束回调。在行情早期的回调率通常在 38.2% 以内，属于强势回调。当回调结束之后，多头很快就会恢复上升动力，再次展示猛烈的攻势。

图 8 - 7（2）：在强劲趋势行情的早中期，随着价格的节节攀高，回调阈值随之增大，技术面要求的回调幅度也增大。在这种情况下，虽然短期均线 MA10 依然陡峭上升，但面对增大的抛压，已不再发挥支撑作用，于是，价格向下穿越 MA10 继续回落，一直逼近中期均线 MA20 附近才得到有效的支撑作用，实现走势反转。在行情早中期的回调率通常在 38.2% 左右，属于强势回调。一旦回调结束，多头很快就会恢复强劲的上涨势头。

图 8 - 7（3）：在强劲趋势行情的中后期，此时价格已经上升到相当高的价位上，回调阈值更大，市场中的抛压更严重，需要更深的回调幅度才能消化前期盈利的抛压，因此，回调开始后，市场不仅击破了短期均线 MA10，进而还击破了中期均线 MA20，一直到达中期均线 MA60 附近才得到有效支撑，走势逆转向上。在行情中后期的回调率通常在 50% 左右，属于中度回调。当回调结束后，如果市场环境条件基本上没有太大的变化，并且通过回调如愿以偿地平息了市场情绪，那么，市场多半能恢复原来的上涨势头，再创新高。

图 8 - 7（4）：出现在强劲趋势行情的后期，由于市场中累积的获利盘更多，上档的中短线抛盘产生的抛压很大，这时涨势将暂时告一段落，进入较长时间的调整巩固期（即中期调整），回调幅度通常在 61.8% 左右。如果行情的涨幅已经达到了主力预期的目标，也可能形成涨势的顶部，于是成为主力出货、开始"收割"的季节，因此，回调幅度会更大，达到甚至超过100%。在主力出货过程中，往往会继续制造市场繁荣气氛，哄骗无知的散户继续买进，市场中只有少数敏锐的交易人会早早察觉"暴风雨"即将到来，提前预防，规避风险。由于市场已是"强弩之末"，在震荡中往往涨得少，跌得多，难以掩盖市场颓势。总而言之，价格将接连跌破短期和中期均线，代表中短期的多头力量都已经衰竭，中短期趋势相继逆转向下。

由此可见，研究强势均线的支撑或者阻力作用需要注意以下两点：一是只有强势均线才有实际意义，是均线支撑或阻力有效性的前提条件。二是强势均线的有效性还取决于它在行情中的位置，即具体的行情发展状况。此外，还与大势有关。下面用图 8 - 8 中的两个例子来说明，如何在市场回落中分析与判断均线的支撑与阻力作用。

图 8 - 8（a）：均线陡峭上升，代表该时段内涨势非常强劲，多头的力量优势十分显著，因此上升动力十足。不过，当前正处在回落过程中，价格逼

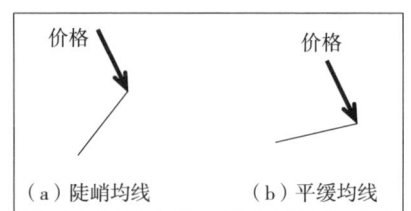

图 8 - 8 均线斜率代表近期价格势的强弱程度

近均线附近，均线能否发挥支撑作用存在不确定性，难以预测。但是，如果市场在逼近陡峭上升的均线时，跌势（空头）呈现衰弱迹象，如在股市中出现价跌量缩现象，随后走势发生逆转，收出强势的 K 线反转形态，并且这种情况发生在行情的合适位置（如早中期的重要支撑价位）上，那么，我们有理由相信后市继续看涨。对于散户来说，在支撑作用发生之前，要清楚地认识到支撑作用的偶然性，并非必然的结果，避免盲目过早入市。当回调进入后期的关键性区域时，一定要关注形态与指标上的蛛丝马迹，做到心中有数。而当市场在陡峭均线附近收出强势反转形态之后，首先要识别反转的有效性。在确认之后，仍要做好风险预防措施，然后择机果断跟进。

图 8 - 8 （b）：均线平缓上升，代表该时段内涨势比较微弱，这是多头优势不明显的表现。平缓均线代表的多空双方力量比较接近，市场分歧很大，因此，价格很难形成统一明确的方向，相反，经常以均线为轴心上下震荡。在这种情况下，很难预计这根平缓均线会发挥有效的支撑作用。

此外，还要注意到的是，有时候，市场也会在平缓均线附近止跌企稳，走势逆转向上。即使这样，我们也不要想当然地认为这是均线在发挥支撑作用，这是因为平缓均线不具备强势支撑的前提条件。实际上，市场可以在任何时刻和任何位置上发生逆转，以下是可以导致市场走势逆转的两个原因：一是空头力量在回落中逐渐衰减，到达均线附近时已经完全衰竭，同时，多头力量崛起，使得市场走势在平缓均线附近发生逆转。二是主力利用长期均线的操作手段。长期均线往往特别容易吸引大众的眼球，很多人往往不管均线的态势，误以为长期均线都是重要均线，在所有情况下都一样重要。少数人更是过于重视极个别案例的均线支撑或者阻挡作用，把个别现象当成普遍规律，把偶然当成必然，完全忽视了支撑或阻力的本质和内涵。而市场主力不仅是深谙资本市场运作规律的高手，而且洞察并掌控大众心理，善于利用大众错误思潮来造势甚至作假，正是有了大众的盲从跟风行为，主力才能通过一系列操作手段来顺利完成全局运作策略。

三、波段回撤分析

前一章讨论过根据波浪的回撤率可以判断该时间段内的多空力量对比，下面我们以图 8-9 中的三个波浪形态为例，来详细地讨论波段回撤的技术意义。假设这三个波浪具有完全相同的强劲推进浪 AB，但调整浪幅度各不相同。

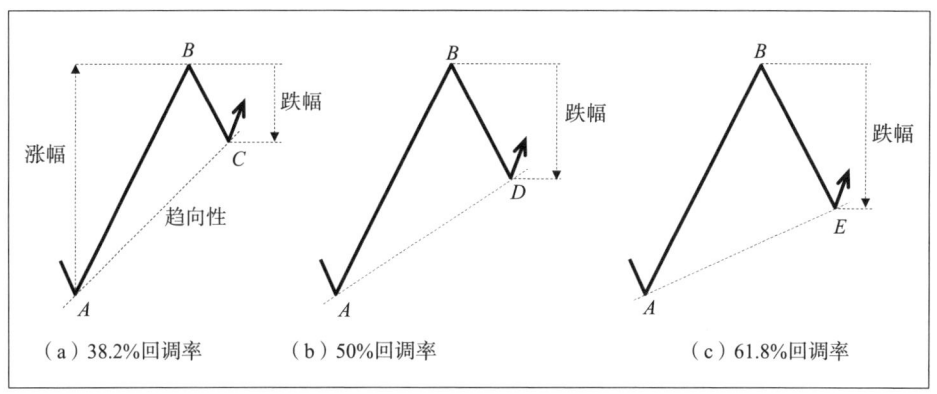

图 8-9   上涨波浪的形态分析

图 8-9（a）：小回调率（约 38.2%），属于强劲上升波浪。如上一章所述，假定回调率与多空双方力量对比之间存在一一对应的线性关系，那么，代表波浪 ABC 在总体上的多空力量对比为 72%：28%，因此多头占据力量上的绝对优势，价格向上运动具有明确的概率优势。具体来说，在回调过程中，持看涨预期的投资者比例要远远高于持看跌预期的投资者比例，投资者普遍看好后市。大部分投资者因为看好后市而惜售，抛盘较少，抛压较轻，后市大概率看涨。此外，之前的抛压经过回调将被基本消除，从而消除后市的上升阻力，后市通常还会恢复强劲走势。显而易见，当这种小回调率整理形态出现在上涨趋势的早中期时，意义更加凸显，往往具有很强的可持续性发展能力。

图 8-9（b）：中等回调率（接近 50%）。总体上的多空力量对比为 67%：33%，这就表明，在回调过程中，市场中持看涨与看跌预期的投资者比例大致相等。简单来说，几乎一半的投资者选择了平仓退场，还有一半的投资者看好后市，继续持单。从概率上来说，50% 的回调率意味着后市会有 50% 的概率超过前期高点。但实际情况却往往并非如此，原因主要有三个：其一，在此前的回调过程中，有些投资者是受到市场恐慌情绪影响而临时匆促出逃的，当调整结束后，将平息一部分投资者的悲观情绪，这些人又会抛弃疑惧心理，等待时机好转后，重新加入多头的队伍，从而增大买力。其二，

回调将会消除之前的抛压及其上升阻力。其三，50%的回调率意味着后市将在前高价位上得到有效支撑作用，如果前期波段AB足够强劲，那么这种支撑的发生往往符合很多投资者的预期，从而可以提振市场信心。此外，如果回调结束后短线市场再度呈现强劲的上涨势头，将对投资者产生很大的诱惑力，吸引跟风盘介入。综上所述，后市往往会大概率超过前期高点，再创新高。

图8-9（c）：大回调率（接近61.8%）。属于微弱上涨波浪。总体上的多空力量对比为62%：38%。较大的回调率代表市场在回调过程（即BE段）中，大部分投资者持看跌预期，已经抛售出逃，而只有一小部分投资者看好后市，继续持单。BE段的跌幅大，代表上方积压的卖盘多，抛压大，因此，非常不利于后市价格的拉升。虽然调整结束后，将平息一部分投资者的悲观情绪，但总的说来，市场内部已经出现较大的分歧，这样的市场通常具有较大的不稳定性，在未来很容易受到外界因素影响而改变走势，因此，通常难以有大的作为。

图8-10是与图8-9相反的情形，读者可以依此类推，在此不再赘述。

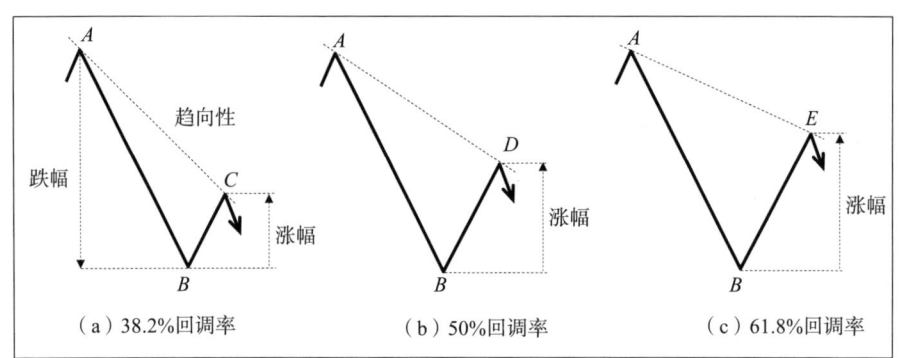

图8-10　下跌波浪的形态分析

波段回撤形态分析也是趋势分析的基础内容。实际上，趋势由两个部分组成：趋势方向的推进浪以及反方向的调整浪。虽然推进浪的强弱程度是决定趋势强弱程度的主要因素，但它不是唯一的因素。实际上，趋势整体的强弱程度还取决于调整浪的幅度，即趋势调整浪相对于推进浪的回调率。从整体上来看，一个强劲的趋势首先表现为一个强劲的推进浪，其次它要有较小的回调率。在涨势中，代表投资者普遍看好后市，市场心理与行动步伐保持高度的统一性，因此上升阻力较小，通常具有较强的可持续发展能力。

波段形态分析的可靠性与价格势的强弱以及行情的规模大小有着密切的关系。一般来说，价格势越强，波段幅度越大，代表交易活动的规模越大，这种市场的内在结构以及与外部的联系就越稳定。按照经典物理学的术语，质量越大，速度越快，其动量和动能越大，抵抗能力就越大，可持续性发展能力也越强，相对来说，较小的随机性和偶然性因子的影响就会受到一定程度的遏制，使得分析和预测结果的可靠性得到很大的提高。反之，价格势越微弱，波段幅度越小，市场稳定性就越差，随机性和偶然性因子的影响力就会变大，导致分析和预测结果的可靠性降低。因此在形态分析中，要选择规模和时空幅度较大的波段行情为研究对象，以增加分析和判断的可靠性。

研究回撤行情的重要意义可以归纳为以下几点：①分析与判断趋势的可持续发展能力；②回撤提供了短线低成本的建仓价位（通常接近市场平均交易成本），因而投资者可以用"更好的价格"进入市场；③在形态上提供了最佳的止损位置，易于界定和控制风险；④有助于增加潜在的盈利能力，提升风险回报比（盈亏比）。而这些内容正是实现长期稳定盈利的基本要求。

第四节

波浪强弱程度的形态判据

以图 8 - 11 的上涨波浪 ABX 为例，其中，a_0 代表前期调整浪 AB 的跌幅，X 代表上升波段 BX 的未来顶部位置，而 x 代表该上升波段的总涨幅，a_1 则为总涨幅中的新增部分或新高幅度，因此，波浪 ABX 的强弱程度取决于总涨幅 x 或者新高幅度 a_1。

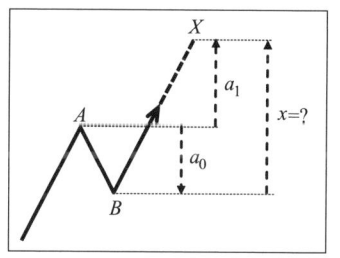

图 8 – 11　上涨波浪强弱程度的界定

1. 微弱上升波浪

根据斐波那契数列规律，接近 61.8% 的回调率属于微弱上涨波浪。反过来，我们可以计算出微弱上涨波浪的新高幅度，其波段幅度比值为：

$$\frac{x}{a_0} \approx \frac{1}{0.618} \qquad (8-2)$$

$$x \approx 1.618a_0 \text{ 或者 } a_1 \approx 0.618a_0 \text{（微弱上涨波浪）} \qquad (8-3)$$

如图 8 - 12（a）所示，微弱上涨波浪具有 61.8% 的上涨率（即 $a_1/a_0 \approx$ 0.618），BC 段涨幅与 AB 段跌幅的比值为 100%：61.8%。按照前一章的讨论，这个比值可以近似地用来表征该波浪总体上的多空力量对比（约 62%：38%），说明短线市场中存在较大的分歧。假定市场环境条件基本上没有太大的变化，那么，我们可以用前期调整浪（AB 段）作为参考，来评估未来的回调情况。我们将会看到，当回调开始后，市场中持看跌预期的投资者比例要明显高于持看涨预期的投资者比例，由此造成较为严重的抛压，需要深幅回调。在这种情况下，前高 A 通常不会发挥任何支撑作用，后市会跌破这个价位，继续下行［见图 8 - 12（d）］。由于微弱趋势市场的稳定性较差，很容易受到市场内外因素的影响而发生改变，因此它的可持续发展能力很弱。

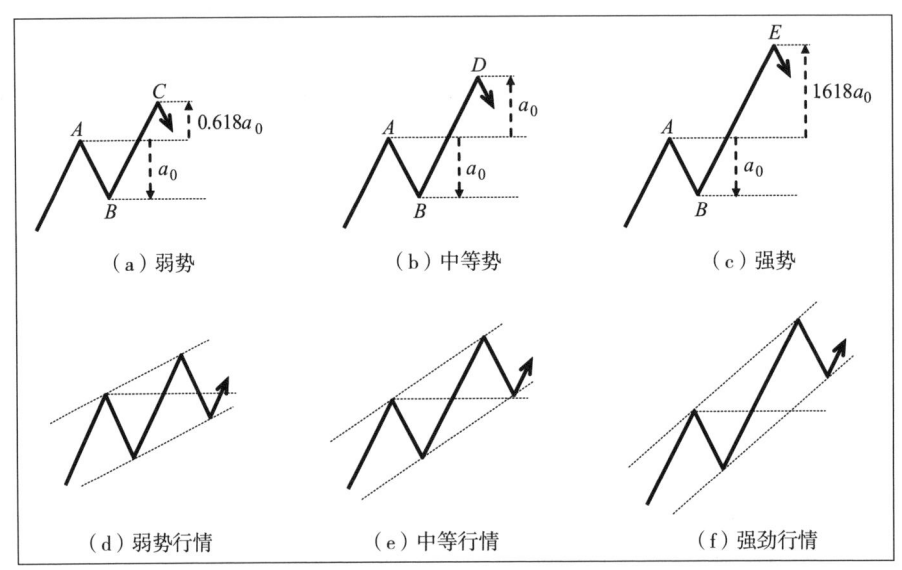

图 8 - 12 上涨波浪的强弱程度

2. 中等强度上升波浪

接近 50% 的回调率属于中等强度的上涨波浪。反过来说，就是

$$\frac{x}{a_0} \approx \frac{1}{0.5} \qquad (8-4)$$

$$x \approx 2a_0 \text{ 或者 } a_1 \approx a_0 \text{（中等强度上涨波浪）} \qquad (8-5)$$

如图 8 - 12（b）所示，中等强度的上涨波浪具有 100% 的上涨率（即 $a_1/a_0 \approx 1$），创出的新高幅度与前期回调幅度大致相等。BD 段涨幅与 AB 段跌幅的比值为 100%：50%，代表总体上的多空力量对比大约为 67%：33%，即短线市场中存在一定的分歧。假定市场环境条件基本上保持不变，我们可以用前期调整浪（AB 段）作为参考，来评估未来的回调行情。我们将会看到，当回调开始后，市场中持看跌预期的投资者几乎与持看涨预期的投资者比例相等。在这种情况下，中等程度的回调通常会在前高 A 的价格水平附近得到有

效支撑，形成我们常见的周期性上涨趋势运动［见图 8 - 12（e）］。

3. 强劲上涨波浪

接近 38.2% 的回调率属于强劲上涨波浪。反过来说，就是

$$\frac{x}{a_0} \approx \frac{1}{0.382} \tag{8-6}$$

$$x \approx 2.618a_0 \text{ 或者 } a_1 \approx 1.618a_0 \text{（强势上涨波浪）} \tag{8-7}$$

如图 8 - 12（c）所示，强劲上涨波浪具有 161.8% 的上涨率（即 $a_1/a_0 \approx$ 1.618），BE 段涨幅与 AB 段跌幅的比值为 100% : 38.2%，代表总体上的多空力量对比大约为 72% : 28%，说明短线市场分歧较小。假定市场环境条件基本上保持不变，用前期调整浪（AB 段）作为参考来评估未来的回调行情，我们将会看到，当回调开始后，市场中持看涨预期的投资者将明显地高于持看跌预期的投资者比例，因此，市场中的抛盘将很少，抛压很轻。由此我们可以预期后市只需要浅幅回调就可以释放抛压，多头就能重新恢复强劲的上升动力，从而形成强劲的上涨趋势运动［见图 8 - 12（f）］。

对于下跌波浪也可以作出类似的讨论，在这里不再赘述。

第五节

趋势行情的核心要素

下面我们来总结和归纳趋势运动的特点和核心要素。

一、趋势行情的形态表征

趋势行情的形态特征可以概括为以下几个方面。

（1）周期性。趋势运动的最大特点是它的周期性，以首浪为周期单元，表现为波浪式的周期性循环运动。

（2）趋向性。趋向性（即趋势线的陡峭程度）描述了趋势的强劲程度。趋向性可以用回撤率（折返率）来描述。根据斐波那契奇异数判据，小于等于 38.2% 的回撤率属于强劲趋势运动，50% 的回撤率属于中等强度趋势运动，61.8% 左右的回撤率属于微弱趋势运动，而 100% 左右的回撤率则属于横向盘整（无趋势运动）。

（3）持续时间和波动幅度：它们分别描述了趋势持续时间的长短与涨跌幅度的大小，它们与群体运动规模以及市场环境条件有关。对于散户而言，

因为趋势的起止时间和位置事先无法预测，因此，应该采取乘势策略，追踪跟进。

二、趋势强弱程度的决定性因素

趋势的强弱程度由这两个市场因素决定。

（1）多空双方力量对比。它决定了走势的陡峭程度，也即价格的移动速度。例如，如果主导力量明显占优，代表市场整体看涨或者看跌心理的统一性程度很高，市场分歧很小，步伐高度一致，呈现一边倒的局面，那么，市场就会呈现陡峭的价格走势。反之，如果多空力量对比接近，没有一方力量占据绝对优势，说明市场中存在较大的分歧，市场步伐的一致性较差，那么，价格平均走势就会平缓，说明市场疲软，行情微弱。

（2）参与的人数和资金的投入量。它反映了群体运动力量和规模的大小，决定了市场总体买力或卖力。如果市场人气很旺，参与的人数很多，投入的资金庞大，那么，人多势众，声势大力量大，攻势就会异常猛烈。在形态上，表现为推进浪波段的持续时间长，涨跌幅度大。反之，如果市场人气不旺，人少力量小，就会表现出攻势疲软乏力，后劲不足，因此，推进浪行情的持续时间短，幅度小。

三、趋势可持续发展的决定因素

（1）外部环境条件的稳定性是趋势可持续发展的决定因素之一。根据经典物理学的牛顿惯性运动定律，只有当外部环境条件基本上保持不变，或者对市场的影响可以忽略时，原来的趋势运动才具有可持续性。也就是说，外力为零是趋势可持续发展的前提条件。如果外部环境条件发生了变化，并且造成市场整体预期心理出现较大的变化，那么，原来的趋势运动模式就难以维持下去，市场会出现趋势转折。

（2）市场的内稳定性也是趋势可持续发展的决定因素之一。在这里，需要强调指出的是金融系统与物质世界的差别。在经典物理学体系，只要外力为零，单个物体就会保持原来的运动状态不变。而在金融市场，即使外部环境条件没有变化，但是如果市场失去了内稳定性，也会导致多空力量对比发生显著的变化。例如，如果主力的预期盈利目标已经实现，选择出货的策略，那么，趋势同样会发生改变。

四、趋势可持续性发展的两大形态要素

众所周知，趋势运动是从首浪开始的周期性循环发展过程，趋势中的每个波浪都继承了首浪的规模和趋向性，因此，在形态上，只有当首浪完成以后，我们才能确认新趋势的开始，并且从首浪的规模和趋向性来确认趋势的发展方向以及强劲程度。这就充分表明在趋势形态分析中，跟踪首浪，耐心等待首浪的结束，并确认首浪完成的重要性。同时，这也说明，推进浪和调整浪（或回撤率）实际上是形成趋势运动的两大形态要素。

（1）推进浪的强弱程度。一般来说，强劲的推进浪代表有主力大资金的参与，多空一方在力量对比上占据绝对优势，说明市场气氛已经被点燃，大众情绪因为"羊群效应"而被激发，通常具有较大的后劲。因此，强劲的推进浪是实现强劲趋势运动的首要条件，也是可持续性发展的必要条件。反之，微弱的推进浪代表市场整体预期心理的统一性程度不高，市场内部还存在一定的分歧，内部稳定性较差，后市容易多变，因此可持续性较差。

（2）回撤率的大小。回撤率是评估行情发展状况和发展潜力的有力手段，它体现了市场分歧的大小。具体来说，揭示了总体上的多空力量对比，或者持看涨预期的投资者与持看跌预期的投资者比例。例如，在上涨趋势中，较小的回调率（≤38.2%）代表市场中的抛压较轻，投资者几乎都一致看好后市，并处在蓄势待发的状态，等待新一轮的行情展开。一旦回调结束，多头将重新恢复强劲的上涨动力。因此，小回撤率通常是强劲趋势具有可持续性发展的首要条件。反之，较大的回撤率则代表在推进浪过程中凝聚起来的市场信心已经涣散，持看跌预期的投资者比例要高于持看涨预期的投资者比例，导致抛压严重，市场需要用较长时间和较深幅度的回调来恢复市场情绪，重新聚集人气和信心，因此相对来说，难度较大，操作成本和风险也较大。

第九章　金融市场走势预测的基本方法

预测就是根据过去和现在已经发生的状况，运用科学分析方法和手段，对事物未来的发展趋势进行预计和推断。其主要特点是根据已知推测未知，用过去、现在预计未来。由于价格的发展和变化受多种因素的影响，各种因素之间存在着既广泛又错综复杂的联系，而人类的认识能力具有有限性，形成了价格变化的随机性特征，未来存在不确定性而难以预测。以所谓的趋势交易为例，首先，因为投机和投资都存在时间周期，所有的趋势行情都不会无限制持续下去，而是有始有终的。其次，趋势是群体行动的结果，它的可持续性是有前提条件的。例如，如果外部环境条件发生改变，或者主力改变操作策略（如出货），趋势就会发生变化。显而易见，缺乏分析和预测的盲从行为风险极大，与赌博并无多大差别。

预测是决策的前提和基础，将直接影响到交易的成败，但是，很多投资者并没有认识到预测的重要性，也没有重视学习和掌握预测的基本原理与方法，不仅严重影响个人思维和决策，而且还助长了盲从行为。本章首先介绍了预测的基本原理，然后借鉴气象预报方法来讨论了几种常用的预测方法，最后，从技术分析的角度出发，在概率论的基础上，系统地探讨了各种形态结构的预测原理，总结归纳了不确定性与相对确定性的形态特征和意义。

第一节

预测目的、基本步骤和要素

本节我们将概括预测的目的与作用、预测的基本步骤与基本要素等内容。

一、预测目的和作用

预测的目的和作用可以归纳为以下几点。

（1）预测是决策的前提，为投资者进行正确投资决策、制订一个切实可行的计划提供科学依据，是避免决策片面性和决策失误的重要手段。预测既是计划的前提条件，又是计划工作的重要组成部分。

（2）科学的预测有助于提高投资者对未来的预见性，可以指导现在和未来的行动，并提高工作效益。没有预测，就没有决策和计划的依据，一切行动将变成盲从。

（3）正确的预测可以最大限度地减少不确定性对预测对象的影响。通过预测，可以把握未来市场发展变化的动态，减少未来的不确定性，避免或降低可预测的风险，使决策目标得以顺利实现。此外，预测实践有助于提高投资者的认知水平和实战能力，减少个人行为的盲目性。

在金融市场，对于普通投资者来说，定性分析与预测内容可以归纳为以下三个方面：①预测未来的发展状况以及发展潜力，由此评估是否有潜在的投资价值。显而易见，只有在未来有发展潜力的行情才值得投资者去投资和交易。②风险评估。预测不仅要评估潜在的投资价值，而且还要预测未来可能会遇到的风险高低。③入场时机。有了好的计划，还要有好的预测，才有更好的规划，帮助投资者确定最佳的买卖交易时间。

二、预测的基本步骤

预测的基本步骤如下。

（1）确定预测对象。即确定预测分析的内容、范围、目的和要求。

（2）收集和整理所需资料。包括预测对象过去与现在的资料和信息，其他相关资料（如外部环境影响因素）。对所收集的大量资料进行整理、归纳，找出与预测对象有关的各因素之间的相互依存关系。

（3）选择预测方法，建立预测模型，进行定性和定量分析。

（4）分析和评价预测结果，并进一步检验预测模型。

（5）将预测结果交付决策。

三、预测的四大基本要素

预测的四大基本要素可以概括为：

（1）资料和信息。这是预测的基础，预测需要收集过去和现在的大量资料和信息才能进行分析、总结和推断。

（2）技术和方法。若没有正确的预测技术和方法，就很难有好的预测思路，这是预测关键之一。预测方法包括定性的分析或定量的计算两种。

（3）客观规律性。实际上，正是因为客观规律性的存在才使得预测成为可能，人们对于事物发展变化规律的认识深度通常是影响预测准确性的主要因素。

（4）胜任者。个人经验和实际工作能力往往在分析和预测中起到关键作用。

第二节

预测的基本方法

基本的预测原理有四种：惯性原理、因果性原理、周期性原理和类比性原理，它们揭示了不同预测方法的内在逻辑。虽然不同学科和领域的研究内容各不相同，但是，科学研究方法中的基本思路、程序、规则、技巧和模式具有明显的普遍意义和借鉴性。正是借助于不断增加和完善的各种科学研究方法，大大拓展和深化了人们对世界的认识，促进了科学预见和技术应用的巨大成功。预测领域的例子很多，其中，有些预测和预报与我们的日常生活息息相关，如气象预报以及地震预报。以气象预报为例，精准预测天气确实不是一件容易的事，因为大气变化是一个复杂的运动过程，充满了各种各样的可能性，影响天气预报准确率的基本原因是大气运动自身具有随机性。下面借鉴气象预报方法来介绍几种常用的预测方法。

一、数值计算方法

数值预报方法是目前天气形势预报的主要方法，它是根据气象观（探）测资料，即最近一段时间内的大气运动状态和天气气象，应用天气学、动力学、统计学的原理和方法，通过大量的数值计算，求解描写天气演变过程的流体力学和热力学方程组，对某区域或某地点未来一定时段的天气状况作出定性或定量的预测。

对于很多实际问题，解析解不易求得，或太复杂，在掌握主要运动规律的前提条件下，运用数理分析方法将实际问题中归结出的动力学方程组，在一定初值和边界条件下，利用计算机进行复杂问题的数值计算，来获得过去、现在和未来发展模式一致的预测，这是一种广泛采用的数值预报方法。随着数值预测与计算方法的不断改进，以及计算机性能与运算速度的大幅度提高，数值预测的准确率在不断得到提升。

数值计算过程主要包括：实际问题数学化，确定解析模型（即数学建模）；给出数值计算方法；确定初值和边界条件；程序设计；上机计算并分析结果。

数值计算方法特别适合处理不易做实验、复杂甚至还没有理论的问题研究，通过构造复杂的数学模型和基于大量数据的模拟计算，获取对问题域规律的认知，具有代价小、实时性强、可重复等特点。在金融领域，借助于数学模型和计算机模拟，金融分析家能更好地理解金融市场，开发处理市场不确定性的模型，提供可预见风险度的各种金融决策方案，因此，数值计算已成为解决经济、金融方面大规模决策问题的一个基本工具。

随着电子交易和计算机技术的飞速发展，近年来程序化交易愈发火热，越来越多的投资者启用计算机程序辅助交易。程序化交易的核心是交易模型，它是指交易人员将实战中总结的经验与现代金融投资理论相结合，使用数学对其进行建模，并将该模型应用于历史数据，通过数学计算和数值分析，对模型进行测试和优化，识别交易机会，从而形成的自动化交易体系。程序化交易可以克服人性的弱点，突破人的生理极限，因此具有广阔前景。

二、趋势外推法

趋势外推法是一种十分重要的常用方法。趋势外推法是根据最近一段时间内天气系统的移动速度和强度变化的规律，顺时外延，预报出未来短时间内的移动速度和强度变化。外推法又可以分为两种情况：直线（线性）外推以及曲线外推法。虽然曲线外推要比直线外推更全面些，但是由于实际天气过程的复杂性，曲线外推并不一定比直线外推更准确。

趋势外推法又称为趋势延伸法，它是根据过去和现在的发展趋势推断未来的一类方法的总称，用于科技、经济和社会发展的预测，是情报研究法体系的重要部分。趋势外推法以惯性原理的连续性和延续性为理论基础，它主要包括以下几个方面的含义：①任何事物的发展都具有一定的惯性，即在一定时间、一定条件下保持原来的趋势和状态的能力；②决定事物过去发展的因素，在很大程度上也决定该事物未来的发展，其变化不会太大；③宏观世界的事物发展过程一般都遵循循序渐进的变化规律。因此，根据惯性原理，就可以预测未来的趋势和状态。

趋势外推法是在对研究对象过去和现在的发展作了全面分析之后，利用某种模型描述某一参数的变化规律，然后以此规律进行外推。为了拟合数据点，实际中最常用的是一些比较简单的函数模型，如线性模型、指数曲线、生长曲线、包络曲线等。在技术分析中，趋势的直线外推法（即趋势分析方法）是我们大家都熟悉的一种形态分析方法，它是传统技术分析的核心内容。

趋势外推预测方法的应用注意事项有以下几点：①外推时间不能太长（即通常短期内有效）。②外界有突破性变化时该方法就失效。例如，当天气系统的移动和强度无突然变化或无天气系统的新生、消亡时，应用上述趋势法的效果较好；反之，预报往往与实际不相符合。类似地，在技术分析中，一旦趋势形态（如趋势线）被市场打破和中断，就表明原来趋势的终结。③如果出现趋势的过度延伸现象，就要谨慎使用趋势外推法来预测市场。这是因为趋势的过度延伸通常是一种典型的末期迹象，往往代表趋势已近末期，即将终结。例如，在技术分析中，当出现趋势的过度延伸时，很多技术指标（如 MACD、RSI 等）都会呈现背离现象，在这种情况下，通常不再适合趋势外推法。

三、周期性外推法

周期性外推法是指根据预测对象按照时间排列的历史数据中呈现出的有规则的上升与下降循环变化形态，以这种周期性趋势变化为依据，外推预测对象未来值和发展趋势的分析方法。周期性外推法在水文、气象等领域有着广泛的应用。

宇宙中万事万物都处于不断的循环运动中，不管是自然物还是生命体，都有其固有的法则或规律。大到宇宙星球的运行，四季的轮回，日夜的更替，小至分子、原子的运动规律概莫能外。周期性变化的现象在社会和经济领域以及生产实践中也大量存在，这种周期性的循环发展模式已经成为一种普遍的运动规律。例如，自然界中动植物普遍存在固有的、遵循自然动态循环法则而客观存在的一种物质交替更新、能量转换的运动规律。研究表明，人类社会的发展也呈现出周期性的上升过程，因此历史的规律在不断地重演。而经济活动具有显著的内在规律性，其中最显著的规律性就是经济发展的周期性，即随着时间的推移，经济发展过程中的繁荣与萧条会呈现出一种扩张与紧缩交替更迭、循环往复的周期性波动特征。

周期现象具有鲜明的形态和特征：其一，周期性和重复性。同样或者相似的情景会再现，但在时间上或者空间上具有大致相等的间隔。其二，稳定性。一个周期接着另一个周期地出现，这种现象体现了系统的稳定性，同时也说明系统蕴含着内在的因果关系。其三，客观性。循环往复的周期性过程也说明了这种现象的客观性。而客观性、重复性和稳定性正是规律的主要特点，使得人们对自然、社会现象可以重复探索，抓住其内在联系，证明它的规律性。虽然未来的不确定性始终存在，但是利用周期现象的重复性特征，我们可以把握自然与社会经济现象的本质，提高决策前瞻性和预见性。

在水文、气象和经济领域，有十年周期循环理论（或十年轮回）之说，普遍认为这现象与太阳黑子活动相位有关，因为太阳黑子影响地球气候及经济。例如，太阳黑子散发较多能量，地球气候良好，农作物丰收就会有利于经济及股市。反之，则一切逆然。江恩特别强调 10 年循环周期，10 年循环周期理论强调股票的长期周期走势是每 10 年重复一次。以中国 A 股为例，近 20 年来，中国股市每 10 年左右走一个大的牛熊循环周期，从 1996 年初至 2005 年下半年的一个大 10 年牛熊循环周期，接下来从 2006 年（或 2005 年下半年）至 2015 年底左右，是另一个大的 10 年牛熊循环周期。

在投资领域，时间周期揭示了价格发生回调的规律，为技术分析与预测增加了新的内容，而将时间周期性规律广泛运用于预测股市、期市已逐渐成为人们关注的热点，也为投资者提供相当可靠的投资机会。其中，江恩的时间周期法就是在投资领域获得巨大成功的典型例子。

但需要指出的是，在事物发展过程中，如果受到其他因素的影响，其周期性往往会发生一些改变。例如，随着时代的变迁，或者环境的变化，波动周期会出现缩短或增长的现象。在股市，个股受大盘股指的影响，周期性波动的谷底或者峰顶有时会发生移动，并不一成不变。

四、经验预测法

依靠天气图，以预报员的经验、技巧和判断为主所作的天气预报，是天气形势预报的基本方法之一。经验判断体现了客观事物发展变化规律的重要性，实际上，正是共性规律的客观性、重复性和稳定性揭示了经验在实践中凸显应用和发展价值的本质内涵。经验预报法包括相似形势法和统计资料法等。

1. 相似形势法

在预报天气形势时，如果当时的天气形势和过程与某一模式的前期情况相似，我们就可以参考该模式的后期形势进行预报，这种方法称为相似形势法，或模式法。类比性预测原理是相似形势法的理论基础，即根据事物相似性原理进行科学预测。

一般来说，在不同时间的天气图上的天气形势和天气过程是没有完全相同的。但是，如果只考虑其主要方面，忽略次要方面，在大量的历史天气图中，总可以归纳出若干具有代表性的天气形势和天气过程，以此作为预报模式。

在技术分析中，通过分析各种趋势反转形态来预测未来市场的趋势就是属于相似形势法，在围棋对弈中相当于定式的运用，这些都已经被证明是很可靠的经验应用。

2. 统计资料法

对大量的历史资料用统计的方法，统计出各种天气系统的移动路径、速度和中心强度等的平均数据，以便在预报时作参考。例如，统计表明，在冬季，我国北方（北纬 35 度以北）高空槽移速多在 40km/h 以上，而在夏季，高空槽移速只有 25km/h 左右。类似地还可以统计出气旋移速和锋面移速等。统计数据可以作为预报时的参考，这种方法称为统计资料法。

针对某些天气系统或天气过程，寻找预报指标，亦是一种很重要的经验预报法。一般来说，在寻找某种天气过程的预报指标之前，必须对过去所发生过的这类天气过程进行普查分析，找出它们的共性，同时找出它们与其他天气过程不同的特性，然后进行归纳，统计得出预报指标。

统计资料法在金融市场同样也有广泛的应用。图 9 - 1 为作者头条号"游资成名录"统计发表的中国股市涨停板之首板与连板的统计数据，对热衷于股市打板的投资者而言，这是分析首板与连板行情的极好参考资料。毫无疑问，随着计算机网络通信以及计算机应用技术的发展，以大数据为代表的数据密集型技术将成为新时代技术变革的基础，统计预测方法也必将得到越来越多的关注和应用。

五、预测特点和精度

对不确定事件进行预测时，需要注意以下几个事实。

（1）没有一种预测方法会绝对有效，预测的作用是有限的，并且都存在风险。

（2）小概率事件也有发生的可能性（墨菲定律），不能掉以轻心。

（3）预测的前提条件是系统具有内稳定性。如果受到外界的影响和干扰，稳定性条件得不到满足，那么，预测精度就会变差，甚至完全无法预测未来。

统计规则：1. 涨停板统计时间自1990年12月19日始至2020年12月25日止。统计范围为已上市的所有股票。
2. 剔除新股连续涨停板（含开板前的一字连板和开板后连续涨停的换手连板）。
3. 剔除个股被ST后5%幅度的涨停板，只统计被ST之前10%幅度的涨停板。
4. 连续涨停板从首板到终板各计数一次，比如二连板的首板、二板各计一次，三连板的首板、二板、三板各计一次，依此类推。

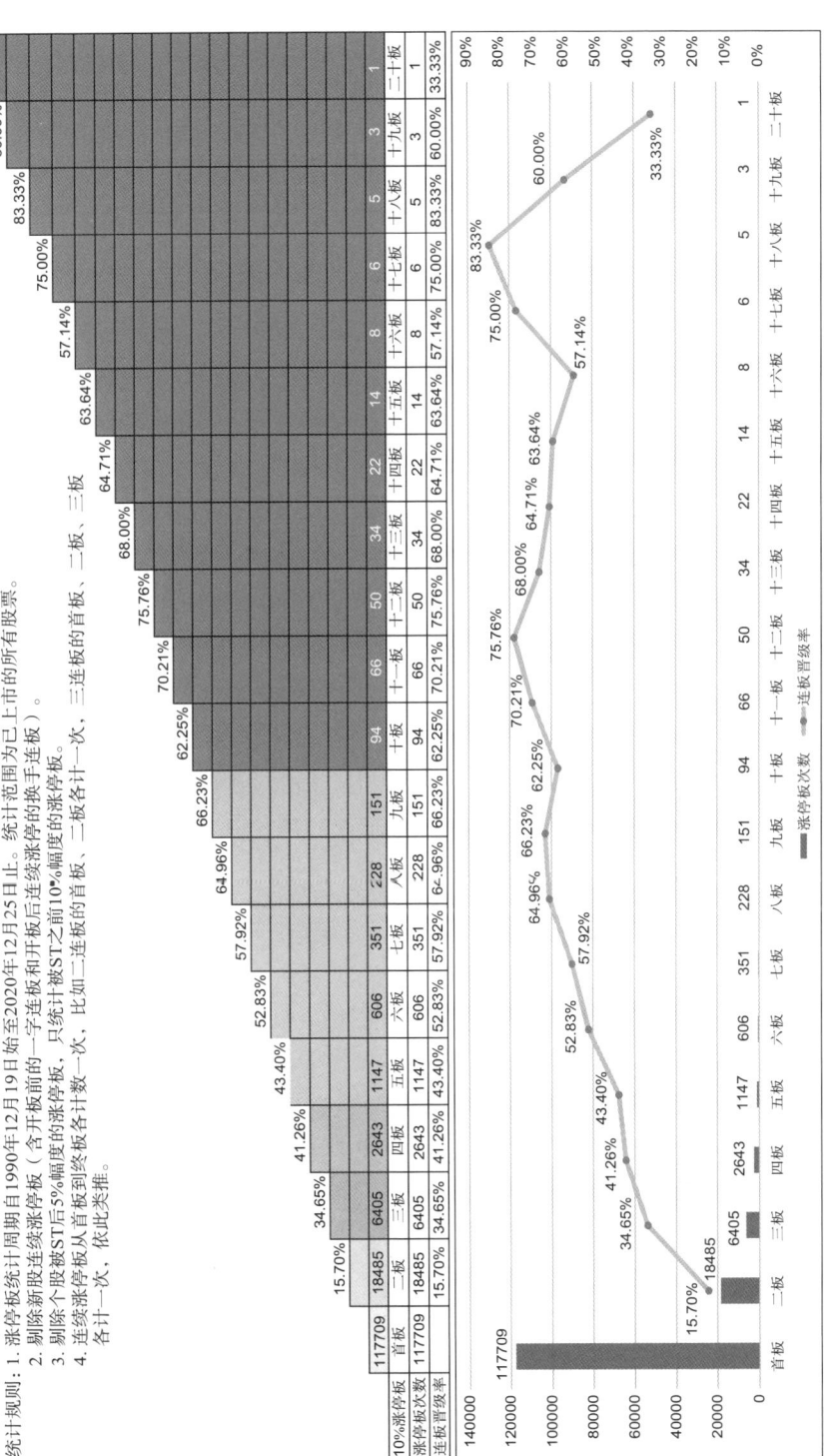

10%涨停板	117709	18485	6405	2643	1147	606	351	228	151	94	66	50	34	22	14	8	6	5	3	1
	首板	二板	三板	四板	五板	六板	七板	八板	九板	十板	十一板	十二板	十三板	十四板	十五板	十六板	十七板	十八板	十九板	二十板
涨停板次数	117709	18485	6405	2643	1147	606	351	228	151	94	66	50	34	22	14	8	6	5	3	1
连板晋级率	15.70%	34.65%	41.26%	43.40%	52.83%	57.92%	64.96%	66.23%	62.25%	70.21%	75.76%	68.00%	64.71%	63.64%	57.14%	75.00%	83.33%	60.00%	33.33%	

图9-1　中国股市涨停板与连板统计数据（资料来源：头条号"游资成名录"）

（4）通常情况下，预测的时间跨度越长，预测结果和准确性越差，因此，预测的准确性随着预测期的缩短而提高。这是因为在一个复杂系统中，时间越长，不确定性过程和不确定因素越多，变数也越多，预测的准确率就会变得越差。以天气预报为例，目前中国江苏地区 24 小时晴雨预报准确率已经达到 90% 左右，2～3 天短期晴雨天气预报准确率可以达到 80% 以上，4～7 天的准确率在 70% 左右，但要预测未来一周以上的天气或者暴雨天气，其准确率就差了。

第三节

基于概率论的形态预测原理

对于随机性问题，不确定性是绝对的，确定性则是相对的、有条件的。个别事件结果无法精确预测，但是，大量随机事件的整体行为具有确定的规律性。统计规律性揭示了偶然性中存在必然性这一事实，指明了从偶然性中通往必然性的方向，那么，在交易实践中，具体怎么来做呢？这是本节所要讨论的内容。下面从技术分析的角度出发，在概率论的基础上，来系统地探讨形态预测原理，总计并归纳各种不确定性与相对确定性的形态特征和意义。毫无疑问，这种讨论有助于提升投资者的理论层次，促进理论与实践的结合。

一、不确定性与相对确定性

在前面已经讨论过强势相对确定性的内涵，即代表大资金的介入，多空中一方在力量上的绝对优势和主导地位，在形态上代表价格运动状态的不对称性，即在一个方向上的概率优势，而在另一个方向上的概率劣势，因此强势市场存在期望收益优势，存在着可供投资者主观选择的具有期望收益优势的决策方案，具有长期稳定盈利的潜力。与此相反，弱势市场代表多空力量彼此接近，不分胜负，在运动状态上不存在概率优势，因此，弱势市场基本上不存在期望收益优势，这样的市场也就不具备投资价值。

运用这种分析思路和方法，我们可以对各种价格形态结构进行类似的分析，在概率论的基础上，揭示各种价格形态结构中存在的不确定性与相对确定性问题。下面以图 9-2 为例来具体分析。

图 9-2（a）：因为反弹的顶部在降低，代表市场中持看跌预期的投资者

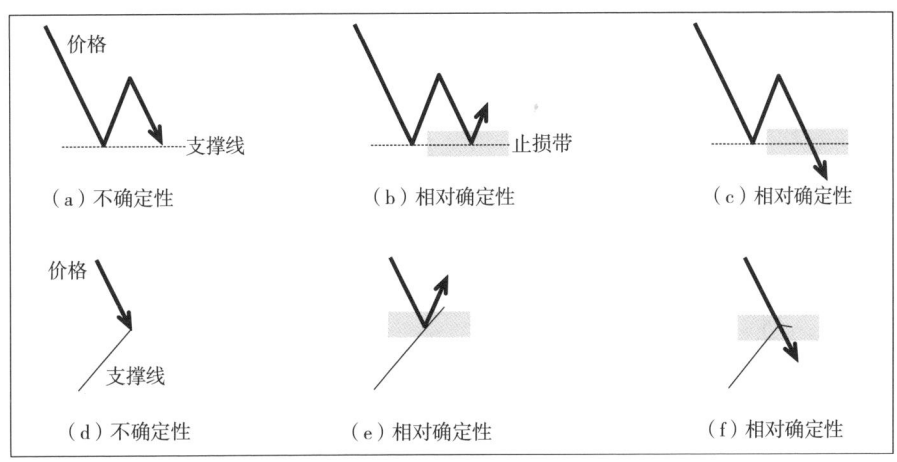

图 9 - 2　形态变化中的不确定性和相对确定性

比例更高，从这一点而言，后市看跌。但是，因为前低是个支撑价位，在前期下跌过程中曾经发挥过有效的支撑作用，当市场再次逼近这个价位时，可能还会受到惯性支撑作用，因此未来走势将会出现以下两种可能性：①如果该价位再度发挥有效的支撑作用，则未来走势将会止跌转涨，逆转向上，代表空头力量将会衰竭，多头将取得力量优势；②如果市场维持看跌心理不变，空头继续占优，那么，后市将跌破该价位，继续向下。总而言之，这种价格形态的未来走势具有不确定性和不可预测性，价格向上或者向下运动都有可能发生。

　　从行情发展角度来看，前低这个支撑价位的有效性关系到原来跌势在未来的延续性，不仅对于短期走势，而且对于中长期发展趋势，都具有方向性意义，因此，这个形态出现的位置相当关键。例如，如果出现在跌势的早中期，因为形态的看跌意味非常明确，加上行情位置的配合，一旦发生有效突破之后，投资者就要择机果断跟进。但是，如果出现在跌势的末期，那么，未来也可能形成 W 型底部反转形态。总而言之，在短线市场明确之前，投资者要保持谨慎，耐心等待。同时也说明，在分析和预测时，不能主观臆断，一定要结合行情状况和近期发展趋势综合考虑，这样才能提高预测的准确性，明确规划的大方向。

　　图 9 - 2（b）：跌势中，市场在前低所代表的支撑水平附近止跌转涨，形成有效的 K 线反转形态，则有明确的技术意义：①前低的支撑再次发挥了有效的支撑作用，说明短线市场的买卖立场基本上没有变化。支撑的通俗含义就是价格在这个价位上已经跌不下去了，这是当前市场普遍认同的局部底部，

代表卖力的衰竭，而买力的增强必然使得市场走势逆转向上。②从长期来看，因为市场不能下跌破位并继续原来的跌势，说明在下跌过程中，市场形势发生了变化，空头力量已经在分化瓦解中，多头正在崛起，导致下跌行情出现了中断。③从短期来看，多头获得力量上的优势和市场主导权，走势逆转向上。综上所述，这是一种强烈的信号，代表空头的衰竭，多头已经重拾信心，遏制了跌势的继续，短期内看涨，价格向上运动是大概率事件，具有相对确定性。

不过投资者需要注意以下两点：一是这种形态通常代表原来的下跌趋势难以持续下去了，但并不代表后市一定会形成 W 型底部反转形态，马上进入一个较大的涨势行情，因为也有可能进入中期盘整区。二是虽然当前短线走势已经逆转向上，但是，无论是中长期形态还是短期形态，当前都处于下跌态势中，因此，这种形态只代表短线方向上的相对确定性，而中长线的意义则是跌势中断信号。这种短线信号的重要性在很大程度上取决于该形态在下跌趋势中所处的位置，即下跌趋势的阶段性发展状况。

图 9 - 2（c）：跌势中，市场在反弹结束之后的回落过程中，出现下跌破位现象，即市场击破并穿越前低所在的价格水平，继续下行。它的技术含义非常明确：①曾经的前低支撑价位没有再次发挥支撑作用，说明短线市场的买卖立场已经发生改变，在该价格水平，市场已经转为以看跌预期为主，空头重新恢复力量优势和市场主导地位。②价格突破方向与趋势方向一致，通常代表了在趋势方向上的可持续性发展，其意义更加重大。因此，这种形态不仅是短线而且还是中长线方向上的相对确定性，说明价格向下运动是大概率事件，如果出现在下跌趋势的早中期，投资者应该择机果断跟进。

图 9 - 2（d）：当价格在回落中逼近曾经的支撑线或者强势均线时，它们是否还会再度发挥有效的支撑作用是不确定的，后市走势会出现以下两种可能性：如果之前的支撑再次发挥有效作用，那么市场走势就会逆转向上；反之，如果不起作用，价格就会穿越支撑线，继续下跌。因此，未来走势向上或者向下这两种情况都有可能发生，存在不确定性，无法作出准确判断和预测。

图 9 - 2（e）：如果价格在曾经的支撑线附近止跌转涨，形成有效的反转形态，则具有明确的技术意义：①曾经的支撑线再次发挥了有效支撑作用，说明市场的买卖立场基本上没有变化，卖力已经衰竭，因此买力的增强必然导致市场走势逆转向上。②短期有效反转形态代表多头已经重新获得力量上的优势和市场主导权，因此，短期内价格上涨是大概率事件，代表价格运动状态的相对确定性。③因为短线走势逆转出现在中长期的支撑线附近，使得

短期走势与中长期趋势方向一致，代表了中长期趋势的可持续性发展，如果出现在涨势的早中期，意义更加明确和重要。此外，两者之间有相互强化作用，因此构成了一种强烈的信号，即多头已经重拾信心，后市看涨。

图9-2（f）：在回落过程中，市场出现下跌破位现象，价格穿越曾经的支撑线，继续下跌。它的技术含义非常明确：曾经的支撑线没有发挥支撑作用，说明短期市场的买卖立场已经发生改变，在原来的支撑线附近，市场已经转为以看跌预期为主，空头占据力量优势，夺取市场控制权。这种形态的相对确定性包括以下两个方面：一是空头在短期内的力量优势，因此短期内价格向下运动是大概率事件；二是市场的下跌破位现象说明中长期涨势已经难以为继，这是中长期趋势被终结的强烈信号。但是需要注意的是，变盘信号通常只代表趋势在持续发展中出现了问题，但这并不一定意味着趋势马上就会反转。

二、不可预测性与相对可预测性

在价格变化中，不确定性将导致不可预测性，而相对确定性则将导致相对可预测性。下面以图9-3中的形态为例，来进一步阐述不确定性与不可预测性、相对确定性与相对可预测性的关系。

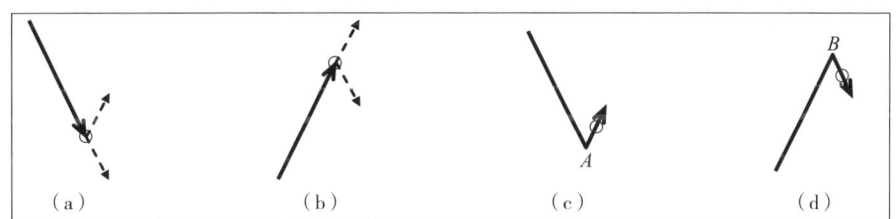

图9-3　价格变化中的不可预测性与相对可预测性

图9-3（a）：在下跌过程中，当前走势向下，说明空头占据力量优势，短期内价格下跌是大概率事件。此外，一般来说，当前的新低只是一个暂时的低点，属于过渡状态中的低点，在新低之后往往还有更低的低点。在概率上看，当前的新低成为局部谷底不是没有可能性，但肯定是属于小概率事件，未来的底部位置是不确定的，事先无法作出准确的预测。综上所述，这种形态具有以下特点：①短线走势具有相对确定性和可预测性（向下）。②但未来的底部位置具有不确定性和不可预测性。

当行情经过一段时间的快速下跌以后，MACD等指标常常会出现低位钝化现象，并且在随后的下跌过程中，形成价格走势与指标之间的正背离现象。

有些交易人一见到背离现象，往往会以为走势逆转非常迫切，底部即将呈现。但实际情况是，有些背离可能是见底信号（即真正的底背离），而有些背离却是空头的强势调整形态特征，后市继续看跌，因此，如果投资者不作区分，仅以背离现象作为进场交易的依据，最后必然会付出惨痛的代价。

图9－3（b）：在上涨过程中，当前走势向上，说明多头占据力量优势，短期内价格上涨是概率优势方向。此外，通常来说，当前的新高只是一个属于过渡状态中的高点，新高之后往往还有更高。从概率上看，当前的新高成为局部顶部不是没有可能，但肯定是属于小概率事件，未来的顶部位置是不确定的，事先无法准确预测。总的来说，这种形态具有以下特点：①短线走势具有相对确定性和可预测性（向上）。②但未来的顶部位置具有不确定性和不可预测性。

类似的道理，当行情经过一段时间的快速上涨之后，MACD等指标常常会出现高位钝化现象，并且在随后的上涨过程中，形成价格走势与指标之间的负背离现象。但投资者需要注意的是，有些背离可能是见顶信号（即真正的顶背离），而有些背离却是多头的强势调整形态，后市继续看涨，因此，如果以背离现象作为依据作出交易决定，将会存在极大的风险。

此外，还要指出的是，在价格回撤过程中，市场经常会在斐波那契异数列的38.2%、50%、61.8%等回撤位置上发挥奇特的支撑或阻力作用，类似的还有跳空缺口。这种现象虽说很常见，但从概率论的角度来看，大概率并不一定，小概率也有可能，只能说明事件发生的不确定性和不可预测性，因此，当市场逼近这些价格水平时，我们就要提高警惕，提前预防。

华尔街的前辈们总结出了"不在新低买进，不在新高卖出"这一条宝贵的经验教训，说明了在行情推进过程中顶部或者底部位置的不可预测性。从形态上看，只有当强劲的短线反转形态形成之后，才算大概率形成短线市场的底部或者顶部。但是，依然有很多人要绞尽脑汁"猜顶摸底"，如同习武中喜欢走旁门左道，最终必然是走火入魔，误入歧途，反而招致损失。

图9－3（c）：市场走势在A价位上止跌转涨，收出了有效的看涨反转形态，展开反弹。它的技术意义非常明确：其一，价位A是走势的分界点，代表短线走势的转折，局部底部基本形成；其二，空头力量已经衰竭，多头力量占据优势，使得市场走势发生逆转；其三，短期内价格上涨是概率优势方向。因此，这种形态可以概括为以下几个主要特点：①短线底部已经大概率形成，具有相对确定性。②短线市场走势具有相对确定性和可预测性（向上）（图中小圆圈代表在有效的反转形态完成之后）。从形态上看，一般来说，有

效反转形态通常以大中阳（阴）线的强势反转形态居多，代表走势逆转之后的短线强劲势头。③但未来反弹持续的时间和幅度具有不确定性和不可预测性。

图9-3（d）：市场走势在B价位上止涨转跌，收出了强势反转看跌形态，开始回落。它的技术意义非常明确：其一，价位B是走势的分界点，代表短线走势的转折，局部顶部基本形成；其二，多头力量已经衰竭，空头力量占据优势，使得市场走势发生逆转；其三，短期内价格下跌是大概率事件。因此，同样的道理，这种形态可以概括为以下几个主要特点：①短线顶部已经大概率形成，具有相对确定性。②短线走势具有相对确定性和可预测性（向下）。③但未来回调持续的时间和幅度具有不确定性和不可预测性。

下面我们来讨论图9-4中两种形态的不可预测性与相对可预测性特点。

图9-4（a）：涨势中，回调结束之后，短线底部已经大概率形成，具有相对确定性；短线市场走势具有相对确定性和可预测性（向上）；但未来持续上行的时间和幅度具有不确定性和不可预测性；总的来说，后市大概率看涨，这是因为回调底部抬高代表市场中持看涨预期的投资者比例更高，下一步要看前高的阻力价位是否会发挥作用，这就要具体分析该形态在涨势中所处的位置以及整个趋势的发展状况才能作出合理的判断。

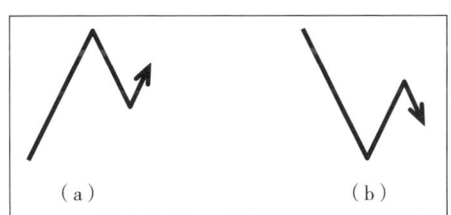

（a）　　　　　　　　　　（b）

图9-4　形态变化中的不可预测性与相对可预测性

图9-4（b）：跌势中，在反弹结束之后，短线顶部已经大概率形成，具有相对确定性；短线走势具有相对确定性和可预测性（向下）；未来持续下跌的时间和幅度具有不确定性和不可预测性；后市大概率看跌，这是因为反弹顶部降低说明市场中持看跌预期的投资者比例更高，下一步要看前低的支撑价位是否能发挥作用。同样的道理，需要结合当前位置和行情发展状况才能作出恰当的推断。

第四节

不可预测性与可预测性形态分析

根据前面的讨论，我们将总结和归纳典型的不可预测性与可预测性价格形态特征，探讨它们的成因。

一、不可预测性价格形态

不可预测性价格形态代表价格运动状态以不确定性为主，主要包括以下两种不可预测性：一是未来市场方向的不可预测性。例如，因为多空力量大致相等，不分伯仲，市场以分歧为主，在价格运动方向上不存在概率优势方向，未来前景不明朗，这通常是盘整市场的特点。二是未来价格位置的不可预测性。例如，虽然短线市场方向已经明确，但是对于行情的持续时间和展开幅度却无法事先准确地予以预测，这一般是趋势市场的特点，如对于趋势行情的起止点通常难以预测。

图9-5概括了当价格逼近之前的支撑或者阻力水平时常见的不确定性和不可预测性形态，简单归纳如下。

图9-5（a）：跌势中，从短线上看，市场中持看跌预期的投资者比例更高，后市大概率看跌，但是，因为投资者事先无法预测前低价位是否会有效地发挥支撑作用，未来走势在向上和向下两个方向上都有可能发生，具有不确定性和不可预测性。

图9-5（b）：跌势中，因为前低阻力价位是否能有效地发挥作用存在不确定性，未来走势在向上或向下两个方向上都有可能发生，具有不确定性和不可预测性。

图9-5（c）：与图9-5（a）的情形相反，涨势中，因为上方前高阻力价位是否能有效地发挥作用存在不确定性，未来走势在向上与向下两个方向上都有可能发生，具有不确定性和不可预测性。

图9-5（d）：与图9-5（b）的情形相反，涨势中，因为下方前高支撑价位是否能有效地发挥作用存在不确定性，未来走势在向上或向下两个方向上都有可能发生，具有不确定性和不可预测性。

图9-5（e）：跌势的低档盘整区，当价格在盘整区内由上向下逼近下边界时，下边界是否能有效地发挥支撑作用存在不确定性，因此，未来走势将

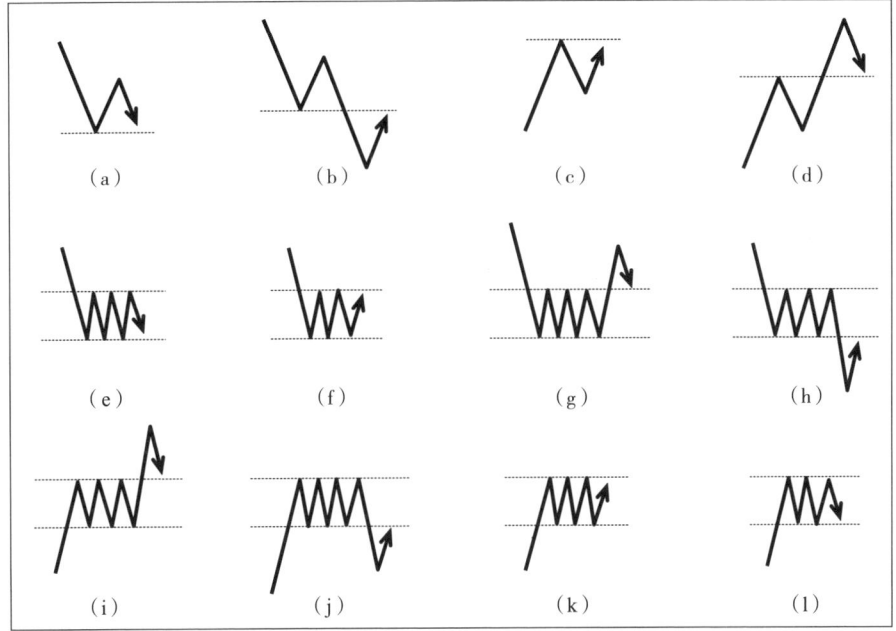

图 9 - 5 不确定性和不可预测性形态

会出现两种可能性：①如果下边界再度发挥有效的支撑作用，那么，未来走势将会逆转向上；②如果市场继续保持以整体看跌心理为主，就会出现下跌破位现象，价格穿越下边界，继续下跌。因此，未来价格向上或者向下运动都可能发生，具有不确定性和不可预测性。

一般来说，盘整区的影响随着盘整时间的增长而增大。与其支撑作用相比，下边界的突破往往对市场的影响更大。因为从形态上看，支撑的有效性只是维护了当前盘整状态的不变，而下边界的突破则直接关系到下跌趋势在未来的可持续性发展，两者涉及不同的层面。

图 9 - 5 (f)：跌势的低档盘整区，当价格在盘整区内由下向上逼近上边界时，未来走势将会出现两种可能性：①如果盘整区上边界再度发挥有效的阻力作用，那么，未来走势将会逆转向下；②如果市场继续以整体看涨心理为主，就会出现上涨破位现象，价格穿越上边界，继续上升。因此，未来价格向上或者向下运动都可能发生，具有不确定性和不可预测性。

但是，上边界的突破往往对市场的影响更大。因为从形态上看，上边界阻力的有效性只是维持了当前盘整状态的不变，而上边界的突破则表明市场格局的变化，即在经过前面一段时间的盘整之后，市场形势已见分晓，原来的跌势已经被终结，趋势反转极有可能出现，因此是趋势大概率反转的强力信号，意义完全不同。

图9-5（g）：转势中，当价格在盘整区外由上向下逼近上边界时，未来走势将会出现两种可能性：①如果盘整区上边界因为极性转换原则发挥有效的支撑作用，那么，未来走势将会逆转向上，成为趋势反转的启动信号；②如果市场继续以整体看跌心理为主，价格就会下跌穿越上边界，重新回到盘整区继续盘整，这种情况说明市场还没有调整好，或者局势又有变化。总的来说，未来价格向上或向下运动都有可能出现，具有不确定性和不可预测性。

需要指出的是，当市场击破并穿越盘整区上边界之后，再用回踩动作来验证该价位的支撑是否有效，这是主力常用的手法。在这种情况下，主力会主动让价格回调（下跌）来测试下方支撑位，为下一步上涨做准备。

图9-5（h）：转势中，当价格在盘整区外由下向上逼近下边界时，未来走势将会出现两种可能性：①如果盘整区下边界因为极性转换原则发挥有效的阻力作用，那么，未来走势将会逆转向下，市场大概率恢复跌势；②如果市场继续以整体看涨心理为主，价格就会穿越下边界继续上升，重新回到盘整区继续盘整。因此，未来价格向上或者向下运动的可能性都会有，具有不确定性和不可预测性。类似地，当市场击破并穿越盘整区下边界之后，主力通常用回测动作来验证该阻力是否有效。

剩下四种价格形态，图9-5（i）、图9-5（j）、图9-5（k）和图9-5（l），读者可以参照上面的讨论依此类推，这里不再赘述。

图9-6概括了当价格逼近倾斜支撑或者阻力线时常见的不确定性和不可预测性形态，这些支撑或阻力线可以是趋势线，也可以是强势均线。

图9-6（a）：涨势中，当价格由上而下逼近倾斜上升的支撑线时，即使这根支撑线之前已经被市场多次验证过它的有效性，它能否再次发挥有效的支撑作用仍然是个未知数。这是因为趋势线的有效性通常只在趋势范围内成立，而未来存在不确定性，因此，未来走势会出现以下两种可能性：如果该支撑线再度发挥有效的支撑作用，则未来走势将会逆转向上；反之，如果市场已经转变为以整体看跌心理为主，那么，未来走势将继续向下，对原来的支撑线出现破位穿越现象，终结原来的趋势。由此可见，未来价格走势具有不确定性和不可预测性。

图9-6（b）：涨势中，当价格逼近趋势通道上方的阻力线时，未来走势将会出现以下两种可能性：一是阻力线发挥有效的阻挡作用，市场走势逆转下跌；二是阻力线不起任何作用，价格穿越曾经的阻力线继续上升。因此，

未来走势存在不确定性和不可预测性。

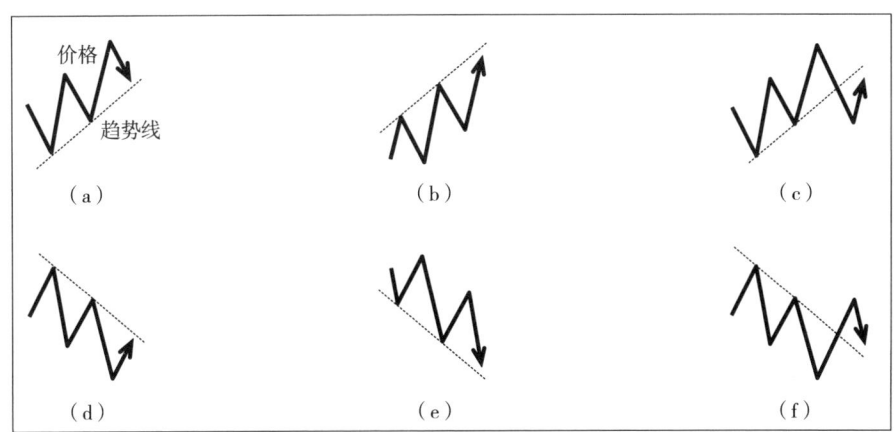

图9-6　不确定性和不可预测性价格形态

图9-6（c）：转势中，支撑线被突破穿越表达了一个强力的信号，即原来的上涨趋势已经出现变数，在形态上已经被终结。因为支撑线被突破之后，在后市经常起到阻力线作用，所以未来走势将会出现以下两种可能性：如果阻力线发挥有效的作用，那么未来走势将会逆转向下；反之，价格将穿越该阻力线向上，市场通常进入震荡盘整，总的来说，未来走势具有不确定性和不可预测性。

图9-6（d）、图9-6（e）和图9-6（f）是相反的情形，它们都代表了未来走势的不确定性和不可预测性，读者可以依此类推，这里不再赘述。

二、可预测性价格形态

可预测性价格形态代表价格运动状态以相对确定性为主，即在某一个方向上具有概率优势。说明短线市场的多空力量已经分出胜负，一方取得力量上的优势。

图9-7概括了当价格逼近由前期波动峰顶或谷底形成的支撑或者阻力水平时常见的相对确定性和可预测性形态。

图9-7（a）：跌势中，短线底部已经大概率形成，短线走势具有相对确定性和可预测性，但未来持续上升的时间和幅度具有不确定性和不可预测性。

图9-7（b）：跌势中，在持看跌预期的投资者比例更高的背景下，市场击破前低这个重要支撑价位，出现下跌破位现象，短线和中长线局势已经明

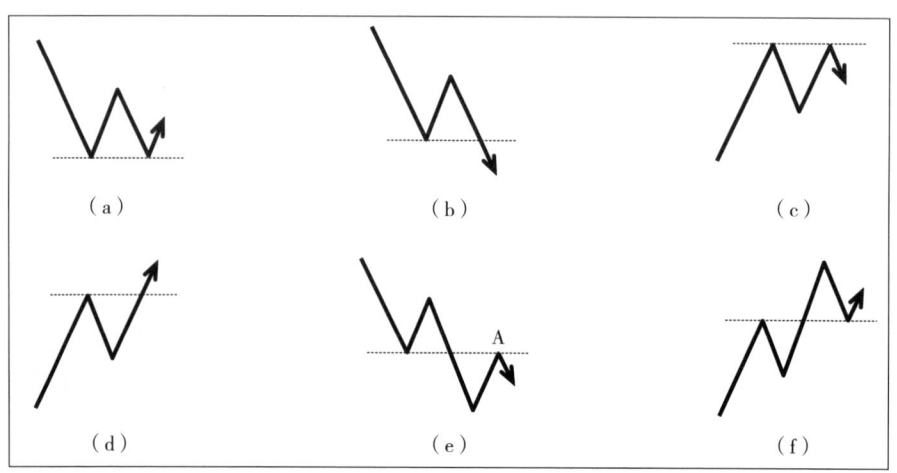

图9-7 相对确定性和可预测性形态

确，反映了跌势的可持续性发展，说明空头已经打开了下方的盈利空间。一般来说，当价格击破并穿越前期重要支撑线之后，通常会产生强制性的市场止损以及随后的追涨杀跌效应，从而会增强卖力，削弱买力，对价格运动产生加速作用，因此，我们可以推断短期内价格大概率下跌，短线走势具有相对确定性和可预测性，但未来持续下跌的时间和幅度具有不确定性和不可预测性。

图9-7（c）和图9-7（d）分别与图9-7（a）和图9-7（b）的情形相反，读者可以依此类推，在这里不再赘述。

图9-7（e）：跌势中，当市场在逼近前低这个阻力价位时，走势逆转向下，在技术面上有明确的意义：一是代表空头已经重新占据力量优势，短期内价格大概率下跌，具有相对确定性；二是前低这个阻力价位的有效性具有十分明确的技术意义，它使得短期走势又重新回到中长期趋势的方向上，体现出跌势的可持续性发展，因此意义重大，通常预示着下一轮跌势行情的开始，而价位A是新一轮行情的起点。但未来持续下跌的时间和幅度具有不确定性和不可预测性。

图9-7（f）是图9-7（e）的相反情形，道理相同，这里不再赘述。

图9-8概括了当价格逼近由前期盘整区边界形成的支撑或者阻力水平时常见的相对确定性和可预测性形态。

图9-8（a）：在跌势的低档盘整区，市场走势在盘整区上边界附近逆转向下，短期内大概率下跌，短线走势具有相对确定性和可预测性，下一步要

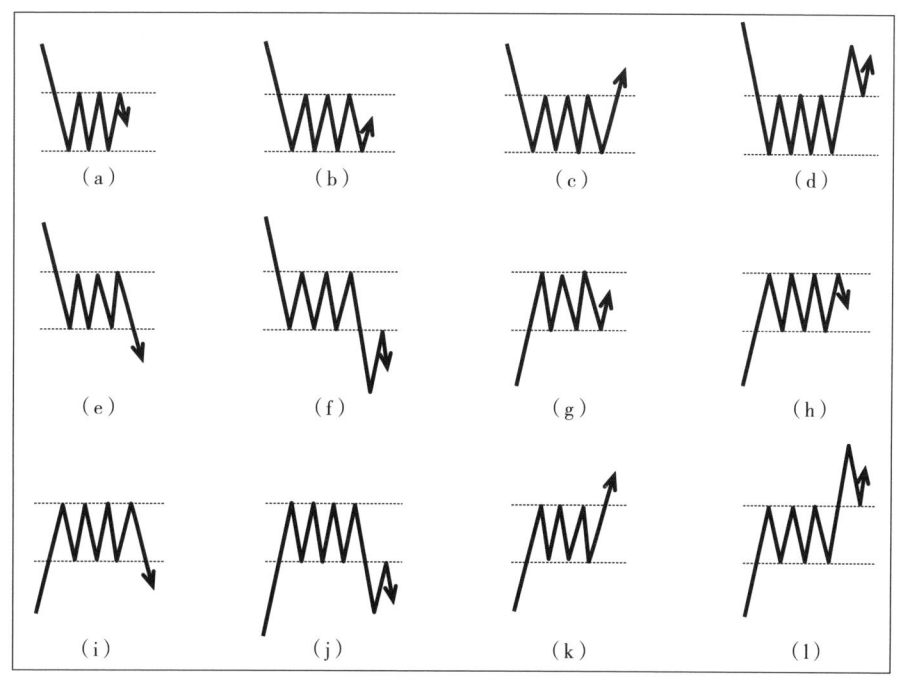

图9-8　相对确定性和可预测性价格形态

看下边界所代表的支撑价位是否会有效地发挥作用。

图9-8（b）：在跌势的低档盘整区，市场走势在盘整区下边界附近逆转向上，短期内大概率上涨，短线走势具有相对确定性和可预测性，下一步要看上边界所代表的阻力价位是否会有效地发挥作用。

图9-8（c）：转势中，市场向上突破并穿越盘整区上边界，出现破位现象，在技术面上具有明确的意义：对上边界的有效突破是盘整期结束以及市场转势的有力信号，代表多头已经取得力量上的优势和市场主导权，局势已经逆转，底部基本上形成，预示着后市将大概率上扬，因此，市场走势具有相对确定性和可预测性。

图9-8（d）：转势中，当市场在回踩盘整区上边界这个支撑价位时，得到有效支撑，走势逆转向上，在技术面上有明确的意义：①代表多头重新占据力量优势；②市场在回踩这个支撑价位时得到验证，说明了突破的有效性，其意义十分明确。总的来说，局势已经逆转，底部基本上形成，后市看涨，市场走势具有相对确定性和可预测性。

图9-8（e）：转势中，市场向下突破并穿越盘整区下边界，出现下跌破位现象，在技术面上具有明确的意义：对下边界的有效突破是盘整期结束的

有力信号，代表空头市场经过盘整后，已经修复市场情绪，空头重新获得力量优势和市场主导权，市场重新回到原来的趋势方向上，局势已经明朗化，因此意义重大，通常预示着新一轮下跌行情的开始，因此，市场走势具有相对确定性和可预测性。

图9-8（f）：转势中，当市场在回踩盘整区下边界这个阻力价位时，得到有效阻挡，走势逆转向下，在技术面上有明确的意义：①代表空头重新占据力量优势；②市场在回踩这个阻力价位得到验证，说明了突破的有效性，市场走势又回到原来的趋势方向上，代表跌势的可持续性发展，意义十分重要，因此后市大概率下跌，市场走势具有相对确定性和可预测性。

图9-8（g）：涨势的高档盘整区，可以参照图9-8（b）的分析。

图9-8（h）：涨势的高档盘整区，可以参照图9-8（a）的分析。

图9-8（i）：转势中，与图9-8（c）的情形相反，市场向下突破并穿越盘整区下边界，出现下跌破位现象，在技术面上具有明确的意义：对下边界的有效突破是盘整期结束以及市场转势的有力信号，代表空头已经重新获得力量优势和市场主导权，局势已经逆转，顶部基本形成，后市大概率下跌，通常预示着新一轮下跌行情的开始，因此，市场走势具有相对确定性和可预测性。

图9-8（j）：转势中，与图9-8（d）的情形相反，当市场在回踩盘整区下边界这个阻力价位时，得到有效阻挡，走势逆转向下，在技术面上有明确的意义：①代表空头重新占据力量优势；②市场在回踩这个阻力价位时得到验证，说明了突破的有效性，意义十分明确。总的来说，局势已经逆转，顶部基本上形成，后市看跌，市场走势具有相对确定性和可预测性。

图9-8（k）：转势中，与图9-8（e）的情形相反，市场向上突破并穿越盘整区上边界，出现破位现象，在技术面上具有明确的意义：对上边界的有效突破是盘整期结束的有力信号，说明多头市场经过盘整后已经修复市场情绪，多头重新取得力量上的优势和市场主导权，市场重新回到原来的趋势方向上，因此意义重大，通常预示着新一轮上涨行情的开始，因此，市场走势具有相对确定性和可预测性。

图9-8（l）：转势中，与图9-8（f）的情形相反，当市场在回踩盘整区上边界这个支撑价位时，得到有效支撑，走势逆转向上，在技术面上有明确的意义：①代表短线多头重新占据力量优势；②市场在回踩这个支撑价位时得到验证，说明了突破的有效性，市场走势回到原来的趋势方向上，代表涨势的可持续性发展，意义十分重要，因此后市大概率上涨，市场走势具有相对确定性和可预测性。

这里需要指出的是，横向盘整区边界是由数个波动峰顶或者谷底形成的有序集合，与单个波动峰顶或者谷底相比较，在盘整区边界附近通常有更多投资者的参与，更加密集的交易活动，更多积累的成交单以及更大的资金投入量，因此，一般来说，盘整区边界具有更大的惯性特质，其产生的惯性支撑或阻力作用也更大。此外，在时间远近上，盘整区与现在和将来的联系更加密切，因此，当市场对盘整区边界突破并穿越时，影响力更大，意义更为重要。

图9-9概括了当价格逼近倾斜的支撑线或者阻力线时常见的相对确定性和可预测性形态。这里的支撑线或阻力线既可以是趋势通道线，也可以是强势均线。

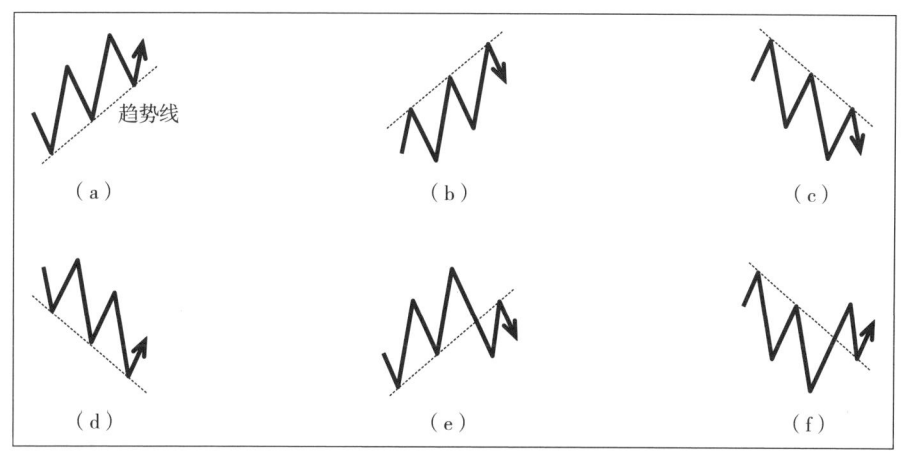

图9-9　相对确定性和可预测性形态

图9-9（a）：涨势中。市场在趋势线附近止跌转涨，形成强势K线反转形态，在技术面上具有明确的意义：①趋势线再次发挥了有效的支撑作用，短期走势重新回到原来的趋势方向上，通常说明市场的环境条件基本上没有变化，整体买卖立场没变，代表趋势的可持续性发展，意义十分明确和重要；②多头已经重新获得力量上的优势和市场主导权，恢复上升动力。总的来说，这是一种强烈的信号，代表了市场上投资者的普遍认识，即多头已经重拾信心，趋势通常将会持续下去，因此市场走势具有相对确定性和可预测性。

图9-9（b）：涨势中。市场在趋势通道的上方阻力线附近发生走势逆转，价格回落，它的技术意义为：阻力线的有效性说明市场的环境条件基本上没有变化，在一定程度上代表趋势的可持续性发展，意义比较明确。但是短期走势逆转向下，代表空头暂时获得了力量优势和市场主导权，短线走势

与趋势方向相反，这是在涨势中市场出现分歧的结果，通常是调整浪的开始。总的来说，这种形态代表在趋势发展变化中的相对确定性和可预测性。

图9-9（c）：跌势中。图9-9（a）的相反情形，道理相同，这里不再赘述。

图9-9（d）：跌势中。图9-9（b）的相反情形，道理相同，这里不再赘述。

图9-9（e）：转势中。之前的支撑线被突破之后，在后市经常起到阻力作用。如果市场在回踩该阻力线时验证了它的有效性，走势逆转向下，在技术面上有明确的意义：①空头已经占据力量优势和市场主导权；②回踩阻力线得到验证，说明了突破的有效性，后市大概率下跌。总之，短期内市场走势具有相对确定性和可预测性。

图9-9（f）：转势中。图9-9（e）的相反情形，道理相同，这里不再赘述。

三、不可预测价格形态

在图9-10中，除了图9-10（i）和图9-10（j）之外，其他十个形态结构都出现了市场对前期重要支撑或阻力价位来回穿越的现象，是市场内部不稳定性的表现，代表市场分歧严重，因此市场暂时性失去方向，形成震荡情形，未来走势具有不确定性和不可预测性。

图9-10（a）：在上涨趋势的高档区，价格来回穿越前高 A 所在的价位，说明市场分歧较大，原来的涨势已经难以为继。来回穿越现象即是前期涨势中断的信号，未来出现变数的可能性很大。一般来说，在上升过程中，因为多头动力不足，涨幅有限，而在回落过程中空头打压严重，市场不能守住前高这个重要支撑价位。从长期来看，说明市场形势发生了变化，导致原来的市场整体看涨心理被削弱，而看跌心理得到增强，使得多空力量对比发生变化，市场通常将进入调整期来修复行情，有时候甚至进入末期乃至反转。总的来说，未来走势具有不确定性和不可预测性。

图9-10（b）：在上涨趋势的高档区出现来回反复穿越现象，道理相同，代表未来走势具有不确定性和不可预测性。

图9-10（c）：与图9-10（a）相反的情形。在下跌趋势的低档区出现来回穿越现象，总的来说，未来走势具有不确定性和不可预测性。

图9-10（d）：在下跌趋势的低档区出现来回穿越现象，代表未来走势具有不确定性和不可预测性。

图 9 – 10（e）：当市场用回踩动作来验证前盘整区上边界的支撑作用时失效，价格重新回到盘整区内，说明之前的突破并不是有效突破。也就是说，市场还没有调整好，或者形势有变，造成多头信心不足，因而在回踩过程中，卖盘过多，空头打压严重，而多头力量仍占下风。总的来说，未来局势又变得不明朗，未来走势具有不确定性和不可预测性。

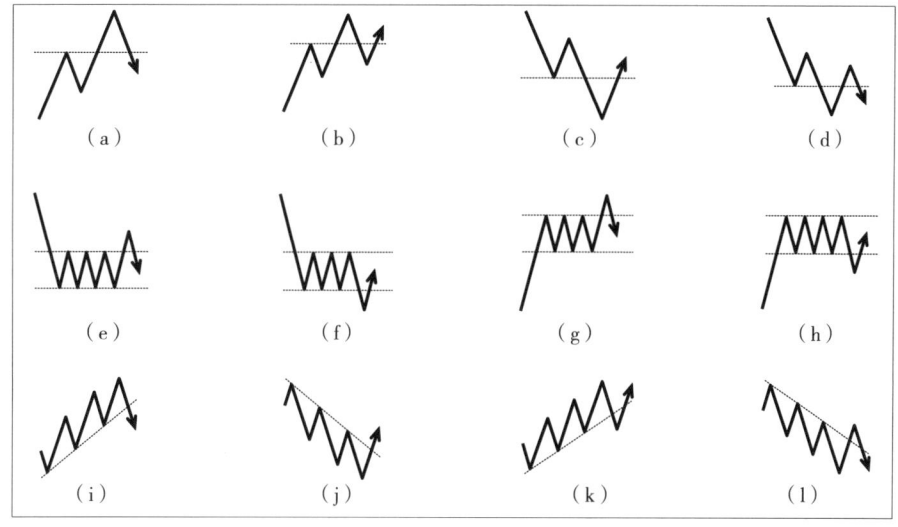

图 9 – 10　不确定性价格形态

图 9 – 10（f）：与图 9 – 10（e）的道理相同，代表未来走势具有不确定性和不可预测性。

图 9 – 10（g）：当市场用回踩动作来验证前盘整区下边界的阻力作用时失效，价格重新回到盘整区内，说明之前的突破并不是有效突破。这种来回穿越现象通常是市场还没有调整好的表现，或者形势有变，市场中有很大的分歧，造成多头信心不足，在回踩过程中，抛压过大，因此，未来局势又变得不明朗，具有不确定性和不可预测性。

图 9 – 10（h）：与图 9 – 10（e）的情绪相反，在涨势的高档盘整区出现来回穿越下边界的现象，代表未来走势具有不确定性和不可预测性。

图 9 – 10（i）：突破穿越。在涨势中，价格向下突破并且穿越了趋势线，继续下跌，在技术面上有两层意思：从长期来看，说明市场形势发生了变化，买卖双方出现了分歧，原来的市场整体看涨心理被削弱，同时看跌心理得到增强，而趋势线突破是前期涨势中断的信号，市场通常将进入调整期来修复行情，有时候甚至进入末期。因此，总的来说，未来走势具有不确定性和不

可预测性。

图9-10（j）：与图9-10（i）的情形相反，道理相同，代表未来走势具有不确定性和不可预测性。

图9-10（k）：市场对曾经的趋势线出现来回穿越现象，通常代表市场内部的不稳定性增大，市场分歧比较严重，因此前景不明朗，市场失去方向，未来走势具有不确定性和不可预测性。

图9-10（l）：与图9-10（k）的情形相反，道理相同，代表未来走势具有不确定性和不可预测性。

第五节

相对确定性形态的概率价值

在讨论相对确定性的理论和实际意义之前，我们先来比较一下在不确定性与相对确定性形态中进行交易的差别。对于激进型投资者来说，因为他们害怕错过交易时机，往往会在局势明朗化之前就入市交易，即所谓的提前布局；而谨慎稳重的投资者会选择在局势明朗化之后跟进。

一、不确定性形态中的交易策略

按照概率论的赢率规则，实现长期稳定盈利的交易模式只有以下两种：一是"高正确率＋低盈亏比"模式。即每次盈利额与亏损额都比较小，并且比较接近，但是每次交易都具有较高的正确率（成功率）。这是典型的短线交易风格，快进快出，以"数量"取胜。二是"低正确率＋高盈亏比"模式。即每次交易的胜负比大致相同，甚至成功率还要略低于失败率（试错交易情况），那么就要靠提高每次交易的盈亏比来取胜，这是做大行情的交易思维，即中长线交易风格，注重以"质量"取胜。

以图9-11所示的不确定性形态为例，在跌势中，当价格逼近前低代表的支撑水平时，在理论上我们不能精确地预测在哪个方向上具有概率优势，未来走势将会有两种可能性：向上［图9-11（a）］或者向下［图9-11（b）］。这就说明，提前布局需要预判未来的走向，从而决定布局的交易方向，而预判的准确性完全取决于投资者对于市场总体格局以及行情发展状况的分析判断。一个显而易见的事实是，对于不确定性市场，未来走势不明确，在局势明朗化以前入市交易，很难确保有较高的成功率，所以，也很难以高正确率来获胜，这就说明第一种盈利模式（高交易正确率模式）不适合于提前布局的交易策略。而第二种盈利模式（高盈亏比模式）对于每次交易的正确率并没有很高的要求，其关键是谋取较大的盈亏比期望值，也就是发掘中长线交易的机会。因为盈亏比期望值完全取决于未来行情的波动幅度，只有大幅度的趋势行情，才能有较大的盈亏比期望值，这就对投资者的综合分析与判断能力提出了更高的要求，要求投资者有预见大行情的眼光和能力。而要做到这一点，投资者就必须有大局观，目光长远，具有敏锐的洞察力。

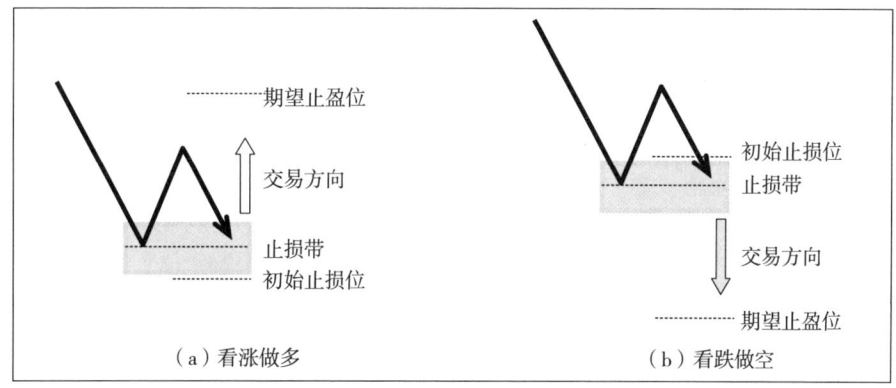

图9-11　不确定性形态中的交易策略

图9-11（a）：买进做多。投资者判断下跌行情即将结束，这里将是未来的底部，当前价格处于低位，他们对后市持看涨预期，因此提前布局买进。在技术上，将初始止损价位设置在前低点以下，而止盈位（盈利期望值）设在交易方向的前方（即当前价格的上方），期望未来获得较高的盈亏比（如接近甚至超过3∶1）。

图9-11（b）：卖出做空。投资者判断这里是下跌趋势的中继阶段，新一轮的下跌行情即将开始，他们对后市持看跌预期，预期价格将会跌破并穿越前低价位，持续下跌，因此，他们提前布局卖出。在技术上，将初始止损价位设置在前低点以上，而止盈位设在交易方向的前方（即当前价格的下方），期望未来获得较高的盈亏比。

需要指出的是，不确定性形态并不代表投资者不能介入，也不代表在不确定性形态中交易就一定没有胜算。但是，因为前景不明朗，在不确定形态性中作出交易决策，应该考虑到以下几点：①当市场形势还处于不确定性时，市场以分歧为主，不管是买进还是卖出，都没有很大的把握，因此，难以获得较高的交易正确率，只能以谋取大盈亏比为目标，即只适合以高盈亏比为盈利模式的中长线交易，不适合短线交易。②提前布局并不是一无是处，也有一些优点。例如，可以在低位上买进，从而降低交易成本和风险。但是一般来说，大行情的启动需要较长的准备时间，需要投资者的耐心等待。③由于不确定性形态中的交易正确率较低，这就说明提前布局是一种试错方法。这种方法的成败受到很多不确定因素的影响，也有致命的缺陷。例如，因为成功的次数少，失败的次数多，对投资者的心理素质要求更高。如果在失败的交易中不能严格控制风险，在成功的交易中不能谋得大的盈亏比，那么，最后注定以失败告终。④投资者的预见能力是决定布局成败的主观因素。毫无疑问，提高预判准确率，可以减少试错成本，但是在形势不明朗的情况下，要做到这一点很难。

二、相对确定性形态中的交易策略

以图9-12中的五个具有相对确定性的价格形态为例，从形态上看，具有相对确定性的市场，其短线态势十分明确，即短期内价格向上运动具有概率优势，而相反方向（下跌）则处于概率劣势。因此，相对确定性形态代表短线市场有势可乘。换句话说，相对确定性形态给投资者提供了短线乘势形态的基本条件。具体来说，当市场在前期重要支撑价位［图9-12（a）］、趋势线附近［图9-12（c）］收出有效反转形态之后，或者对前期重要阻力价位［图9-12（b）、图9-12（d）、图9-12（e）］实现有效突破之后，投资者可以择机果断跟进，但是，具体的操作策略仍有很大的差别。

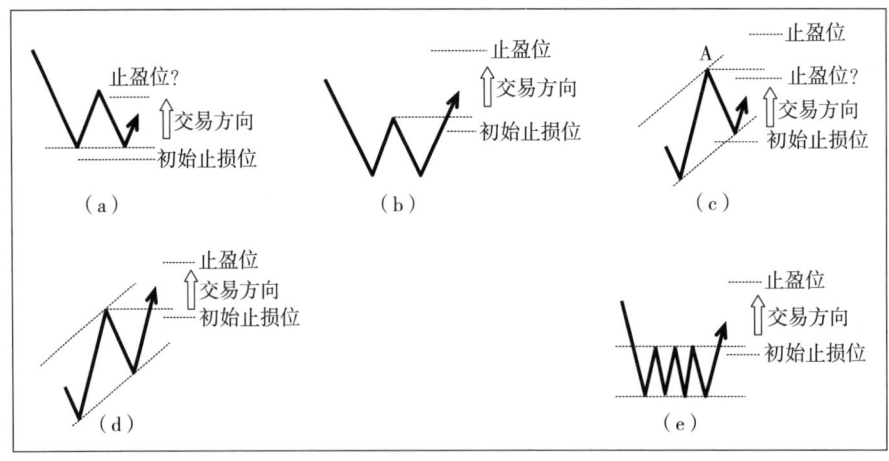

图9-12 相对确定性价格形态

在图 9－12（a）和图 9－12（c）中，初始止损价位通常设置在有效反转形态的最低价位以下，如以"当前线止损法"或者"前一线止损法"来设置止损点（金世荣《形态心理分析与交易策略——外汇交易的基础与提高》第十二章）。而对于突破跟进交易［图 9－12（b）、图 9－12（d）和图 9－12（e）］，通常以前期阻力价位为参考，将初始止损位设置在前期阻力价位以下。为了防止盘中假突破，可以选择在尾盘跟进或者在次日早盘跟进。

但是，止盈点的设置要复杂得多，取决于短线位置和行情发展状况。简单来说，可以分为以下三种情况：一是单纯的短线交易，其意思是短线还没有得到中长线的配合。如图 9－12（a）所示，中长线市场还没有调整好，短线走势可能只是短暂的反弹，因此大多是个短线盈利目标，投资者切莫期望过高。二是中长线方向的交易。如图 9－12（c）和图 9－12（d）所示，短线走势逆转或者突破出现在中长线的重要价位和方向上，意义十分明确，可以将止盈点设置在中长线目标价位以下。当然在具体操作中，要根据行情发展状况具体对待。以图 9－12（c）为例，我们可以将期望止盈点设置在趋势通道的上边界以下。但是，当价格逼近前高 A 代表的阻力水平时，市场经常会出现习惯性的回调。在趋势行情的早中期，这种习惯性回调通常是短暂小幅回调，并且在回调后期，呈现价跌量缩现象（股市）。随后出现止跌转涨的有效反转形态（通常为强势线反转形态），多头重新恢复强劲的上涨动力。对于投资者而言，这种正常回调应该是事先考虑到的，也要接受的，只要不超出正常的范围以及出现异常的迹象。但是，当趋势处于中后期时，就要多加留意了。如果在回调过程中出现异常情况，如空头打压严重，市场不能很快止跌企稳，价格反而出现加速下跌倾向，那么，投资者就要果断止盈或者坚决止损退场。三是有潜力的交易。如图 9－12（b）和图 9－12（e）所示，在有效突破之后，基本上形成趋势反转形态。而图 9－12（e）的盘整区突破意义更加重要，说明市场经过调整，已经分出胜负，因此，往往是旧趋势已经结束、新趋势即将开始的有力信号，而有效突破之后的跟进策略也属于中长线交易策略。

由此可见，相对确定性形态在层次上有着差别。有短线意义上的相对确定性，也有中长线意义上的相对确定性，它们的内涵和重要性各不相同，对应的交易策略也不同，我们推荐的是"高盈亏比"的中长线交易模式，就是在一个中长短线方向上都具有相对确定性的形态中交易。从实践的角度来看，为了谋取大的盈亏比期望值，我们必须在行情初期进场，这就注定了中长线高盈亏比盈利模式是不断地以小风险（较小的止损值）进行试错的过程，所以我们格外强调乘短线强势，其原因就是在中长线方向的配合下，通过跟随短线强势进场，来提高发现大行情的机会。反之，如果相对确定性只有短线上的意义，没有中长线方向的配合，那么，就很难有大的作为。下面以图9－13（a）为例，来说明这一点。图9－13（a）的相对确定性形态属于短线性质，从中长线的角度来看，代表原来的下跌趋势已经被中断，因此未来继续下跌的可能性不大，但是未来既可能反转进入上涨趋势，也可能进入调整期，并不明确，将出现以下几种可能性。

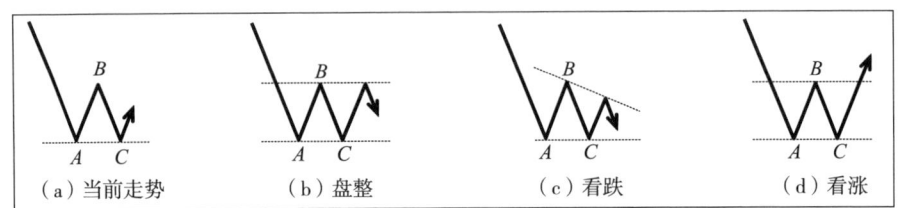

图9－13　未来的可能走向

图9－13（b）：如果后市不能突破前高 B 代表的阻力价位，通常进入盘整区进行修正。

图9－13（c）：形成正三角形连续下跌形态，后市看跌。

图9－13（d）：后市突破 B 点阻力价位，出现上涨破位现象。如果是有效突破，将形成 W 型底部反转形态，后市看涨。

由此可见，在图9－13（a）中，当短线走势逆转之后，虽然短线意义比较明确，即中断了原来跌势的继续，但后市的走向依然存在多种可能性，并非只有反转这一种必然。实际上，只有当后市对前高 B 的阻力价位实现有效突破之后，短线市场的上涨态势才真正明确，并且在中长线方向上也具有重要意义。

下面我们以图9－11（a）、图9－13（a）和图9－13（d）为例，来比较这三种买入时机的差别：

图9－11（a）：不确定性形态。属于提前布局，交易成本最低（如果预见正确）。相对来说，交易正确率最低，试错成本最高，交易成败主要取决于投资者的预见能力（大局观）。

图9－13（a）：短线相对确定性形态。属于短线乘势，交易成本较低，适合短线交易。如果作为中长线布局，则因为交易正确率较低，意味着较高的试错成本。

图9－13（d）：在中长线方向上的相对确定性形态。属于着眼于中长线投资的短线乘势，其优点是提高了预测的准确率，降低了试错成本，缺点是

跟进追涨的交易成本较高。

在形态分析中，一般来说，提高形态的相对确定性可以提高判断准确率。但是，对于一个固定规模的趋势行情而言，判断准确率与盈亏比成反比关系（金世荣《概率优势交易的原理和应用》第六章），因此，提高判断准确率往往以损失盈亏比为代价，同时还会增大交易成本。概括来说，在实际操作中，有以下两种不同的交易策略可供选择。

（1）追求较高的判断准确率，必然以损失一定的盈利空间为代价。其优点是提高了预测的准确率以及交易正确率，降低了试错成本，可以免除等待行情启动的时间，从而免受精神上的磨炼和时间上的浪费。缺点是抬高了交易成本，并且因为损失了有限的盈亏比，从而也变相地增大了交易风险。

（2）追求大的盈亏比，就必然要面对判断准确率低的问题。其优点是具有较低的交易成本，可以谋取大的盈亏比。缺点是，降低了交易正确率，增大了试错成本。例如，不确定性代表了市场的不稳定性，过早入市，延长了需要等待行情启动的时间，不确定因素增多，就会提升被市场波动清扫出局的概率。

前一种是典型的乘势策略，后一种是布局策略。虽然乘势策略是弱势群体与强手对抗中的最优策略，但是，我们必须清楚地认识到，在风险性决策中，任何决策方案都有利弊，都存在相应的风险。然而，不管是在不确定性市场还是相对确定性市场中交易，正确的止损和止盈理念是完全一致的。

三、强势 K 线反转与突破形态特征

通过前面的讨论，我们可以看到，确立短线市场相对确定性以及概率优势的是以下两种价格行为：反转与突破。但是，大家都知道，并不是所有的反转或者突破形态都是有效的，因此，探讨有效反转或突破形态的 K 线特征是非常有实际意义的。这就需要再次提及一个事实：强者恒强原理，这是竞争对抗中的一种自然规律。一般来说，强劲的中长期趋势往往首先以强劲的短期走势（K 线）作为开端，因此，有效的反转突破形态中，往往包含大中阳线或大中阴线（大阴阳线尤佳），从而形成强势 K 线反转形态以及强势 K 线突破形态。

1. 典型的强势 K 线反转形态

在这里，我们只简单地介绍两种强势看涨或看跌反转形态，其他反转形态可以参见有关蜡烛线形态的专著。

（1）吞没反转形态。

如图 9 - 14 所示，吞没形态由两根颜色相反的蜡烛线实体所构成，当吞没形态出现在趋势行情的末期时，就是一种强烈的反转信号，预示着行情的反转，从而形成新的趋势，属于主要反转形态。

图 9 - 14（a）：阳包阴看涨吞没反转形态。市场处于下跌趋势的低档区，但是后来出现了一根坚挺的大中阳线，一口吞掉前面的阴线，代表多头势力大增，空头力量出现溃败的迹象，说明市场上的买力已经压倒了卖力，后市看涨。看涨吞没形态经常发生在下跌趋势的末期，是比较常见的底部反转形态。

图 9 - 14（b）：阴包阳看跌吞没反转形态。市场处于上涨趋势的高档区，但是，前面一根阳线实体被后面的一根阴线实体完全吞没，说明空方已经从多方手中夺走市场的统治权，后市大概率下跌。看跌吞没形态经常发生在上涨趋势的末期，构成顶部反转的信号。

一般来说，吞没形态中的第二根 K 线实体至少要有中等长度。如果第一根 K 线的实体很短，第二根 K 线的实体很长，而且第二根 K 线的实体完全吃掉第一根 K 线（包括影线），那么其重要性更加凸显，构成反转信号的可能性将大大地增强。

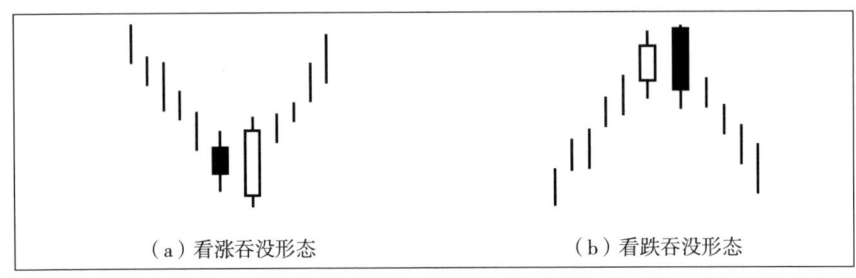

（a）看涨吞没形态　　　　　　　　（b）看跌吞没形态

图 9 - 14　吞没反转形态

（2）启明星或黄昏星反转形态。

如图 9 - 15 所示，启明星（晨星）或者黄昏星（夜星）由三根阴阳线组成，其中第一根阴阳线的实体比较长，它在一定意义上强化了原来的运行趋势，使得市场多头或空头气氛更浓；第二根阴阳线为类似于倒状锤子线和流星线的小实体；第三根阴阳线为一根指明新趋势的大中阳线或阴线。当启明星或黄昏星出现在趋势行情的末期时，是一种强烈的反转信号，预示后市行情的反转，是比较常见的底部或者顶部反转形态。

需要指出的是，在启明星或黄昏星形态中，小实体的颜色并不重要，但

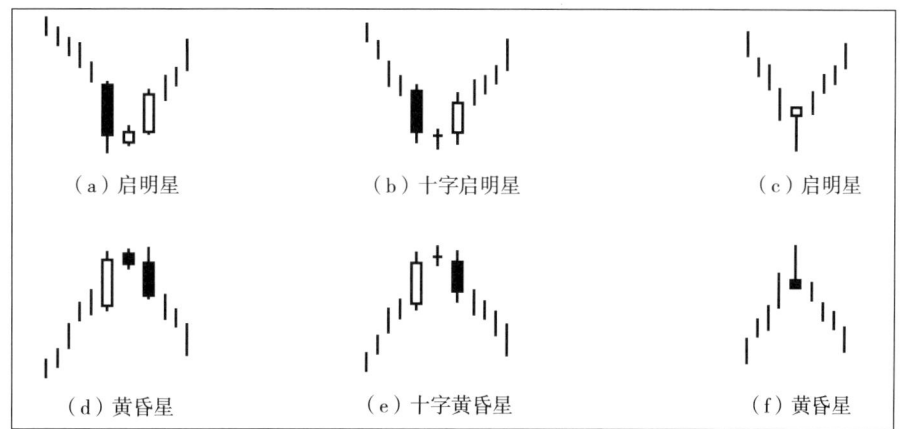

图 9 – 15　启明星或者黄昏星等反转形态

是如果在启明星中出现小阳线［图 9 – 15（a）］，而在黄昏星中出现小阴线
［图 9 – 15（d）］，则形态预示的反转意味更浓。此外，如果在启明星中小实
体 K 线为倒状锤子线［图 9 – 15（c）］，而在黄昏星中为流星线时［图 9 – 15
（f）］，因为倒状锤子线（流星线）本身就有较强的看涨（看跌）意义，因
此，启明星与黄昏星实际上是倒状锤子线与流星线的确认形态，它们的反转
意义比倒状锤子线和流星线更强、更明确。

2. 强势 K 线突破形态

如图 9 – 16 所示，价格突破是指当前价格走势对于重要价格点位的快速
穿越，从而形成新的趋势或行情。例如，用大中阳线对于重要阻力线的向上
突破［图 9 – 16（a）和图 9 – 16（b）］，或者用大中阴线对于重要支撑线的
向下突破［图 9 – 16（c）和图 9 – 16（d）］。其中，阻力线或者支撑线既可
以是水平的，也可以是倾斜的（如趋势线或者均线）。一般来说，突破形态中
的 K 线实体至少要为中等长度，彰显崛起的力量。

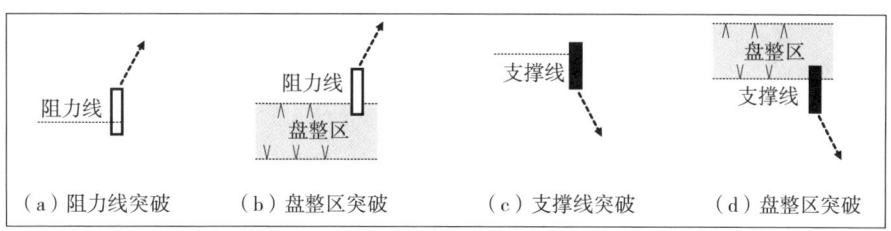

图 9 – 16　典型的强势 K 线突破形态

从形态结构上看，波动底部和顶部具有特殊重要性，因为它们界定了价格波动范围的边界以及交易活动的上下界限。例如，底部因为多头支撑而形成，来自下方多头买盘的承托，它限制了空头利润的向下扩大。因此，在跌势行情中，空头为了进一步打开下方的盈利空间，必须突破多头的底部支撑位。同样的道理，顶部是空头打压形成，来自上档空头卖盘的打压，在空间上限制了多头利润的向上扩大。在涨势行情中，多头为了进一步打开上方的盈利空间，必须突破空头的顶部阻力位。显而易见，这些局部或者阶段性重要阻力或支撑位的突破将会直接导致多空双方利益的得失，在形态上关系到前期行情的可持续发展，对市场影响甚大，是我们的重要关注点。

需要注意的是，无论是强势反转形态还是强势突破形态，只有在较长周期的图表中（如日线图以上）才能凸显它们的重要性。当在阶段性重要阻力或支撑位上有效反转或者突破发生之后，往往都是一个非常合适的入场点。

3. 反转与突破形态有效性的内涵

怎样才算是有效的反转或者突破呢？我在《形态心理分析与交易策略——外汇交易的基础与提高》一书里，提出了市场心理容忍极限带（即止损带）的概念，用它来对反转或突破的有效性作了详尽的阐述。止损带之所以非常重要，是因为它代表了市场心理与市场行为的逆转，其内涵是一旦止损带被有效反转或突破之后，就会引发以下两种市场效应。

（1）强制性市场止损（平仓）。强制平仓是指交易方向错误并触发预设的止损点时，交易单被市场强制平仓出局，或者因为亏损出现，而交易人的保证金不足且未在规定时间内补足，或者其持仓数量超出规定的限额时，交易所或期货经纪公司为了防止风险进一步扩大，强制平掉交易人相应的持仓。因此，强制平仓相当于执行了与开仓数量相等但方向相反的交易，即等量买进或者卖出，在客观上相当于投资者转变了原来的预期心理。例如，如果买进做多单被市场强制清仓，相当于随着价格的下跌，原来的做多者从看涨心理转变为看跌心理，从而等量卖出，其结果是增强了卖力，同时削弱了买力，总体上将导致价格加速下跌。反之，如果卖出做空单被市场强制清仓，相当于随着价格的上涨，原来的做空者从看跌心理转变为看涨心理，从而等量买进，其结果是增强了买力，同时削弱了卖力，总体上导致价格加速上升。

（2）追涨杀跌效应。与抄底摸顶的操作方式相反，追涨杀跌是指在价格上涨时跟风买入，而在下跌时跟风卖出。它也是一种十分常见的操作现象，是金融技术派操盘的一种重要技巧，如果操作得当是很好的盈利手段。追涨杀跌现象体现了人类的趋利避害本性。当市场在重要的价格点位上出现价反转或突破形态之后，市场中原来处于等待和观望状态的投资者通常会纷纷跟风入场，一般会连续出现追涨杀跌的现象，使得市场气氛极度活跃，加剧市场中的非理性成分，促使价格的非理性飙升或暴跌。

重要的价格点位通常是市场的成交密集区，如波动的底部或顶部，盘整区边界等。在这些窄幅区域，交易异常活跃，人气旺，参与者多，是市场重点关注的价格位置。但是因为内部分歧较大，既有看涨预期心理，也有看跌预期心理，没有形成比较统一的买卖立场，市场在整体上处于蓄势待发状态。一旦这种重要价格点位被反转或突破，随之就会出现强制性市场止损和追涨杀跌效应，使得市场统一性程度大为提高，形成行情一边倒的局面，通常标志着新一轮行情的开始。因此，这两种效应体现了反转或者突破形态有效性的实质。

在价格形态上，一般来说，在走势反转或者突破当日，市场都会以中大阳线或者中大阴线这样的强势线形式出现。一方面，市场统治者以迅猛的态势给予对方最大力度的痛击；另一方面，彰显自身力量的绝对优势和主导地位，以吸引跟风盘的介入，这是在战争或者其他博弈中最常用的战法，可以同时起到实体摧毁和心理威慑作用。

四、不确定性问题中的理论与实践

在技术分析中，不确定性是分析与预测的最大难题，是随机事件的本质属性，这是我们无法规避的。为了更好地认识和理解偶然性与必然性之间的辩证关系，下面以抛硬币游戏这个具体事例来说明两者之间的关系。在抛硬币游戏中，抛一次出现正反面的结果具有随机性，同样地，抛少数几次的结果也具有偶然性，呈现出不确定性结果，但是在大量重复试验中，出现正反面的统计结果必定趋于稳定值50%：50%。由此可见，个别事件的偶然性其实并不是完全偶然的，它不能脱离规律的限制，这是理解偶然性中存在必然性的关键环节。这说明在偶然性与必然性之间必然存在内在逻辑关系，虽然因为我们目前认识的有限性，尚未认清这种内在逻辑的本质，至今也无法解释其中的奥秘，然而，这并不妨碍我们去探索它们的实践与应用。下面仍以抛硬币游戏为例，来说明偶然性与必然性之间的关系，以及对我们的启示。

案例一：正反面概率为50%：50%的抛硬币游戏。未来可以出现以下两种结果：①如果游戏者每次坚持只赌一面（如正面或反面），虽然每次的结果都有随机性，但长期的结果可以确保不输不赢，即胜负比为1：1。②如果每次下注并不固定只赌一面，而是有时赌正面，有时赌反面，那么，其长期结果存在不确定性，胜负全凭运气，难以预测。概括来说，我们可以得到以下结论：其一，这是一个没有概率优势和期望收益优势的系统，不管采用何种赌法（即决策方案），都不能确保长期稳定盈利。其二，长期结果与决策方案有直接关系。其三，偶然性中并非一定蕴含着必然性！例如，没有决策方案或不按决策方案执行的游戏就如同赌博，偶然性中就不蕴含必然性，胜负无法预测。

案例二：正反面概率为70%：30%的抛硬币游戏。假定制造一种特殊的硬币，使得出现正反面的概率为70%：30%，那么，未来可以出现以下三种结果：①如果游戏者每次坚持只赌正面，长此以往的成功概率是70%，失败概率为30%，胜负比为70：30（即2.33：1），能够实现赢多输少的稳定盈利。②如果每次坚持只赌反面，那么，长此以往的胜负比为30：70（即0.43：1），即输多赢少，长期结果为输。③如果每次下注并不固定只赌一面，而是有时赌正面，有时赌反面，其长期结果则胜负难定，存在不确定性。因此，我们可以得到以下结论：其一，这是一个具有概率优势和期望收益优势的系统，存在一种决策方案（只赌正面），可以确保长期稳定盈利。其二，长期结果完全取决于决策方案。例如，正确的决策方案（只赌正面）将导致稳定盈利，而错误的决策方案（只赌反面）将导致亏损，这两种结果依靠的都是统计规律性（概率）的导向作用。换言之，统计规律性揭示了从偶然性通往必然性的方向。其三，偶然性中并不一定蕴含着必然性！显而易见，只有在有决策方案并严格执行的前提条件下，偶然性中才蕴含着必然性，其长期结果具有稳定性。相反，没有决策方案，或者有了决策方案但没有严格执行的游戏如同赌徒下注，偶然性中就不蕴含必然性，其胜负全凭运气，长期结果具有不确定性。

在上面讨论的基础上，我们可以将随机问题的研究结果总结如下：

（1）个别事件或少数事件的发生具有随机性或偶然性，其结果存在不确定性，无法精确预测。同样地，在金融市场，个别价格行为或者市场的短期行为常常具有不确定性。例如，某月某天会收出阳线还是阴线，曾经的支撑或者阻力是否再次有效，下跌过程中的底部位置或者上涨过程中的顶部位置等，这些都具有不确定性和不可预测性。这种不可预测性是随机现象或偶然现象的必然结果，属于无法规避的内在特性。

（2）只有整体行为的规律性才有章可循，代表事物发展变化的确定性和必然性。这里需要指出的是，客观规律性之所以被人们接受并成为真理，就是因为规律性具有客观性、重复性和稳定性，可以用来对未来发生的现象进行或作出准确的预测，因此，它既是预测的理论基础，也是预测的指导思想。

认识到这一点非常重要。在技术分析中，不确定性是我们无法规避的最大难题，但是，规律性的特点给予我们以下启迪：一是过去的发展变化规律将会在未来不断重复出现。二是规律性可以起到连接过去、现在和将来的"桥梁"作用，即规律的持续性发展特点。例如，如果趋势行情已经启动，代表主力资金已经完成吸筹建仓并开始拉升，那么，未来的行情发展变化通常就会遵循趋势行情的一般性发展规律以及市场运行规律进行，而趋势发展变化规律和市场运行规律性是金融市场的普遍规律性，代表了所有投资者的普遍认识，它们是维持市场完整性、稳定性以及可持续性发展的根本，是市场各方力量（包括市场主力）都要遵循的规则。实际上，主力往往利用这种普遍规律性以及市场共识影响市场，起到事半功倍的效果。三是决策必须符合客观规律，符合实际情况。例如，在一个没有期望收益优势的系统中，即使有最好的决策方案也无济于事，不可能实现稳定盈利。四是任何规律的存在和作用都有前提条件，也有一定的适用范围，这一点要务必注意。

（3）实现长期稳定盈利的必要条件：①至少要有一种概率优势及其相应的期望收益优势的系统，这是个客观条件；②正确的决策方案和交易计划；③时机的把握以及严格的执行。后两条属于主观条件。

第十章　强势交易的时机和方法

概率论的因果关系描述了从偶然性通向必然性的方向，而赢率规则揭示了长期稳定盈利的数学基础，即在一个具有期望收益优势的系统里，通过在概率优势方向上的反复实践，可以实现长期稳定盈利。其中，有两种决策系统可以选择：一是"高交易正确率"模式，即以高胜负比取胜，属于典型的短线交易思维；二是"高盈亏比"模式，即以大盈亏比取胜，这就是乘强势、做大行情的中长线交易思维，属于上乘的交易之法。

在金融市场，大行情往往可遇而不可求，市场的大部分时间都处于无序波动或小幅盘整中。由于个别以及短期价格行为具有极大的随机性与偶然性，未来存在很多不确定性，这对技术分析与预测的准确性形成了严峻的挑战。虽然概率论的因果关系和赢率规则为投资者指出了明确的方向，但是投资者必须将理论与实践相结合，才能发挥作用。具体来说，首先要解决思想认识问题，对趋势变化规律性有全面深度的理解，其次，在交易实践中，要通过形态分析，认清各种形态结构背后所蕴含的概率意义和实际价值。

本章将在前面讨论的基础上，总结趋势行情的演变规律性，讨论各种行情始末特征的形态分析与界定方法，最后对买进卖出形态、平仓形态作全面概括，讨论其中的概率价值。由于概率预测和决策中永远存在风险性，我们不能确保百分之一百的正确，所以，乘强势、做大行情的中长线交易模式就是不断的试错过程，只有将概率论的因果关系和赢率规则落实到具体的决策方案和计划中，将审时度势、谋势而动变成技术规范和行动准则，从而形成适合自己的一整套完善的交易系统，并付诸行动，才能事半功倍，让自己走上成功之路。

趋势的阶段论

趋势行情是价格形态中最具价值的一种运动模式，研究其发展演变规律具有重要意义。

一、上涨趋势的阶段论

简单来说，一个完整的上涨行情包括底部、上升阶段和顶部三部分。下面以图 10 – 1 的上涨趋势行情为例，来讨论不同阶段的行情发展变化特点。

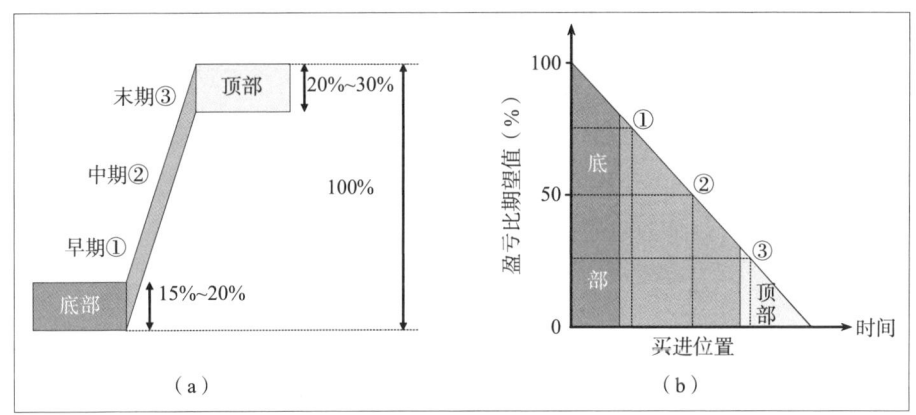

图 10 – 1　趋势的不同阶段与对应的盈亏比期望值

1. 底部（15% ~ 20%）

一般来说，当市场经过长期下跌之后，交易将趋于平淡，市场处于低迷状态。这是因为在长期下跌过程中产生层层套牢盘，买气在新入场资金被套中消耗殆尽，投资者信心受到严重打击，最后市场基本上失去投资信心，因此，投资者不看好后市，买进意愿不强，买单极少。而短线被套散户在下跌过程中不断"割肉"出逃，剩下的以中长线套牢盘居多，这些深套者一般不会轻易认输"割肉"抛出，因此，抛盘也呈现明显减少。总的来说，买进与卖出意愿都不强，大多数人都处于观望状态，交易极不活跃。在这种情况下，价格和成交量最后将进入"地价见地量"状态，通常意味着底部的到来。

底部是市场主力吸筹建仓的区域，他们利用底部市场的不稳定性，采取打压震仓的操作手段，使得价格来回震荡，从而制造市场恐慌情绪，逼迫意志不坚定者交出手中的筹码，达到吸纳低价筹码的目的。因此，在"地价见地量"之后，震荡盘整是底部形态的基本特征。在拉升前，主力有时还采取"挖坑"操作手法，造成价格快速下跌和对前盘整区的破位现象，制造出深跌的假象，进一步制造市场恐慌情绪，恐吓散户出局，达到洗盘吸筹的目的。

底部形态的酝酿时间较长，其价格震荡范围通常较小。假设从趋势行情谷底到峰顶的上涨幅度（即趋势总幅度）为100%，一般来说，底部吸筹震荡幅度大约为趋势总幅度的15%～20%，而主力在底部吸筹建仓的平均成本大约在底部震荡区的中间价附近。

2. 上升阶段（50%～65%）

当价格向上拉升，有效突破底部震荡区域之后，通常标志着行情的正式开始。行情的启动将会在价格和指标形态上呈现出一些基本特征。

（1）突破形态。价格向上一举突破底部盘整区的上边界阻力价位，出现上涨破位现象，并形成有效突破，通常是行情的开端。

（2）黄金交叉。在上涨行情的早期，均线或者 MACD 快慢线呈现黄金交叉的上升扩散形态。

（3）多头排列。随着价格的不断上升，均线系统逐渐形成多头排列，这是强劲波段行情形生势成的基本特征，说明市场已经调整好，后市通常有很大的上升空间。

（4）中大阳线居多，单日涨幅（阳线实体长度）逐渐增长。当上涨行情启动后，随着价格的上升，获利的人数不断增多，市场开始凝聚信心和乐观情绪，"羊群效应"开始出现，因此越来越多的投资者纷纷跟风入场追涨，导致买方群体力量不断增大，推动价格不断创出新高，单日涨幅也呈现出增长现象。总的来说，在行情的早中期，中大阳线居多，市场呈现出一片繁荣景象。

大行情的拉抬需要市场和大众的"配合"，需要散户跟风盘来推动价格快速上扬。一般来说，当行情启动后，随着价格的节节攀升，跟风短线交易会明显增多，市场中的浮筹开始增多，既有短线获利者的抛盘，也有前期套牢盘的抛售，从而产生抛压，给价格的进一步上升造成阻力。有时候，因为市场大环境的原因（如利空消息），也会产生市场恐慌情绪，导致抛盘的增加。主力为了给以后的大幅拉升扫平障碍，减少后期的拉升阻力，降低拉升成本，通常会采取"洗盘"等手段。另外，在行情的早期，主力不希望有太多的早期跟风盘（"坐轿子者"）存在。这些早期跟风盘不仅会影响主力自身的利润，而且也给后市带来潜在的风险。这时，洗盘便是一种最好的操作手段，也是主力惯用的操作手法。经过洗盘之后，既清除了市场中的浮筹，消除了后期拉升阻力，同时提高散户的建仓成本。在主力的"护盘"引导下，市场通常会重新恢复强劲的上涨态势，价格加速上升。

上升阶段是涨势的主要行情阶段，其幅度大约占总行情的 50%~65%，是主力的主要获利区域，也是散户乘势跟进的区域。上升阶段的升幅主要取决于主力前期的投入总成本。一般来说，底部盘整时间越长，主力投入的成本越高，行情一旦启动后的上涨幅度将会越大。当市场单日涨幅达到最大值之时，往往也是市场资金耗尽之际，预示着后市趋势的转折。

3. 顶部（20%~30%）

如果主力的预期目标已经达到，或者继续拉升将会加大风险，如市场资金即将耗尽，或者大盘形势开始转坏，那么，主力通常就会采用拉升和震仓的办法来派发手中的筹码，于是，趋势行情步入末期。在顶部区域，主力一方面用少量的资金拉升价格，继续营造市场的热烈气氛，哄骗散户买进；另一方面，在价格高位震荡中悄悄派发，完成出货任务。

当主力准备出货时，常常会通过各种渠道来散发各种"利好"传闻，场内场外不断有好消息传来，引诱散户投资者进场接货。因此，市场仍然沉浸在牛市的诱惑中，跟风者人气旺盛，继续跟进抢买。此时，价格不断创出新高，单日涨幅也在不断增长，但是震荡加剧，呈现出"强弩之末"的迹象。而主力则乘机派发出货，最终实现套现获利的目的。在顶部区域，如果投资者不能及时平仓出场，就会丧失账面浮盈，或者因为不能识破主力的诱多陷阱，继续在顶部区域盲目买进或者加仓，必将被深套。

在股市，以出货套现为目的的主力操盘手法形成了典型的顶部出货形态特征，其主要特点为：处于行情高位，股价虚涨实跌，重心下移，并且下跌时成交量逐渐放大。此外，顶部形态所经历的时间通常短于底部形态，但其波动性较强，顶部区域的震荡幅度大约为 20%~30%。

下跌趋势行情则包括顶部、下降阶段和底部三个部分，道理相同，这里不再赘述。

二、个股流通盘分布

无论是在股市、汇市还是在期货等金融市场，主力要操控行情走势，就要具有一定程度的控盘能力。而控盘能力是靠吸筹来实现的，因此，在吸筹之前，主力需要了解并掌握市场上流通盘的分布情况。以股市为例，一般来说，个股流通盘分布具有如下的特点。

（1）其总数的20%左右一般是锁定不动的，无论行情怎样变化，这部分筹码也不会抛出来，这些是绝对的长线投资者。

（2）剩下的80%是流动筹码，但是只有其中的20%是最活跃的浮动筹码。当主力把这部分最活跃的浮筹收集完毕，如果不考虑股价因素，市场上就很少有卖出的浮筹了，所以主力持有20%的浮动筹码就能大体上控盘，这是主力控盘的最低条件。其余60%属于相对稳定的持股者，只有在股价大幅上涨或行情持续走低时，这些筹码才会陆续地抛出。如果主力在这60%的流动筹码中再吸收三分之一（即20%），那么主力手中的流动筹码就有40%，加上长线投资者锁定的20%筹码，相当于主力控制了60%的筹码，达到了相对控盘的程度，主力就能轻易地控制股价的走势了。相对控盘的股票活跃程度很好，上升空间很大。如果主力再吸收流动筹码中的20%，也就是相当于主力控制了80%的筹码，达到了绝对控盘的程度。虽然绝对控盘的股票活跃程度较差，但是上升空间极大，主力可以随心所欲地控制股价的运行方向。

当然，主力手中的筹码也不是说越多越好。例如，如果主力控盘在60%左右（绝对控盘），那么外面的流动筹码只有20%，市场中没有财富效应，赚钱的人很少，这只股票的走势就会慢慢变得呆滞，从易涨难跌到难涨难跌，成交量也很少。而且主力控制的筹码过多，占用的资金也过多，撤退就难，很容易造成资金链断裂，引发财务危机。

三、控盘能力

在股市，主力要控盘，就要吸纳筹码达到一定的程度。如前面所述，一般来说，无论是短线，中线还是长线，主力的控盘程度最少应该在20%，只有控盘达到20%以上的主力才能通过操控股价达到盈利的目的。如果控盘达不到20%，除非大市极好，原则上是无法控盘的。控盘程度可以分为以下三种：

（1）轻度控盘：控盘在20%~40%之间，加上长线投资者锁定的20%筹码，相当于主力控制了40%~60%的筹码，但是浮筹也较多（40%~60%），两者大致相当。处于轻度控盘状态的股性最为活跃，但主力操控困难，拉升难度较高，上涨空间较小。

（2）中度控盘：控盘量在40%~60%之间，相当于主力控制了60%~80%的筹码，流动浮筹为20%~40%，这个程度就达到了相对控盘（中度控盘）。这种股票的活跃程度更好，空间更大。在中国的股票市场上，大多数主力都是中度控盘。

（3）高度控盘：超过 60% 的控盘量，相当于主力控制了 80% 以上的筹码，流动浮筹不足 20%，这就是绝对控盘。绝对控盘的股票活跃程度较差，但上涨空间巨大。这种持仓量大多是长线主力所为，大黑马大多产生在这种绝对控盘区。一旦达到绝对控盘程度，主力就可以随心所欲地拉升股价。由于筹码集中在主力手中，平时抛盘寥寥无几，抛压很小，主力只用几笔买单（如 1% 左右的换手率）就能轻松地拉出单日大阳线。

一般来说，控盘度越高越好，因为个股的升幅与主力持仓量大致成正比关系。也就是说，一只股票的升幅，在一定程度上由介入资金的大小（或投入总成本）决定，主力动用的资金量越大，日后的升幅越可观，这些道理同样也适用于其他金融市场。

第二节

价格位置对交易成败的影响

趋势行情在时空上并不是无限的，相反，它的时空有限性更加凸显了价格位置在交易中的重要性。显而易见，不同的价格位置将影响到盈亏比期望值、判断准确率以及交易风险，从而影响交易的成败。

一、盈亏比和风险的位置因素

仍以图 10-1（a）的涨势行情为例，假设在底部最低价买进的盈亏比期望值为 100%，而在顶部最高价买进的盈亏比期望值为 0，那么，在不同价格位置买进时具有的盈亏比期望值由图 10-1（b）给出。显而易见，当行情启动后，入场时机越晚，所具有的盈亏比期望值就越小。下面我们来简单地讨论在行情不同阶段买进时对应的盈亏比期望值与交易风险的差别。

（1）在行情早期的位置①上买进。在行情初期，市场形势开始好转，之前市场的悲观情绪从底部开始得到修复，交易在逐渐活跃，但是，在总体上，因为长时间熊市的惨跌使得很多投资者仍然心有余悸，因此，即使价格已经升至一定的水平，很多投资者依旧会裹足不前。在这种情况下，只有目光敏锐的投资者才会有坚定的信心，积极地去捕捉有利的战机，果断出击。在行情早期买进，未来至少还有 60%~70% 的上升空间，盈亏比期望值很大，风险较小。

（2）在行情中期的位置②上买进。在行情中期，趋势特征已经十分明确，但是，在前期上涨过程中累积的抛压也越来越大，随时将会面临较大的回调风险，因此，选择合适的交易时机至关重要。在行情中期买进，未来的盈利空间降低至 50% 以下，风险相应地增大。

（3）在行情末期的位置③买进。在顶部区域时，价格来回震荡，市场情绪极不稳定，很难把握。因为未来的上升空间极其有限，盈亏比期望值较小，甚至接近于零，因此如果在顶部继续买进，交易风险极大，基本上以亏损为主。

二、两种典型的谋略制胜思想

毋庸置疑，在行情的不同阶段，就要有相应不同的制胜思想和交易策略，决不能一概而论。概括来说，主要有以下两种完全不同的谋略制胜思想。

1. 乘势思想

顺势而为的乘势思想在人类的历史长河中已经得到充分的验证，成为应用最为广泛的一种制胜思想。在本书里，我们强调的是顺势而为的乘势谋略思想，跟随大势。但是，通过上面的分析我们可以看到，乘势不但要乘强势、做大行情，而且乘势也有时机问题，必须寻找合适的机会，而不是随意出击。乘势待时，事半功倍。

2. 逆向思维

逆向思维理论是美国投资分析家汉弗莱·尼尔在《逆向思考的艺术》一书里提出来的，体现了在行情末期的"物极必反"思想。典型例子有两个：①在行情的末期，虽然大势貌似依旧，但实际上已是"强弩之末"，败象毕露，往往只是最后的挣扎。在这种情况下，绝对不能再盲目跟随大势，相反，应该采用"物极必反"思想去思考行动。②当价格偏离市场平均成本太大（即乖离率值偏大）时，在短线上通常都有一个回归的过程，这也是一种"物极必反"现象。

三、底部与顶部的特殊意义

在价格波动中，底部和顶部分别代表局部市场价格的两个极端（最低价和最高价），界定和限制了空头和多头的盈利空间，同时也是时间的两个极端（起止点），因此，它们的重要性毋庸置疑。

1. 底部和顶部的归属

万物均有所归属。作为金融市场的主导者，一般来说，市场主力承担着行情启动者和终结者的角色。换句话说，底部或者顶部位置通常由主力决定，这就很好地说明了底部与顶部的归属问题，即底部以及顶部位置的"归属权"属于主力，这是市场游戏规则的一部分。当然，这里的主力指的是那些具有足够控盘能力的超级机构，它们才是金融市场的主导者。

由于主力与散户是"猫捉老鼠"游戏中的竞争对手，而底部与顶部的归属权决定了散户"猜底摸顶"的盲目性，因此，散户花费大量时间和精力去"猜底摸顶"，还不如养精蓄锐、等待主力启动行情后顺势而为。

2. 散户"猜底摸顶"的风险

概括来说，散户"猜底摸顶"的主要缺点有以下两点。

（1）不确定性。虽然买进在底部附近或卖出在顶部附近可以极大地降低交易风险，并提高盈亏比期望值，但是，没有一种理论和方法可以精确地预测未来底部或者顶部的位置，这就充分说明了在实际操作中"猜底摸顶"的盲目性，而且由此可能增大风险。例如，万一误判，即所谓的底部或者顶部只是个中继形态，那么，"猜底摸顶"的提前布局在后市就成为逆势交易，从而酿成灾难性的后果。

（2）启动时间难以预测。即使技术分析与预测正确，散户买在底部附近，但是，这种预先布局通常还有以下两个不利因素：一是因为价格在底部区域震荡频繁，造成账户盈亏飘忽不定，容易扰乱人的心智和情绪，引发精神和心理上的压力。二是行情的启动往往尚需时日，并且行情启动时间难以预测，等待时间是个未知数。如果是个漫长的等待过程，不仅是对耐心的考验，更是信心和毅力的磨炼。总的来说，底部区域不适合短线交易，只适合以时间换空间的中长线交易。

在股市，有的股票公司业绩较差，前景堪忧，其股价会很长时间徘徊在低价区。此外，各国都有上市公司退市制度及标准。例如，在中国股市，上市公司连续亏损三年会被暂停上市，暂停上市后如果下一个年度继续亏损则会被强制退市（如果暂停上市后下一年度实现盈利可以申请重新上市）。这就意味着，盲目购买处于低价区的股票还会承担因为股票公司亏损而被退市的风险。相反，乘势交易具有非常明确的技术意义：①乘势就是跟随主力的做法，借势发力，而无论是短期强势还是中长期强势通常都是因为有主力大资金的介入，所以意义比较明确。②从形态分析的角度来看，强势代表了价格运动状态的相对确定性和概率优势方向，因此属于有一定期望收益优势的市场。如果在形态上展现出形生势成的基本特征，通常是行情的启动信号。③乘势交易是一种着眼于中长线方向的试错过程，即瞄准未来的发展潜力，谋取可观的盈亏比期望值。从形态上来看，乘势交易是以牺牲从底部开始到行情初期的一小部分价格空间为代价，来赢得交易中的更大把握，从而提高交易的成功率，降低因为误判而引发的风险，同时还能降低试错成本以及精力，体现了乘势谋略思想的优势所在。但是，乘势交易是建立在较高的分析与预测准确率基础之上的，需要投资者对市场总体局势和当前行情发展状况有全面正确的理解。

最后还要指出的是，以上讨论的目的只是帮助投资者明白一些基本道理，即交易的成败不仅与方向，还与位置有着密切的关系。简单地说，方向侧重于眼前，而位置侧重于长远。对于小波动行情和短线交易，方向往往更加重要，而对于大行情和中长线交易，位置则更加重要。对于交易实践来说，交易决策的正确与否以及交易的成败在很大程度上取决于投资者预见的准确率。例如，在理论上，行情中期的买入也无懈可击，因为未来还有一定的上涨空间。但是，如果预判失误，买在中期调整的前夕，或者后市形势有变，中期变成了末期，那么，情况就完全不一样了，交易风险陡然增大。作为个体交易者，我们无力改变市场，也不能改变"游戏规则"，因此必须做一个眼光敏锐、目光长远的理性投资者，一方面控制风险，借势发力，另一方面，一切要以市场为准，随机应变，只有这样，才能立于不败之地。

第三节

主力趋势操作模式与"短平快"操作模式

在第七章第二节里，我们讨论过主力在趋势运动中的"开店"操作模式［见图10-2（a）］，这是大主力惯用的一种操作手段。概括来说，主力在拉升行情的过程中，一方面，极力营造良好气氛，哄抬价格，利用"羊群效应"激发市场情绪，吸引散户跟风进场，即抬轿子的人数要多，从而推动价格不断迅速上涨。另一方面，主力常常采用洗盘的手段打压市场，制造市场恐慌情绪，清除早期的跟风盘出局，即坐轿子的人要少。需要指出的是，资本市场的"坐轿人"和"抬轿人"与现实社会里的"坐轿人"和"抬轿人"有着不同的特点。例如，现实社会里的"坐轿人"和"抬轿人"在一段时间内是固定的角色，不会互换。与此相反，趋势运动中的"抬轿人"有效作用时间很短，进入市场后很快将由"抬轿人"变成"坐轿人"。这就意味着，主力在拉抬行情的全过程中，将不断地进行洗盘动作，给多头群体不断地"换血"，其目的是把早期的跟风盘（"坐轿人"）清洗出局，让新的投资者（"抬轿人"）进场。

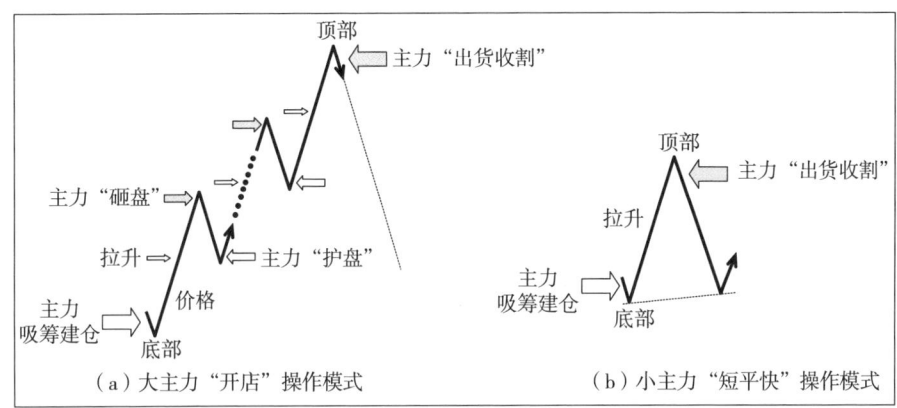

图 10 - 2　大小主力的不同操作模式

对于散户而言，为了避免上当受骗，就必须知己知彼，在思想认识上达到新高度。这是几个要点：①认识到各自的优势和劣势。虽然主力机构具有大资金运作的优势，可以在一定程度上操控股价和市场行情走势，但是，有时优势会变成劣势。例如，主力必须像智猪博弈中的大猪一样"踩动踏板"去启动行情，并且在行情启动后必须努力朝着目标方向发展。对于主力而言，其实这是一种被动无奈的选择，成为主力行动策略上的劣势，从而给散户提供了乘势的大好机会。②主力的短线操盘，如诱多或者诱空骗线行为、洗盘、挖坑等，都是为了减少"坐轿人数"。从逻辑必然性看，主力的"砸盘"之后必然有重要价位上的坚决"护盘"动作，这是维持趋势持续性的前提条件，这又是主力的一种无奈之举，而护盘动作则成为主力的破绽，给散户提供了识别机会以及最佳进仓机会。③大趋势行情的出现需要满足"天时、地利、人和"这三个条件，这就说明市场提供了双赢的机会，但只有极少数散户成为幸运者。

图 10 - 2（b）中给出了典型的"短平快"行情的操作模式。与主力"开店"模式不同，"短平快"行情在拉升行情的末期就全部抛出筹码套现，实现盈利，因此，价格一直回落到之前的底部附近，甚至跌破前低，创出新低，这种情况通常是小主力的短线运作方式。

比较两者，我们可以看到，对于"短平快"行情来说，推进浪的末期就是行情的末期，基本上没有回旋的余地，无疑是满仓或者重仓交易者的噩梦。

对于大趋势行情，只要没有在趋势末期进场，那么，从理论上来说，买入以后即使被套，只要耐心持有，没有爆仓，总会有解套的一天。但是，如果在趋势末期被套，不仅意味着深套，而且还意味着长套，损失必将惨重。因为一般来说，在整个趋势行情结束之后，市场大跌是必然的［如图 10 - 2（a）中虚线所示］，价格可能又会回到原起点附近。这就说明，对于以短线交易为主的市场行情，长期死守的投资思路未必可取！

第四节

行情始末特征分析与界定方法

要在行情中交易，势必要知道行情的始末。但正如前面所述，行情的始末在理论上无法精确预测。因此，在行情始末到来之前，我们难以有先见之明。因为这个缘故，投资者更要提高自己的识别能力，当行情始末到来的时候，能够及时予以识别。而学会识别并界定不同规模大小的波动、波段以及趋势行情的始末形态特征，是投资者的基本分析能力之一。

一、波动行情

图 10 - 3（a）为一个强劲上涨波动行情的示意图。实际上，波动行情的幅度可大可小，持续时间可长可短，取决于行情的强弱程度。一般来说，波动行情具有短线性质，属于市场的短线动作，中长线市场还没有调整好。从形态上来看，均线系统通常处于无序排列，中长期均线等技术指标往往难以作出反应或者无法跟上价格的步伐。一个上涨波动行情通常可以分为以下三个阶段。

（1）底部。波动行情以有效的 K 线反转形态为启动信号，同时也是局部底部 A 的形成标志。我们强调这个反转形态必须是有效的，即收在止损带之上，从而能够产生一定的市场强制性止损以及随后的追涨效应，后市看涨。

（2）上升过程。市场持续保持强劲的上涨势头，价格不断地创出新高，形成上升行情。

（3）顶部。如果市场收出有效的 K 线反转形态，走势逆转向下，在形态上确立了局部顶部 C 的形成，则标志着这个上涨波动行情的终结，代表市场环境条件已经发生了变化。

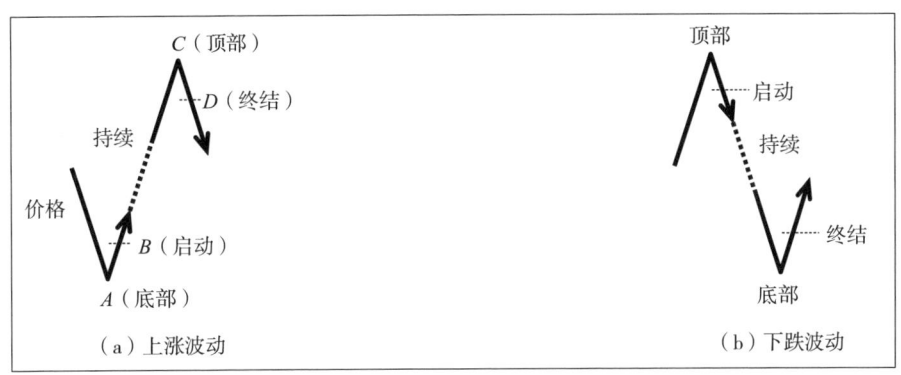

图 10 - 3 波动行情始末特征与形态分析

　　一般来说，强势波动行情是因为有主力大资金的介入，但是，对于普通投资者而言，波动行情的底部和顶部位置都是不可预测的，它们属于市场主力的权利，只有 *BD* 段才是技术上可以把握的部分，也即乘势范围，它们分别出现在底部与顶部短线反转形态形成、走势逆转之后，这是短线波动交易中投资者可以把握的最早进场与出场位置。不难理解，波动乘势法是投资者以牺牲底部与顶部短线反转形态为代价，换得短线走势中的相对确定性和短线交易中更大的胜算把握。这就充分表明，在短线波动交易策略中，有效的短线反转形态是关键点，波动行情中的短线交易行动（包括进场与出场位置）应该在市场走势逆转之后。

　　图 10 - 3（b）为下跌波动行情的示意图，道理相同，这里不再赘述。

二、波段行情

　　图 10 - 4（a）为一个典型的强劲上涨波段行情的示意图。其中，*A* 为波段的起点，即最低点或谷底，*F* 为波段的终点，即最高点或峰顶。图中的细实线为与之匹配的均线，它的陡峭程度（斜率）描述了波段行情的强劲程度和平均走势。因为波段也有强弱与规模大小之分，在形态上，不同强劲程度和规模大小的波段行情通常有与之匹配的均线跟随。例如，在日线图中，一般来说，短期波段行情与 5 日、10 日短期均线相匹配，中期波段行情与 20 日、60 日中期均线相匹配，而长线波段行情与 120 日、240 日长期均线相匹配。此外，由于强势均线常常起到有效的支撑或者阻力作用，所以与波段行情匹配的均线也成了最好的参考系，可以用来分析与判断行情的发展变化情况。

在波段行情的发展过程中，包括以下几个关键点以及发展阶段。

（1）底部。当价格突破并穿越均线时，代表着转势的开始，通常也是底部反转形态完成的过程，是行情启动信号。从形态上来看，波段底部的确立通常包括以下两步：首先在底部 A 发生的有效走势反转形态，随后对均线的突破与穿越。

（2）"首浪"的确认。在波段行情的早期，通常有个"首浪"（ABC）的确认过程（图 10-4（a）），即在回调过程中，当市场回落到均线附近时，将得到有效支撑作用，市场止跌企稳，走势迅速逆转向上，多头恢复强劲的上涨势头，代表波段首浪在形态上得到确认。强劲波动行情通常具有较小的回调率（如小于等于 38.2%），代表市场中持看涨预期的投资者占据优势力量。而这个确认位置 D 是普通投资者可以通过技术分析来识别的"技术性起点"。

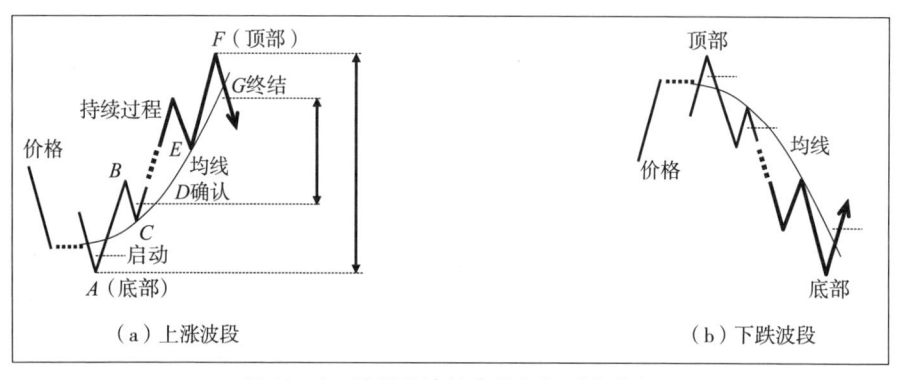

图 10-4　波段行情始末特征与形态分析

（3）上升过程。市场持续保持强劲的上涨势头，价格不断地创出新高。当上行出现困难时，洗盘回调便随之发生，但波段行情中的正常回调通常不会跌破均线的位置。在波段行情的中后期，伴随着一系列的洗盘之后，股价上涨幅度越来越大，上升角度越来越陡，推动价格到达顶峰。

（4）顶部。当末浪或者终结浪 EFG 向下突破并穿越均线时，通常标志着原来的波段行情被终结，正在转势中。在技术面上，出现均线的突破和穿越现象是波段行情终结的标志，也是市场给出右侧交易出场点的信号，说明市场形势已经发生了变化，原来的上涨波段行情难以为继。

一个完整的波段行情从底部的最低点 F 开始，一直到顶部的最高点 F 为止，它是一系列有序波动的集合。其中，从底部到顶部的差价 AF 代表了这个波段行情的最大涨幅。一般来说，强势波段行情是因为有主力大资金的介入，而市场的底部和顶部位置通常由主力决定。对于普通投资者来说，通过技术分析所能识别和把握的涨幅为 *DG*，这是普通投资者的乘势范围，即从首浪确认开始，一直到波段行情被突破终结为止。更确切地说，就是以牺牲首浪 *ABC* 和末浪 *EFG* 为代价，换得（乘势）交易中更大的胜算把握。因此，在波段乘势交易中，对于普通投资者来说，最早的进出场机会出现在首浪 *ABC* 和末浪 *EFG* 确认之后。

由于首浪 *ABC* 和末浪 *EFG* 在理论上无法预测，因此在实际操作中，有些投资者常常感到进退两难。例如，如果在末浪突破穿越之前没能及时平仓退场，就会损失 *FG* 段的点差。但是，如果当前回调是一个正常的调整浪，并非末浪，却因为恐惧心理而在 *F* 之前过早地平仓出局，那么，就会错失后市的涨幅。归根结底，交易决策的正确与否取决于市场的实际情况，具体来说，就是与行情的发展状况以及幅度大小有关。以"高盈亏比"盈利模式为例，假设在试错法下实现长期稳定盈利的盈亏比期望值为 3∶1，而止损点数在相同的交易策略（风格）下大致相等。那么，只有当波段行情幅度 *AF* 足够大，即乘势范围 *DG* 幅度也足够大时，才能达到 3∶1 的盈亏比。换句话说，遇到幅度较小的波段行情，因为不能满足 3∶1 的盈亏比要求，就不能套用"高盈亏比"交易模式。实际上，只有大波段行情才是具备"高盈亏比"盈利模式的交易系统，在这种系统中，才能拥有"高盈亏比"盈利模式的交易决策。而中小波段行情则属于低盈亏比系统，只适合"高交易正确率"的短线盈利模式。在实际市场中，中小波动（波段）居多，市场大部分时间处于无序的波动中，而大行情较少。如果投资者不明白其中的道理，不分场合和位置，一味套用乘势模式和右侧交易，反而会招致亏损。

图 10-4（b）为下跌波段行情的示意图，道理相同，读者可以依此类推，这里不再赘述。

三、趋势行情

图 10-5（a）为一个典型的强劲上涨趋势行情的示意图，趋势行情在形态上的最大特点是价格限制在平行线通道（即趋势通道）内运行，因此该平行线通道构成了趋势市场里最佳的参考系。概括来说，一个典型的趋势行情包括以下几个关键点以及发展阶段。

（1）底部。一般来说，中长期趋势市场首先会有一个较长时间的底部"沉淀过程"，以消化掉前期跌势的影响，主力借机完成吸筹任务，然后才是真正的突破拉升过程，价格离开底部主力的成本区域，形成底部反转形态，表明行情的启动。

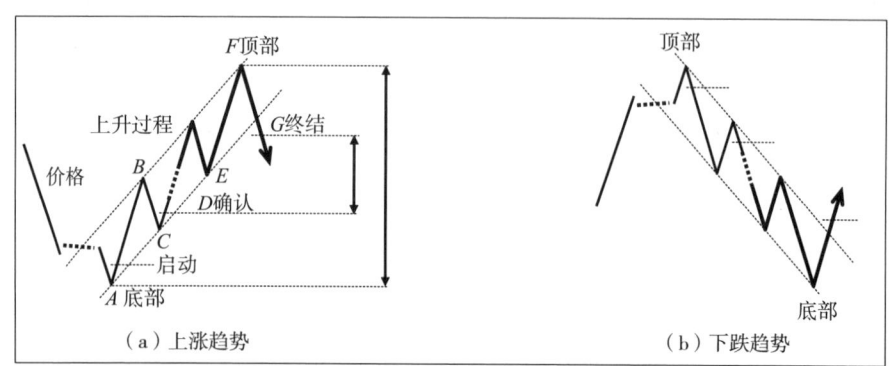

图 10 - 5　趋势行情始末特征与形态分析

（2）"首浪"的确认。只有当首浪 *ABC* 得到确认之后，普通投资者才能在技术面上认识到该趋势的强劲程度以及后市的大概率发展，因此，首浪的确认位置 *D* 是普通投资者可以通过技术分析来识别的趋势"技术性起点"。对于强劲趋势，首浪通常具有较小的回调率，如小于等于 38.2%，代表市场中持看涨预期的投资者占据绝对优势，而持看跌预期的投资者比例很低，对应的多空力量对比大约为 72%∶28%。

（3）上升过程。趋势的上升过程由一系列交替进行的推进浪和调整浪组成，价格通常保持在趋势通道内运行，通道的下边界形成支撑线，而上边界则形成阻力线，在形态上，以首浪为周期单元，形成一浪高过一浪的周期性波浪运动。

（4）趋势的终结。当末浪或者终结浪 *EFG* 向下突破并穿越趋势通道下边界时，通常标志着原来的上涨趋势行情的终结，说明市场形势已经发生了变化，正在转势中。在形态上，末浪的出现是趋势生变的标志，也是市场给出右侧交易出场点的信号。

从图 10 - 5（a）可以看到，趋势行情是一系列有序波段行情（即周期性的推进浪与调整浪）的集合。一个完整的涨势行情从底部的最低点 *A* 开始，一直到顶部的最高点 *F* 为止。其中，底部与顶部之间的差价 *AF* 代表了这个涨势行情的最大涨幅。与波动、波段行情一样的道理，强劲趋势行情通常都是因为有控盘能力的主力大资金的介入，他们是市场的主导者，市场的底部位置和顶部位置都由主力决定，属于主力的权利。对于普通投资者而言，乘势范围为从首浪确认到趋势通道被突破终结为止的范围，即 *DG* 之间的幅度。相当于投资者以首浪和末浪为代价，来换得乘势中更大的胜算把握。因为首浪和末浪在理论上无法事先预测，它们只能被跟踪和事后确认。例如，在首浪

ABC 确认之前，难以预计当前波浪在未来只是一个短线波动，还是即将持续展开的上涨趋势的首浪。而在趋势中后期的回调过程中，我们也无法预知当前回调是属于趋势运动中正常的获利回吐调整，还是末期的终结波段。从形态的角度来看，在技术上我们能够认识和把握的只是其中的 *DG* 部分，这也是乘势交易的最大盈利空间，从而形成了以乘势为目的的趋势交易原则：即在首浪确认之后跟进，而在末浪出现（即原来的趋势形态被破坏）之后择机出场。

图 10－5（b）是下跌趋势行情的示意图，读者可以照此分析，这里不再赘述。

四、交易决策的客观性

无论是趋势行情，还是波段或波动行情，它们都有强弱与大小之分。行情规模大小不同，所处的位置不同，其意义就完全不同，就要有与此相应的交易决策和计划。具体来说，在交易实践中，要根据市场形势、行情发展状况和发展潜力，合理地选择具体的交易策略计划以及与之匹配的风险限额（如初始止损点数）。一般来说，弱势波动大多是散户所为，没有主力大资金的参与，通常难有大作为。因此，持续时间较短，幅度较小，既难以谋取较高的交易成功率，更无法谋取较大的盈亏比，在这种不具备期望收益优势的系统里，只能选择放弃。而对于短线上出现的强劲走势，也有持续时间长短和涨跌幅度大小之分，但是因为强劲走势代表有大资金的介入，通常就有比较明确的意义，关键是投资者要高明远识，识大局，能够识别其中的机会或陷阱。例如，通过前面的讨论，我们应该清楚地知道，大行情的出现需要"天时地利人和"的前提条件，需要有个时间的"沉淀过程"，绝对不是一蹴而就的。总而言之，在资本市场，虽然决策方案都是由人制定出来的，但是只有符合客观实际的决策方案，才能发挥正确的作用。

第五节

乘势交易的买入与卖出形态

根据前面的讨论，本节将对乘势交易的买入与卖出形态作归纳总结。具体来说，可以分为回调买入（卖出）法以及突破买入（卖出）法两大类。

一、回撤买入（卖出）形态

如图 10 - 6 所示，当市场在前期主要支撑水平上收出明确有效的 K 线反转形态之后，走势逆转向上，短线方向和意义都比较明确，说明之前的回调可能已经结束，后市看涨，便构成了强烈的短线买入信号。关键支撑价位的买入形态主要有以下几种。

图 10 - 6（a）：原跌势的中断信号。市场在前低点的支撑价位附近收出有效反转形态，中断了原来的下跌趋势，但中长线市场与短线市场仍都处于下跌态势中，因此只属于短线乘势信号。

图 10 - 6（b）：转势信号。在前高点的支撑价位附近收出有效反转形态，在短线形态上基本形成底部反转形态，呈现出看涨态势，通常是新的涨势行情启动后的早期乘势信号。

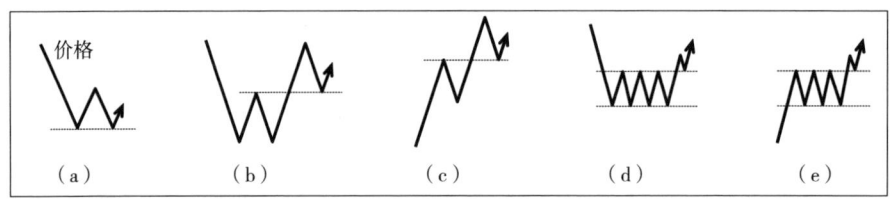

图 10 - 6　重要支撑价位附近的看涨买入形态

图 10 - 6（c）：涨势持续信号。在前期峰顶代表的支撑水平附近收出有效反转形态，通常说明中长线市场经过前期回调已经调整好，短线走势在重要的支撑价位附近重新回到中长线方向上，因此通常是新一轮上涨行情的早期乘势信号。

图 10 - 6（d）：转势信号。在回踩前盘整区上边界的支撑价位时验证了突破的有效性，走势逆转向上，技术意义十分明确和重要，基本上确立了底部反转形态的完成，属于转势确认之后的早期乘势信号。

图 10 - 6（e）：涨势持续信号。在回踩前盘整区上边界的支撑价位时验证了突破的有效性，走势逆转向上，说明多头市场经过前期盘整，已经调整好，其意义十分明确并重要，因此通常是新一轮上涨行情的早期乘势信号。

与图 10 - 6 的情形相反，图 10 - 7 为重要阻力价位的卖出形态，短线方向和意义也都比较明确，后市看跌，构成了强烈的短线卖出信号，但是读者同样需要认清它们在中长线方向上的差异，因此，在具体的交易策略上也要有所不同。

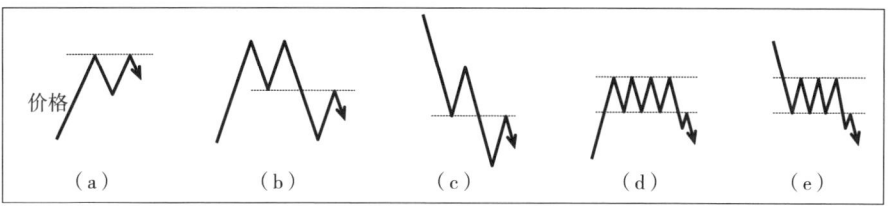

图10-7　重要阻力价位附近的看跌卖出形态

概括来说，当市场在前期重要支撑（阻力）价位上收出有效反转形态之后，具有明确的技术意义，通常构成了短线交易的切入点。但是，因为中长线市场形势的不同，对应的交易决策也要有所差别。例如，在图10-6（a）和图10-7（a）中，中长线市场与短线市场尚未逆转为上涨（下跌）态势，因此并不是中长线乘势形态。如果把它们作为新趋势行情爆发的起点，在此提前布局中长线，虽然有成功的可能性，但并不一定是大概率事件，其试错成本通常会较高。

二、突破跟进形态

当市场对阶段性重要支撑或者阻力价位实施有效突破之后，通常会带动新一轮行情的开始，因此，突破当天或者次日往往是追涨杀跌的较好时机。向上突破买进形态可以分为如下几种情形。

图10-8（a）：涨势持续信号。市场对前高的阻力水平实现了有效的突破，通常是在中长线方向上的乘势出击信号。

图10-8（b）：转势信号。市场对前高的阻力水平实现了有效的突破，在短线形态上呈现出看涨态势，是中长线转势中的早期乘势出击信号。

图10-8（c）：涨势持续信号。市场对前盘整区的上边界阻力水平实现了有效的突破，是在中长线方向上的乘势出击信号。

图10-8（d）：转势信号。市场对前盘整区的上边界阻力水平实现了有效的突破，是中长线转势中的早期乘势出击信号。

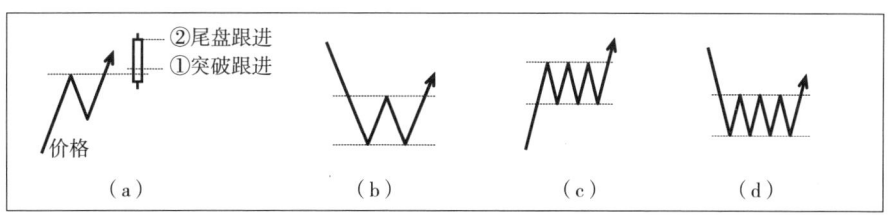

图10-8　重要支撑价位附近的突破看涨买入形态

图10-9为向下突破卖出形态，道理相同，不再赘述。

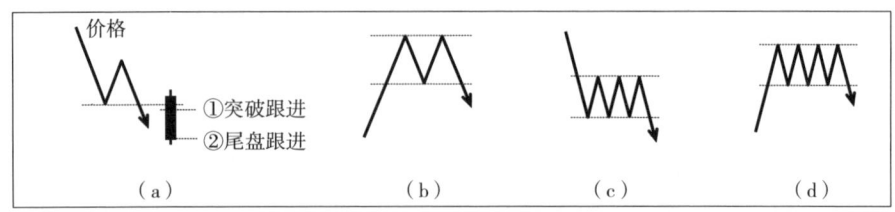

图10-9　重要阻力价位附近的突破看跌卖出形态

突破跟进方法一般分为突破当天跟进法与突破次日跟进法两种。其中，突破当天跟进法又分为突破跟进和尾盘跟进两种。如图10-8（a）所示，突破跟进是指当价格突破前期重要阻力水平时，在比该价格水平稍高一点的位置上买进，这是属于交易成本较低的跟进方法，缺点是不能识别盘中假突破现象。而尾盘跟进是指当接近收盘时间时买进，其优点是当市场出现盘中假突破骗线现象时，可以避免上当受骗，但缺点是提高了交易成本。突破次日跟进法也可以分为开盘跟进和回调结束跟进两种。顾名思义，开盘跟进就是在突破次日开盘时间买进，而回调结束跟进指的是当突破发生之后，市场在次日通常会有一个小幅的回踩过程，来测试突破的有效性。如果市场在回踩过程中获得有效的支撑或阻力作用，走势逆转，重新恢复原来的走势，便构成了一个很好的买进机会，交易成本也较低。但需要指出的是，并不是每个突破之后都有回踩过程。

三、均线买入（卖出）形态

均线是判断趋势的一种有效方法，均线系统随着强劲趋势行情的发展呈现的有序排列以及变化规律可以用来作为寻找有利乘势机会的有力手段。下面以图10-10（a）的强劲上涨趋势为例，来说明均线系统的买入形态。

（1）趋势早期的买入形态。在行情早期的快速拉升过程中，因为出现获利回吐压力，造成价格继续拉升困难，但是相对来说，强劲行情早期的抛盘较少，抛压较轻，短暂的回落就能得到释放。在形态上，市场通常会在短期均线MA10附近得到支撑作用。当收出有效反转形态之后，市场马上恢复强劲的上涨势头，后市看涨。一般来说，早期的短暂回撤少则有1~2根多则3-5根小阴小阳线，回调幅度较小，回调率不超过38.2%。在形态上，通常不会跌破短期均线或者短线支撑价位。在形态上，当有效走势反转之后，就

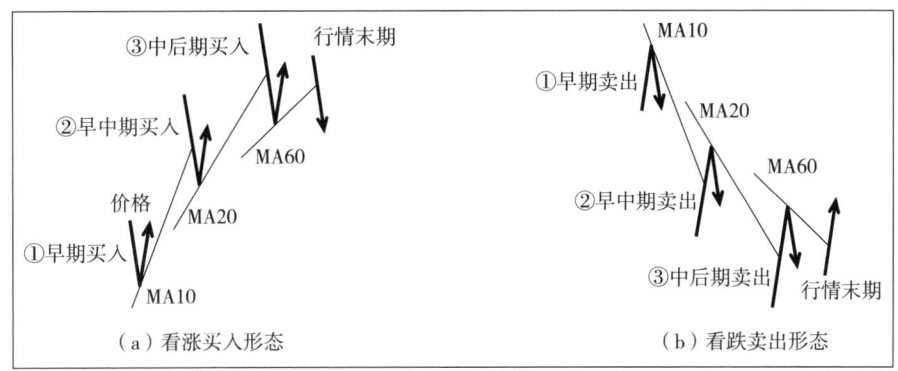

图 10 - 10　均线买卖形态

构成了行情早期的买进信号。

（2）趋势早中期的买进形态。市场经过前一阶段的拉升，价格不断地推向新高，盈利的单子越来越多，到达行情的早中期，市场中的抛盘逐渐增多，累积的获利回吐压力增大，总的来说，回调阈值不断抬高，技术面所要求的回调幅度也变大，通常会在中期均线 MA20 的附近得到支撑作用，收出有效反转形态，马上恢复强劲上涨势头，后市看涨。一般来说，强势趋势早中期的回调率仍然较小，基本上不超过 38.2%，也不会跌破中期均线 MA20 的价位。在形态上，当有效走势反转之后，就构成了行情早中期的买进信号。

（3）趋势中后期的买进形态。一般来说，到达趋势的中后期，因为市场中累积的抛盘更多，抛压更严重，技术面所要求的回调时间会更长，回调幅度也更大。回调开始后，所有短线均线以及中期均线 MA20 都不再能发挥任何作用，价格会一直下挫，可能会在中期均线 MA60 寻求支撑，中后期的回调率通常会接近 50%。在这种情况下，投资者需要耐心等待，静观其变。只有当中期抛压得到完全释放，多头重新占据优势力量，并且恢复短线强劲上升动力之后，才可以择机进场跟进。例如，在股市，接近回调末期，在量价关系上应该呈现出价格再难跌下去（即微跌）而成交量逐渐缩小的现象，表明之前的浮筹基本上得到清除。如果市场在中期均线 MA60 附近得到强力支撑，收出有效反转形态之后，就构成了趋势中期的买进信号。

图 10 - 10（b）为一个强劲下跌趋势中的均线卖出形态，道理相同，不再赘述。

陡峭上升或者下降的均线是前期价格快速拉升带动的结果，说明从过去到现在这一段时间范围内处于强劲的多头或空头市场中。而均线系统的多头（空头）排列代表市场走势在短期和中长期方向上的一致性，即短期和中长期投资者普遍持看涨（跌）观点，市场步伐高度一致，意义更加重大。根据惯性或者持续性原理，一般来说，在多头（空头）排列出现之后，市场通常还会有较大的上升（下跌）空间，因此，在强劲行情的小幅回撤（回撤率小于等于38.2%）结束之后，通常都是可靠的进场点。

四、趋势线买入（卖出）形态

如图10-11（a）所示，上升趋势线买入形态通常有两个：一是指当在趋势线或者支撑线附近收出明确有效的反转形态之后，便构成了强烈的短线买入信号，这是在中长线方向上的早期乘势信号。二是当对前高阻力价位实现有效突破之后，便构成了突破买进信号。

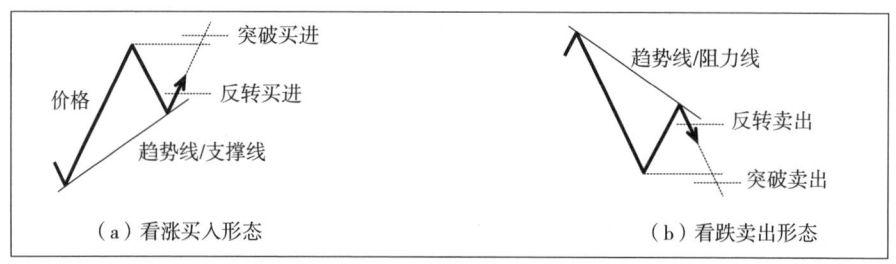

图10-11　支撑线/趋势线买卖形态

图10-11（b）为下跌趋势线卖出形态，道理相同，不再赘述。

根据前面的讨论，趋势线买卖形态的可靠性与趋势的强弱程度有着密切的关系。例如，如果前期推进浪十分强劲，并且回撤率很小，就说明市场中的多空力量差别相当悬殊，即有一方占据力量上的绝对优势，那么，在回撤结束后，市场通常将马上恢复强劲走势。反之，如果推进浪微弱，回调率较大，说明市场存在较大分歧，其稳定性较差，这种买卖形态的可靠性就较差。此外，从形态分析的角度来看，在前高价位上的有效突破发生之后，短线市场也呈现上涨态势，与中长线方向一致，因此其意义更加重要。但在实际情况下，还要看行情的发展状况以及整体局势。例如，如果突破位置出现在涨势的中后期，并且在指标上还呈现负背离现象，那么，说明多头的上攻动能正在逐步衰减，我们就要提高警惕，预防趋势生变。

本节内容虽然在原则上适用于任何时间周期的图表，但是，图表的时间周期越长，其有效性和可靠性往往越好。

第六节

平仓技术分析

股市有句谚语："会买的是徒弟，会卖的才是师傅。"这句话道明了投资者在选择进场点与出场点时的差别。其主要原因可以概括如下。

在选择进场点时，投资者拥有决策和行动的主动权，有备而来，可以选择或者放弃。由于每个行情的演变过程各不相同，事先难以预测，因此，有经验的投资者坚持一切从实际出发的原则，尊重规律，把握节奏，作出交易决策，并且严格按照交易决策和计划选择合适的市场以及较好的进场点，进入交易。从形态的角度来看，做到"线乱不看，行散不买"，寻找市场在短中长发展方向上的内在一致性，从而提高交易胜算。

而在选择出场点时，行情变化由市场说了算。相对来说，投资者处于被动地位，往往身不由己。正所谓"箭在弦上，不得不发"，投资者不能一厢情愿，再来苛求出场点形态的完美与可靠。其主要原因有两个：一是在理论上我们无法事先预见行情末期的到来；二是接近行情末期，多空力量比较接近，市场分歧较大，竞争趋于白热化，市场极不稳定，形势更加变化莫测。由于信息还不清晰，前景尚不明朗，在技术上难以准确判读和把握，但是，我们又不得不做出决断，这将极大地考验投资者随机应变的能力以及当机立断的果断。否则，稍有犹豫或迟缓，有利时机往往稍纵即逝，就会错失出场良机，其结果是损失很大的利润，有时甚至会招致亏损。由此可见，出场点的选择更加考验一个人的智慧与能力以及果断的作风。

一、趋势平仓技术分析

从形态分析的角度来看，趋势交易的平仓时间应该在行情明确结束之后。以图 10 – 12（a）的上涨趋势为例，在形态上，就是等待趋势通道被突破的明确信号出现之后，再择机平仓出场。在招法上，这是典型的见招拆招。这种平仓方法既有优点，也有缺点。其优点是可以避免在突破之前出现误判，导致过早出场的错误，这也是右侧交易的思维。因为只要趋势通道没有被突破，即上涨形态没有被中断破坏，那么，趋势可能还没有终结，在未来还有持续的可能性。其缺点也很明显，概括来说有以下几点：①如果要等待趋势中断信号的出现，那么，毫无疑问，至少将损失末浪段的潜在利润。②趋势中断信号出现之后，市场上通常会出现恐慌情绪，唯恐价格在未来还会深跌，如果有外界利空消息配合，造成投资者纷纷出逃，就会加速价格的下跌。在股市，当市场竞相抛空时，市场将呈现供大于求的局面，抛单往往一时难以成交，而股价在急剧下降，投资者只能眼睁睁地看着账面浮盈被迅速抹去，甚至被套牢。

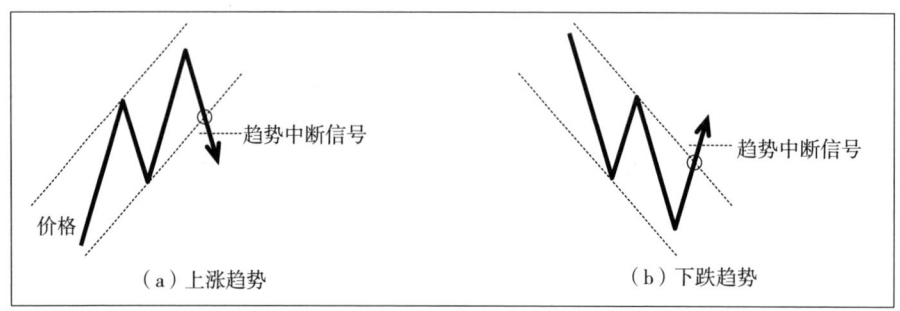

图 10 – 12　趋势的中断信号

在趋势分析中，趋势中断信号与首浪的确认一样，在理论上具有特殊意义。但是，在实际操作中，正如优秀的投资者并不会等到首浪确认之后才进场交易一样，在趋势的后期，等待趋势中断信号出现之后的平仓方法也不是最好的出场方法。在谋略制胜思想上，无招胜有招才是更高境界。在金融交易中，也就是说，如果你能看到更大的局，洞察时势，就要在对方（主力）招数中寻找蛛丝马迹的破绽，从而洞察主力意图，识别主力的"阴谋诡计"，提前出局，而不是等待主力出招后才被动应招，这与武学的最高境界"无招胜有招"如出一辙。例如，在上涨趋势行情的高档区，单日涨幅已经创出了前所未有的最大值，虽然场内外一片繁荣景象，大众看涨情绪空前高涨，但是，多头却上升乏力，出现虚涨实跌现象，价格在震荡中呈现重心下移，在指标上呈现显著的负背离现象。在股市，股价下跌时出现放量现象。那么，通常预示着趋势行情末期的到来。在这种情况下，洞悉时势的高超投资者就会在价格震荡中选择有利的时机提前平仓退场，而不是教条地等待趋势形态被破坏之后才仓促出场。

图 10 – 12（b）为跌势中的情形，道理相同，这里不再赘述。

二、波段平仓形态

波段平仓方法与趋势平仓方法的道理相同。以图 10 – 13（a）的上涨波段行情为例，如果采用见招拆招的平仓方法，那么，就要等待市场向下突破其均线的明确信号出现之后才能择机而行。在这种情况下，与市场形势以及均线被破坏时产生的市场恐慌情绪严重程度有关，后市的表现也各不相同，既有一路下跌的情形，也有多空激烈对抗形成震荡盘整的情形。总的来说，如果投资者能在波段上涨形态出现中断破坏之前，敏锐地洞察时势，在末期到来之前就提前择机平仓出场，将是最好的选择，既可以保护已有的利润（落袋为安），还可以规避可能的风险。反之，就有很多不可预测的因素存在，结果很难预料。

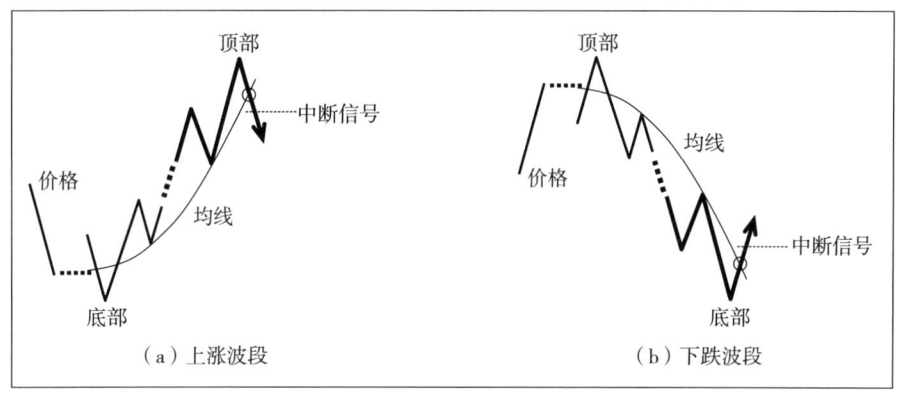

图 10 - 13　波段行情的中断信号

图 10 - 13（b）为下跌波段的中断信号，道理相同，不再赘述。

最后还需要指出的是，在趋势或者波段形态被明确破坏之前平仓出场，其准确性主要取决于个人的综合分析、判断和预见能力。如果市场形势过于复杂，或者因为投资者对局势误读误判，有时就会造成投资者过早出场。但是，这与有些投资者遇到了大行情，却因为恐惧心理作怪，不能坚守信念，稍有盈利便早早平仓退场，完全是两回事。

三、波动平仓形态

图 10 - 14（a）为波动行情的示意图。其中，上升波动行情是以底部的一个有效看涨反转形态作为开端，而以顶部的有效看跌反转形态作为终结信号。与此相反，下降波动行情则以顶部的一个有效看跌反转形态作为开端［见图 10 - 14（b）］，随后以有效的看涨反转形态作为中断信号。显而易见，在形态上，一个明确有效的 K 线反转形态是短线波动交易的最低要求。由此我们可以推断出短线交易的一般性 K 线规则：不见阳线不跟进，不见阴线不卖出！也就是说，短线交易方向必须与当前走势一致！

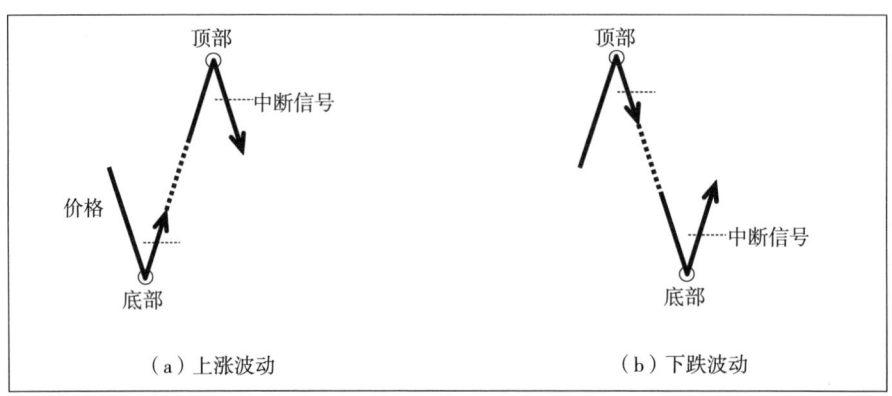

图 10-14　波动行情的中断信号

第七节

远见在交易决策中的重要性

本节将要讨论在金融交易中长远战略眼光的重要性，它能使得投资者在技术分析与预测中，拥有全局观，洞察局势之变，从而未雨绸缪，运筹帷幄，把握主动权。

一、长远战略眼光

谋略，是古老而永恒的话题，它源于战争和政治斗争，又关乎人类生活生存的点滴。谋略离不开人，谋略所反映的是人的思想意识和物质意识。在本质上，谋略是为获取利益和优势而采取的一种积极思维过程，是通过对眼前和长远问题思考而制定的解决对策和方案。谋略的根本目标就是克敌制胜，以最小的代价赢得最大的胜利。

懂得谋略的人，一般都会提前做好长远的规划，思维缜密，目光长远，有大格局。在处理实际问题时，结合实际，把握重点，考虑未来的发展和未来的走向，懂得未雨绸缪，防患于未然。有了这样的长远考虑，就不会在出现危机和变故的时候，措手不及，导致各种近忧的产生，才能不断地提升自己的谋略智慧。

谋略思想对于投资者来说同样具有重要的指导作用。从交易的角度来看，顺势而为的审时度势、适时而动实际上包括战略和战术两个不同层次的内容。

（1）未来大方向的战略规划与布局。在技术分析中，就是首先要弄清楚当前的市场格局与总体情况，具体来说，就是通过研究过去的价格历史数据，来判断当前市场在中长线层面上的发展状况。在此基础上，预期未来发展趋势和发展潜力。这是在距离上从远到近、在时间上从长到短的思维顺序。战略规划与布局强调的是未来的发展潜力，可以培养我们中长线思维的大局观，拓宽视野、提升眼光，从而能够站在一个更高的高度上，充分认识和理解乘势谋略中的发展优势和潜力。

（2）战术规划和执行。战术层面强调的是当前的有利战机，属于短线性质。千里之行，始于足下，短线交易是一切交易类型的基础，长中线交易也离不开短线的切入点，而且短线交易也是所有交易行动的最后一个环节。实际上，短线交易既可以做纯粹的短线，也可以做中长线的起点，具体由市场环境条件所决定。任何成功的短线操作都离不开对市场大格局的正确判断和把握，只有一切以市场为准，灵活而不教条，才能在实践中做到进退自如，不会养成短线长做或者长线短做的坏习惯。

中长线与短线形态分析存在层次上的差别，相互之间又有紧密的联系，不可分割。因此，短线思维和中长线思维其实并不是完全独立的，绝对不能厚此薄彼，将它们孤立地对待。高超的实战能力其实是短线思维和中长线思维的有机结合，是在战略和战术两个层面的规划布局，两者具有互补作用。其实质就是既要把握大方向与位置，同时也要认清短线形势变化，只有这样，才能洞察时势，高屋建瓴。

二、价格行为背后的本质问题

在金融市场，价格行为反映了市场行为，折射了人类趋利避害的本性，代表市场各方力量在利益博弈中的结果，因此，价格变化规律体现了市场运作规律性。只有深刻地认清价格变化背后的这些实质性问题，才能真正理解并把握价格变化中的规律性，而不是把技术分析流于形式。

金融交易中主力的作用举足轻重。作为市场的主导者，他们不仅可以控制市场的短期走势，而且可以引导市场朝某个方向运行。因此，要判断后市的发展趋势，就必须识别主力的意图。对于散户来说，要做到这一点，就必须通过技术分析以及大数据分析等手段来获得主力的蛛丝马迹，以及在行动策略上的劣势和破绽。此外，主力也有大小之分，在资金实力上的差别使得主力所采取的操作手段有着很大的差别，呈现出以下两种不同的行情变化特点。

（1）"短平快"行情。例如，在中国股市，一些私募、游资或者其他小主力机构拥有的资金和能量有限，为了节约交易成本，往往会采取简单的操作方法，如快速吸筹，强硬拉抬，一路进货一路拉高，目标位一到则坚决出货。这种操作手法非常凶悍，普通投资者根本来不及反应，在犹豫和观望之中，一波行情已经接近尾声。

对于这样的行情，很难依靠技术分析予以正确的判断和预测。一般来说，这种小主力因为实力的限制以及出于成本的考虑，难以获得一定程度的控盘能力，也不需要较长时间的吸筹过程，底部形成的时间相对较短，这种行情上升得快，跌得也快，很少有"回旋"的余地，这是"短平快"行情的最大特点。

（2）以时间换空间的大行情。一般来说，行情升幅与主力的控盘能力成正比关系，而要获得强大的控盘能力，通常需要长时间的吸筹过程，这是大行情以时间换空间的主要特点。从理论上讲，具有良好控盘能力的市场主力可以随心所欲地操控短期内的价格变化。但是，无论主力在短期内如何操控市场，却永远不会改变他们牟取暴利的宗旨，而这需要靠拉升价格来实现。其中，拉升和出货过程都需要市场的配合，这是因为大行情的顺利开展既离不开主力的启动和引导，也离不开大众的参与。实际上，中长期趋势行情的发展模式和基本变化规律体现了自然界里物竞天择、优胜劣汰、弱肉强食的规律法则，它是人类社会竞争的一个典型例子。

"知己知彼，百战不殆"。对于散户而言，首先要清楚地认识价格行为背后的实质性问题，只有这样才能深刻理解价格变化的规律性。其次，既要善于利用主力优势，又能洞察主力破绽，并且发挥自己所长，方能制敌取胜。例如，对于在以时间换空间的大行情，因为主力操作周期长，操作成本高，所以投资者要增强信心，而对于"短平快"行情，交易者要"见好就收"，切勿盲目地对未来信心满满。

三、远见的含义与作用

举目有远见，心藏大局观。没有大格局，就不会有远见！缺乏大局意识的主要表现为只看近利，不愁远忧，即只关注一时一地的得失，而忽略了整体和全面的结果。

在技术分析中，远见是指对中长线或者较长远市场未来发展前景的展望和规划。具体来说，就是通过分析过去历史数据来判读中长线或较长远市场的现状和发展前景。例如，如果市场处于趋势运动中，那么，就要明确当前所处的位置与发展现状，据此推断未来的发展潜力，对未来一段时期进行合理的展望和规划。下面我们举几个简单例子来加以说明。

图 10－15（a）：在涨势背景下，如果在之前被市场反复验证过的支撑线上收出强势反转形态，那么，其短线意义十分明确，短线看涨。但是，这种短线强势在未来能走多远，即它的发展潜力，不能从短线形态中看出，而必须从中长线的角度来分析。例如，相同的短线形态处于涨势的早中期与处于末期则大有区别。这些内容在前面已经讨论过，这里就不再重复了。

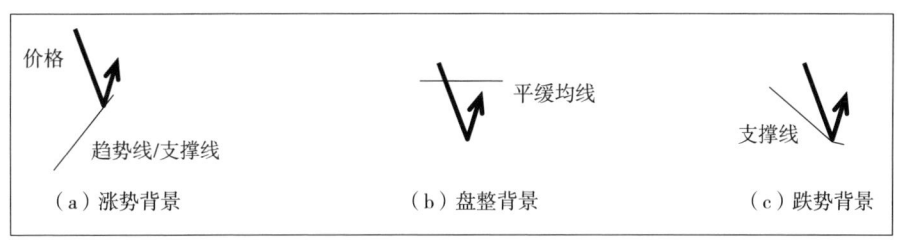

图 10－15　背景形态的影响

图 10－15（b）：在盘整背景下，说明当前市场分歧很大，多空力量接近，竞争必然会相当激烈。在这种情况下，价格常常呈现出频繁震荡现象，导致平缓均线被反复突破和穿越，因此，在盘整区内，指向盘整区内的走势反转形态通常意义不大，代表市场仍然在盘整中。

图 10－15（c）：在跌势背景下，如果在之前被市场反复验证过的支撑线上收出有效的走势反转形态，那么，其短线意义也十分明显，通常代表反弹（如跌势调整浪）的开始，短线看涨。但是，从较长远的角度来看，当前中长线市场仍处在跌势中，短线走势变化并不一定会改变中长线市场的跌势现状。

图 10－16 的四个例子则分别说明了前期价格态势对短线走势的不同影响。

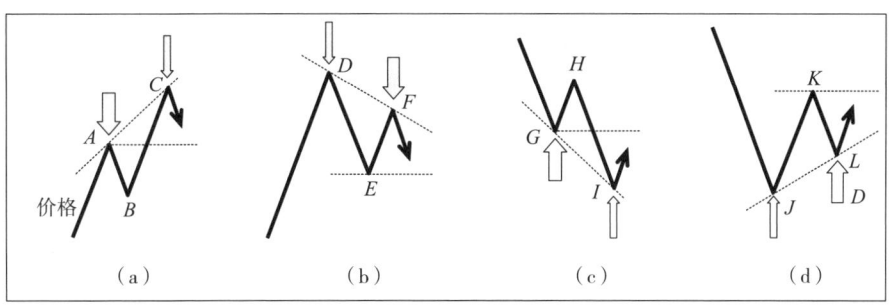

图 10－16　前期态势对短线走势的影响

图 10 – 16（a）：当市场在 C 点创出新高之后，前期形态呈现出明确的看涨态势，空头在 C 位的打压力度明显减弱。总的来说，说明市场中持看涨预期的投资者比例明显高于持看跌预期的投资者比例，多头占据力量上的优势。根据惯性原理，前期市场心理对短线走势影响较大。如前面所述，如果 ABC 是一个强劲的上涨波浪，那么，在从 C 开始的回落过程中，下方的前高 A 价位常常成为强劲涨势的最强支撑。反之，如果 ABC 是一个微弱上涨波浪，前高 A 价位往往不起作用，更下方的前低 B 价位则成为多头阻止趋势逆转的最强支撑，因为只有当市场跌破这个价位之后，才预示着转势的开始，即从短线的多头市场逆转为空头市场。

图 10 – 16（b）：由于价格在 F 位未能创出新高，新的峰顶位置 F 比前高 D 明显下移，代表多头上升动力不足，而抛盘打压增大，价格重心下移，呈现出看跌态势。同样地，前期市场心理将对短期内市场走势产生较大的影响。以前期的回落幅度 DE 为参考（即假设市场保持相同的打压力度），我们可以预期，从 F 开始的回落幅度会在 E 的价位以下，即后市通常会突破并穿越前低 E 所在的价格水平，用道氏的话来说，就是"不创新高便创新低"。当市场出现对价位 E 的破位现象之后，在形态上确立了跌势的开始。由此可见，当价格从 F 开始回落后，我们就要提高警惕，预防趋势逆转。

图 10 – 16（c）：价格持续下跌，并且在 I 创出了新低，代表空头力量在不断增大，而多头力量在削弱。总的来说，市场中持看跌预期的投资者比例明显高于持看涨预期的投资者比例。如果 GHI 是一个强劲的下跌波浪，那么，在从 I 开始的反弹过程中，上方的前低 G 价位常常成为强劲跌势的最强阻挡。反之，如果 GHI 是一个微弱下跌波浪，前低 G 价位往往不起作用，更上方的前高 H 价位则成为空头阻止趋势逆转的最强阻挡。

图 10 – 16（d）：市场在之前的回落中并没有创出新低，相反，谷底 L 反而明显抬高，代表空头动力严重衰竭。总的来说，短线市场中持看涨预期的投资者比例要明显高于持看跌预期的投资者比例，表明多头力量已经崛起，并占据力量上的优势。在此影响下，短线市场通常会向上突破并穿越前高 K 代表的阻力价位，这就是道氏的"不创新低便创新高"。当有效突破发生之后，标志着短线反转形态的完成。

第十一章 技术分析中的逻辑思考

逻辑在广义上泛指规律，包括思维规律和客观规律，在狭义上既指思维的规律，也指研究思维规律的学科即逻辑学。逻辑的本质就是事物之间的内在联系以及它们的依赖关系。美国著名的哲学家、教育家约翰·杜威说过："逻辑之所以对人类极端重要，正是因为它在经验中建立，并在实践中应用。"

在金融市场中，影响价格变化的因素众多，市场受不同规律的作用，其原因错综复杂，作用效果各不相同。市场中充满了大量的随机性和偶然性因素，造成市场的不确定性，这类问题的逻辑关系、数学原理和思维方式已经超出传统的经典物理学框架。举几个简单的例子：（1）成功与失败的关系。在交易中，既有成功，也有失败，两者是长期共存的。只有在失败中控制风险，在成功中扩大利润，才能实现长期稳定盈利。（2）小概率事件和偶然性事件，虽然发生的概率很小，但并不代表它们一定不会发生，实际上，一旦发生，往往危害极大。（3）偶然性与必然性之间的关系。统计规律的概率因果关系指明了在偶然性中通往必然性的方向，同时揭示出这一事实：在人类的实践活动中，只有满足概率因果律前提条件的偶然性中才蕴含着必然性。

从市场的不同角度出发，我们可以发现不同的规律性在起作用，如周期性循环变化规律、循序渐进发展规律和对立统一发展规律。此外，还有随机现象的统计规律，体现群体运动变化特点的群体运动规律，而市场运作规律则从价值规律、竞争规律以及供需规律等方面揭示了市场价格的运行规律。显而易见，在纷繁复杂的不确定性的表象背后，是各种简单有序的基础性因素——内在逻辑。深刻地认识逻辑关系，不仅会影响我们的思维方式，而且还会决定我们的认识深度和广度，使得我们能够透过复杂的表象去认识其中的本质，从而正确地决策，有效地行动。

第一节

价格变化特点与规律性

根据前面的讨论，我们将总结和归纳价格变化的特点和规律性。

一、随机性与偶然性

简单来说，价格变化具有波动性特点。按照经济学原理，价格永远围绕价值上下波动，这是价格波动的内在原因。而从价格变化的驱动力出发，因为买进或者卖出造成需求变化，也会形成价格波动。

实际上，影响价格变化的因素很多，各种因素之间又存在着广泛而又错综复杂的联系，而人类的认识能力具有有限性，形成了价格波动变化中的随机性与偶然性。其中，随机性是指在因果之间存在不确定性过程，而偶然性则是指在因果之间存在不确定性因素，两者导致在因果之间不能建立起一一对应关系，不能像在经典物理学体系那样实现精确的分析与预测。这就说明在价格变化中不存在必然事件，只存在条件概率事件，即技术分析在本质上是条件概率的分析与预测。

不确定性导致技术分析与预测不能100%准确，可能结果有两种或者两种以上。具体来说，个别或者短期价格行为（如方向和位置）通常具有不确定性。例如，在理论上，我们无法预测今天或者明天市场将会收出阳线还是阴线，也无法预测走势会继续还是逆转。此外，底部或者顶部的位置，趋势或者盘整行情持续的时间长短与幅度大小，支撑或者阻力作用的有效性等等，通常在事先都无法预测。

需要强调的是，随机不确定性的真正含义是不能100%的精确预测（唯一性预测），但并不是完全的不可预测。例如，在抛硬币游戏中，每次结果不是正面就是反面共两种情况，究竟出现哪一面事先却不能确定。它揭示了一种崭新的预测思想—概率预测，这是经典决定论与概率论两种哲学思想的根本区别。

二、价格变化的规律性

在第二章、第四章和第九章里，我们分别讨论了价格变化中的一些重要规律，如周期性循环变化规律、循序渐进发展规律、对立统一发展规律，以及从价值规律、供需规律、竞争规律等方面揭示的市场运行规律性，此外，还有研究随机性问题的统计规律、惯性原理以及群体运动规律等。实际上，影响价格变化的因素众多，各种现象背后以及各种因素都有其相应的变化规律，而市场的最终表现形式就是价格行为，它是所有市场因素和行为的综合结果。如果看问题的视角或者出发点不同，往往会得到不同的结果。但需要注意的是，不同的规律，它们存在和发挥作用的前提条件不同，因此，适用的条件就不同，不能主观臆断，脱离实际。

三、规律的运用

规律是指事物发展过程中本质的必然联系，说明其中存在内在的逻辑联系，这是认识和利用规律的基础。但是，在认识并运用规律时需要注意以下几点。

（1）规律具有客观性、稳定性和重复性的特点，规律还具有必然性，只要规律发生作用的客观条件没有发生变化，只要决定规律的本质原因没有消失，规律就必然会重复出现并发生作用。因此，可以利用规律对未来发生的现象作出准确的预测，这是技术分析与预测的理论基础。例如，价格运动可以分为上涨、下跌和横向盘整三种运动模式。当市场处于上涨模式时涨多跌少，而在下跌模式时则跌多涨少，价格在两个方向上的发生概率有着显著差别，可以通过"低买高卖"来获利。技术分析就是去发现价格形态变化中的各种规律性，并利用这些规律性来进行决策并指导自己的交易活动，从而达到盈利的目的。

（2）任何规律的存在都是有条件的，都有适用范围，在一定条件下存在和发挥作用。一旦离开特定的条件，内在的逻辑联系不存在了，规律就无法存在、无法发挥作用了。由此可以推断，规律用于预测也是有前提条件的，需要一个前提假设：如果规律继续存在，这个规律才有预测意义。例如，在涨势中，价格涨多跌少，这是一种必然性，所以总的来说买入没错，其前提条件是市场保持上涨趋势不变。但是，如果这个条件不存在，比如说市场进入了跌势中，那么，买入就是错误的交易，就会导致亏损。此外，金融市场的价格变化规律还有一定的或特定的时间适用范围，也会随着外部和内部形势的改变而随时终结，这些是我们在运用规律时务必要注意的事项。

（3）各种规律都有各自的特点。例如，惯性等预测原理的特点是近期预测变好，远期预测变差。但恰恰与此相反，价格波动规律通常在短线变差，在中长线变好。显而易见，如果投资者没有对具体现象以及背后的规律做具体分析，深入理解和把握规律的内在逻辑、基本特点与特征以及适用条件和应用范围等，就很难作出正确的决策。

四、概率事件的固有风险

与经典物理学体系的物体运动相比较，不确定事件或者概率事件主要有以下两个特点。

（1）成功与失败共存。例如，如果成功的概率是70%，失败的概率为30%，那么就意味着，在大量反复的实践中，不仅有70%的成功率，而且30%的失败率也无法避免，因此，从长期来看，成功和失败总是相辅相成的。只有按照赢率规则的要求严格限制风险，放大盈利，才能实现长期稳定盈利的目的。

（2）小概率事件和偶然性事件。虽然它们都很少发生，但是并不等于不发生。事实上是，有些小概率事件和偶然性事件一旦发生，往往危害极大，因此必须认真对待，时刻有防范意识和预防措施。

这里需要指出的是，当我们谈论小概率事件和偶然性事件的发生时，指的是它们在一次或者少数几次实践中随时都有发生的可能性，强调的是概率上的随意性，因此，必须增强风险意识；而当我们讨论大概率事件时，强调的是大概率事件的统计规律性，即概率上的必然性。显而易见，两者看问题的角度和侧重点完全不同。然而，我们还必须清楚地认识到，概率上的随意性是与生俱来的，但概率上的必然性并非如此，必须满足一定的前提条件，即概率论的因果关系。

第二节

谋略制胜思想和理论方法

在竞争对抗中，如果没有明确的谋略思想和策略思维，你就很难取胜。

一、顺势而为的谋略制胜思想

对散户而言，顺势而为阐明了在"敌强我弱"情况下乘势待时、借势发力的谋略制胜思想，它既是一种哲学思想，也是一种谋略智慧，蕴含着战略思维方法。

二、大数定律

大数定律（即概率论）揭示了一种概率因果律，是从偶然性通往必然性的理论及实践阐述，是指导我们思想的理论基础。

三、赢率规则

赢率规则是在概率论基础上推导出的数学公式，由此可以获得最优决策方案。它充分体现了顺势而为的交易理念，是决定长期稳定盈利的数学基础。

四、时机问题

时机问题可以概括为"天时地利人和"这三个因素。其中，"天时"代表了市场内外环境条件，具有长线性质；"地利"代表当前条件，具有短线性质；"人和"则代表投资者自我条件和状态。总的来说，交易时机就是"天时地利人和"三者的和谐统一，这是内部和外部诸因素共同作用的结果，三者缺一不可。

第三节

理论与实践的思考

理论是对事物的本质及其规律的认识，是具有逻辑性和系统性的知识体系。正确的理论体系具有以下三大功能：一是规范和提升人们的认知水平和理解能力；二是以思维逻辑和概念框架的形式为人们提供正确的思维方式，达到正确把握、描述和解释社会、自然世界的能力；三是以理论所具有的普遍性、规律性和理想性为人们提供正确的价值观念，从而规范人们的思想和行为。

从认识的角度来看，经验认识能够描述现象，而理论认识是揭示事物本质和发展规律的系统化的认识，是比经验认识更高层次的认识。此外，由于理论对解释事实而进行的思辨过程，它有助于突破自我认知境界，对规律性实质达到更深层次的领悟和理解，从而真正掌握理论规律和原理，并正确运用到实践中，能够依据理论对客观事物发展过程进行预测，做到认识与实践的统一。

人类对于随机性问题的认识是从简单的确定性到复杂的不确定性的过程，

也是由只承认必然性的客观存在到承认事物的发展是必然性和偶然性共同作用的结果的过程。在处理随机性问题时，我们必须根据整体与个体、必然性与偶然性的辩证关系来调整我们的思维方式和研究思路。举一个简单的例子，水往低处流，这既是句谚语，也是个自然规律和物理常识。它告诉我们应该去低洼处、谷地寻找水源。如果排除缺水的极端情况，那么，与地势较高的地方相比较，在低洼处和谷地发现水源的概率要大一些。

技术分析研究过去和现在，而预测则是从过去和现在来推断未来，其依据就是规律性揭示的内在逻辑联系，这是连接过去、现在与未来的桥梁，其主要内涵为：

（1）重复性和必然性（规律的一般特点）。表现形式：价格变化中的周期性或者类周期性波动循环现象。

（2）连续性与持续性。表现形式：在时间序列、空间结构和关系上（如运动方向、速度、趋势以及变化周期等）呈现的连续性和持续性。

（3）长期稳定值。这是从偶然性中通往必然性的方向，是信心所在。

第四节

投资与投机的区别

金融交易有投资和投机之分，如果要识别一个行情的投资和投机性质，我们可以从多个角度来辨别。

（1）交易者的理念与动机。投资交易注重于内在价值，以经济发展规律作为价格发展的总趋势并作为预测依据，以带动经济发展、实现双赢为目的；而投机交易只关注价格的波动变化，以时势与市场行为预测价格走向，以追求单赢为唯一目的。巴菲特说过："如果买股票是投资，你会更加关注你所投资的这家公司未来的产出，也就是这家公司未来能够产生的利润或现金流。如果你只关注这家公司的股票价格涨跌，而不关心这家公司未来是否能够赚钱、赚多少钱，那么，你就是在投机、在赌未来，而不是投资未来。"

（2）从价格波动规律性来看，当市场行为以投机因素为主时，那么，价格波动的形态特征主要反映了全体市场参与者群体行为的规律性。这就说明，趋势运动通常只是主力用来影响市场的一种手段，一旦达到他们的预期目的或者大势有变，那么，趋势之后必然将会是个大幅度的反向运动，这是投机行为的必然性。市场的投机性往往与市场气氛或者交易的活跃程度有关。例如，当市场气氛变得空前高涨（如大牛市）或者极度低落（如大熊市）时，由于"羊群效应"的推动作用,交易中的投机成分将得到显著增强,市场观点更加趋于主观和非理性,人性中的贪婪或者恐惧等劣根性将得到放大,于是价格涨跌会常常超出人们的意料,表现得相当非理性。但是,如果市场以投资因素为主,则将更多地体现出价值投资或者基本供求关系这样的基本经济规律。

(3)交易周期的长短。在股市,投资交易通常指的是买入后长期持有的行为,交易周期较长;而投机交易泛指利用价格的波动性来赚取差额利润的买卖活动或行为。一般而言,中短期内的市场行为属于投机性行为,价格变化由资金走向决定,取决于投资者心理预期,价值规律或者供需规律基本上不起作用(即与基本面无关)。但从长期来看,价格走势则由内在价值决定,价格波动变化主要反映了经济发展的趋势。例如,经济增长速度快的实体,其股价通常就会有快速上涨。

(4)投资者对市场的信心。对于普通投资者而言,投资通常代表他们对未来预期良好,因此具有较长期的投资信心;而投机往往是缺乏信心、对前途悲观失望的表现,转而变成一种舍本逐末的投机取巧。

(5)价格波动形态以及资金的流进与流出状况。简单来说,如果市场是一个纯粹的投机行情,那么,在整个行情中买进多少,就会卖出多少,资金进出大致相等,因此当投机行情结束后,价格基本上回到原点。反之,如果行情以投资为主,那么,在行情结束之后,除了少数投机性单子了结出场之外,大部分的单子都会持有不动。其结果是,投资与投机行情将在波动形态上呈现出明显差别。下面以图11-1中的四个不同的完整波浪形态为例,来说明投资与投机在形态上的区别。

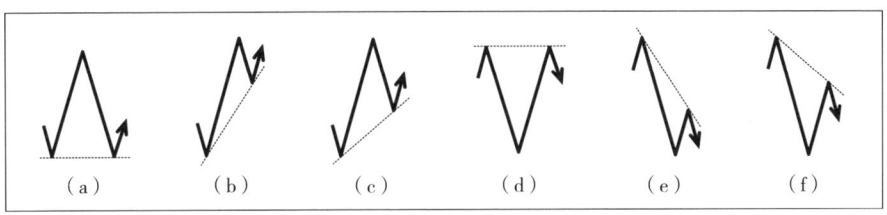

（a）　　　（b）　　　（c）　　　（d）　　　（e）　　　（f）

图11-1　一个完整波浪行情结束之后的回撤率反映了其中的投资与投机成分

图11-1（a）:投机为主。下降行情与之前的上升行情基本上持平,说明买力与卖力大致相等,这通常代表一个纯粹的投机行情,即在上升行情中买进多少,最后在下跌行情中卖出多少,因此,在一个完整波浪结束之后,价格将会回到原点附近(回撤率大约为100%)。在实际情况下,由于价格连

续下跌容易产生市场恐慌情绪，如果引发以前的深套者也跟着出逃，抛单数量还会略多于买单数量，导致回撤率超过100%，即向下跌破前低价位。总而言之，如果在一个完整波浪行情结束之后，其回撤率接近或者略超过100%，说明这是一个属于投机性质的波浪行情。

在一个纯粹的投机波动行情之后，通常来说，一切将从头开始，其中的不确定性因素更多，相对来说，更加难以预测。例如，在股市里，主力是否会马上关注并炒作一只已经热炒过的个股，不仅与个股的发展情况有关，还与市场的整体大环境有关。

图 11–1（b）：投资为主。如果回调波段相对于上升波段的回撤率较小（如≤38.2%），说明市场中绝大多数投资者看好后市，会继续持单，而获利了结的投资者比例较低，因此这是个以投资性为主的行情，总体上的多空力量对比大约为72%∶28%，整个波浪的看涨态势十分明确，多头占据力量上的优势，后市看涨，并且通常会恢复强劲涨势。

图 11–1（c）：投机者多，投资者少。如果调整波段相对于上升波段的回撤率较大，接近61.8%，总体上的多空力量对比大约为62%∶38%，说明市场中的大部分投资者是短线投机分子，已经在回调中获利了结，而只有一小部分投资者继续持单、看好后市。因此，在该行情中，投机者多，投资者少，后市难有大作为。

图 11–1（d）、图 11–1（e）、图 11–1（f）是相反的情形，道理相同，读者可以依次类推，在这里不再赘述。

最后需要指出的是，在投机市场里做投资生意，或者反过来，在投资市场里做投机生意，都不是正确的策略。以前者为例，在一个投机市场里，如果死守长期投资理念，结果也会令人失望。例如，有的股价经过数年甚至更长时间的波动变化，最后仍回到原点附近，这是屡见不鲜的事实。

第五节

交易计划的制定策略

不打无准备之仗，不打无把握之仗，这是达成战争目的的一条重要的战略战术原则。这种指导思想对于金融交易同样具有重要的指导意义，具体来说，就是计划你的交易，交易你的计划，这是成功交易的金科玉律。

一、交易计划的目的与功能

交易计划是指投资者为完成一定时间内的交易目标，所制定的交易措施、操作方法和步骤以及实施细则。

概括来说，一个切实可行的交易计划应该具有如下的功能。

（1）指导作用。它是一种运筹帷幄的智慧与谋略的结晶，以坚实的实战理论为依据，或者以稳定可靠的实战经验为依托，充分体现出决策部署的连续性和稳定性。

（2）行动指南和准则。对投资者来说，交易计划提供了一个思考的框架和可靠的操作方法，能够帮助投资者在一个充满不确定性的金融环境中提高决策的前瞻性和预见性。因此，它不仅是投资者的行动指南，也是约束投资者的行为准则。

（3）控制交易。用交易条件、风险控制以及仓位控制等具体操作方法和步骤模型化、程式化、客观化，因此，严格按照正确的交易计划执行，相当于在每次交易中坚决贯彻执行"顺势而为"的谋略思想以及"截断亏损，让利润奔跑"的交易理念，从而开启成功的交易生涯。

（4）掌控交易心态。交易计划的严格执行可以帮助投资者形成交易制度和规矩，有助于建立自律机制和良好的交易习惯，帮助克服人性弱点，避免情绪化的冲动交易，增强交易中的客观性，消除交易中的主观随意性和盲目性，减少下单前的恐惧、持仓中的焦虑和平仓后的懊悔，确保每次交易都按照稳赢体系运行。

（5）实现目标。使得交易行为步入良性循环：计划→等待→执行→总结→提高→（下一个循环），从而实现持久稳定的盈利目的。

交易计划的特点：预见性、程序性和个性。为了更好地遵循计划以及定期评估，建议交易计划采用书面形式。

二、制定交易计划的必备条件

可以概括为以下两个方面。

（1）主观条件：充分地认识自身的认知水平、经验、能力和条件等（即知己）；

（2）客观条件：能够正确认识并利用金融市场的价格波动规律性以及竞争规律性（即知彼）。

"知彼知己，百战不殆；不知彼而知己，一胜一负；不知彼，不知己，每战必殆。"。

交易计划的鲜明个性特点说明，交易计划的制定将会因人而异，水平参差不齐，因此，发展一套最适合自己使用且切实可行的交易计划将是一个不断摸索和完善的过程，需要通过实战检验。

三、交易计划的基本要素

交易计划主要包括如下内容。

（1）交易目标：在交易方向前方的期望目标价位与交易时间，同时还包括走势出乎意料时的初始止损位置。

（2）交易策略：按照交易时间框架，确定相应的交易策略与操作手段（如短线波动交易、中长线波段交易或趋势交易）。

（3）分析工具：确定合适的分析工具，并且掌握分析工具的基本原理。大多数投资者依靠基本面分析和技术面分析来预测未来价格走向，其中，K线形态分析是日交易者必备的分析工具。

（4）交易品种：寻找合适的交易品种。例如，在股市，首先是基本面分析，挑选出业绩好、发展潜力大的板块龙头股和绩优股，其次是与技术面分析相结合，发现那些处于低估价位上、正处于强势拉升行情初期的品种。因此，要求投资者掌握正确的操作步骤和方法。

（5）交易条件：进场条件，止损条件，出场条件，这是投资者的行动指南和行为准则。

（6）资金管理：投入资金及其盈亏评估，即设定头寸规模，预期获利和亏损的限度，将承担多大风险，异动情况的应对处理等。资金管理还包括在交易过程中的头寸调整策略，突发止损现象出现时的应对措施，其核心是风险和仓位控制。

（7）交易总结：虽然交易平台提供了每次交易的进出场位置、时间、交易手数以及盈亏的数据记录，但交易者个人的交易日志可以对交易情况作出深刻的分析，及时总结交易中存在的问题以及改进措施。

在交易计划中，交易条件、风险控制以及仓位控制为其核心内容。

四、交易计划的实施

（1）确定交易品种和交易市场。

（2）分析与预测：①当前形势、行情现状和未来走向（发展潜力）；②交易时机（入市条件）；③可能风险与应对；④退出策略；⑤预期的操作时间和绩效；⑥如何实现交易目标。

（3）实施交易计划：跟踪、等待、确认、执行。

（4）总结与提高（包括完成交易日志）。

最后需要注意的是，交易计划和交易日记一样，需要不断的检查和审核，在定期的检查和复习中，你会发现自己忽略了什么？哪些方面需要改进？只有经过不断的完善和提高，你的交易业绩才会一步一步提高。

五、交易计划的要点与重要性

（1）交易计划的水平。如计划是否缜密、合理、可靠，具有可持续性。

（2）实施者的能力与执行力问题。如分析与预测是否准确可靠，时机选择是否合适，仓位控制是否合理，行动是否果断，是否具有随机应变与处置措施等。

（3）战术布局。分以下五个方面来讨论。

①仓位控制。一般来说，投资额必须限制在总资金的80%以内。在股市，在任何个股上投入的资金必须限制在总资金的30%以内。

②建仓方式。有些投资人士采用三步建仓法：试探仓1/4（即投资额的25%，布局）、主仓2/4（50%，在行情启动后的早期）、加仓1/4（25%，行情中期）。也有些投资人士建议买入配置为40%∶40%∶20%，卖出配置为50%∶30%∶20%。投资者可以根据自己的实际情况来选择及调整。

③总仓位控制。一般性原则是：强市行情中≤80%仓位，震荡行情中≤50%仓位，弱市不参与。

④风险控制。风险控制就是预先设置止损条件（即初始止损），它的作用是当交易发生之后，如果市场走势出乎意料，价格运动方向与交易方向相反，导致交易出现亏损时，通过强制性平仓措施来遏制亏损任意扩大化的一种技术手段。一般情况下，单笔交易的最大亏损率必须限制在总资金的2%~5%之间。

⑤退出策略。可以分为盈利退出条件以及止损退出条件两种：一是判断失误退出策略，即止损策略。止损退出条件可以按照参考K线、涨跌幅、资金损失率或者技术性破位等来设置。例如，在买进交易中，如果价格跌破当前K线最低价（当前线止损法）或者前一根K线最低价（前一线止损法），或者单日跌幅超过8%，或者亏损率达到2%~5%，或者价格跌破了重要支撑线，就触发了止损条件，须无条件卖出止损。事实证明这是一种非常有效的风险防范方法和处置措施。二是获取利润、成功完成交易退出策略。典型的

止盈条件有：盈利达到预期目标（如20%～30%），或者出现技术形态破位信号（如趋势线/重要支撑/阻力价位被突破穿越），或者回撤触及设定的止盈条件（如5%～10%）等。

在实际操作中，有时会出现另外一种情况，即交易之后的价格变化并没有像你预期的那样出现较大的波动，虽然盈亏额不大，但是市场在一段时间内失去了方向性，让投资者面临进退两难的抉择：是继续持有还是退出。在这种情况下，投资者就要检讨之前的分析判断和预测是否准确，如确定大体无误，那么自己能否坚持。例如，如果发现分析判断有误，或者自己不能坚持，就要认亏退场。

在交易计划中，最难的是止损策略的制定和实施，最不容易确定的是出局时间。在交易过程中，止损之所以很难执行，这是因为止损是对原来交易决策的否定，止损成立的前提是你认为之前的分析和判断是错误的，并且要接受资金亏损的现实。而出局时间和计划的成败，都跟交易者对行情性质的判断以及操作风格的选择息息相关，这对投资者来说无疑是一个巨大的挑战。

（4）执行交易计划的重要性。我们不能以盘面上的盈亏来论成败，而应该以你是否执行了自己的计划，是否控制了风险来衡量。例如，如果你能按照计划进行一笔交易，即使你亏损了，也是一笔成功的交易。交易计划的最大用处就是使你的交易始终处在自己的控制范围之内，不至于出现手足无措的尴尬局面。有计划的交易，可以减轻你的恐慌心理，使你保持相对客观的心态，保持耐心，学会放弃，不会被市场短暂的不利波动所左右。在实际操作中，很多散户有盯盘的习惯，这大多是恐惧心理在作怪，是缺乏自信心的表现。盯盘的坏习惯只会使得恐惧和焦虑心理加剧，而养成严格按照交易计划执行的好习惯，可以帮助投资者逐渐地改掉盯盘的坏习惯，从而抓住市场的主流波动，因此坚持执行交易计划被认为是金融投资的生命线。

调查数据显示，在全体金融投资参与者中，能连续10次执行交易计划的投资者占20%，能连续20次执行交易计划的投资者占10%，而能连续100次执行交易计划的投资者所占比例小于1%。实际上，职业交易员与散户的最大区别是：职业交易员严格按照交易计划交易，而绝大多数散户的交易没有计划性，凭直觉做交易，因此毫无节制，也不知道如何评估自己的操作绩效并提高自己。没有一个切实可行的交易计划或者不严格执行交易计划，这是绝大多数人成为输家的根本原因。

第六节

交易风格的讨论

交易风格按照持仓时间的长短一般分为短线、中线和长线三种，但具体的划分并没有明确的定义，不同的投资者界定不同。一般来说，短线交易周期大约为1周以内，中线交易周期为几个月，但不超过半年，而长线交易周期则可以长达一年以上。

交易风格通常与个人性格、习惯和交易理念有着密切的关系。一般认为，性子急的人大多会采用比较激进的交易手法，在日常交易中会更倾向于短线交易。相反，性子慢或者作风稳健的人则会采用稳健务实的交易风格，更倾向于中长线交易。换句话说，在交易中，我们大多数人都会有固定思维以及行为倾向性。因为这个缘故，在过去，我们总是一味地强调交易风格因人而异的特殊性，在把交易风格与人的个性、习惯和交易理念挂钩的同时，也把交易风格中的固定思维和固定行为模式想当然地认为是理所应当的。这种错误的认识成为阻碍投资者学习和进步的桎梏，把交易风格教条化、固定化、僵硬化。

通过前面的讨论，我们可以对交易风格作如下概述。

（1）市场实际情况是制定交易策略和选择交易风格的基础和前提条件。例如，一般来说，短线行情只适合短线思维和短线交易，中线行情适合中线思维和中线交易，而长线行情适合长线思维和长线交易。如果理论脱离实际，就会作出错误的预测，导致错误的决策和行动。

有人认为短线交易是最没有技术含量的交易，而事实是三种交易风格都各有特点，它们本身并无好坏之分。这三种交易风格是否合适，关键取决于市场行情，但市场不会因人的意志而转移。例如，在实际操作中，遇到短小行情，如果固守中长线交易思维，就会导致"短线长做"。反之，明明遇到一个较大规模的行情，虽然在行情早期已经大胆跟进，却因为投资者固守短线交易思维，缺乏信心，不敢大胆地持有，过早地平仓退场，形成"长线短做"现象，从而缩小利润。以上两种错误做法都是因为预见不符合实际情况，导致决策行动与"限制风险，扩大盈利"的要求背道而驰！在实际操作中，不切实际的预计是亏损的主要根源。相对来说，"短线长做"比"长线短做"更具危害性。前者放大了风险，事关生死成败问题，而后者缩小了盈利空间，是赚多赚少的问题。

（2）在实践中，因为市场的不确定性，在概率上存在随意性，导致在预测与决策中风险不可避免。这就要求投资者在实际操作中，一切以市场为准，具有随机应变的能力。例如，实现长期稳定盈利的有效途径是乘强势、做大行情，这是一种在风险控制下的不断试错过程。如果投资者采用固定、僵硬的思维模式来应对复杂多变的市场，就会造成短线长做、扩大亏损的事实。

（3）短线交易的真正内涵不是交易时间的长短。虽然我们习惯于划分不同交易风格的时间范围，但实际上决定交易时间长短的不是交易者人为规定的交易时间表，而是行情持续时间的长短程度，它由市场决定。如图 11 - 1 (a) 和图 11 - 1 (d) 这样的短线行情也有强弱大小之分，实际交易时间会相差很多，但本质上它们都属于短线交易的范畴。

第七节

进场与出场策略比较

上一章我们详细地讨论了各种买进与卖出形态，本节将要讨论进场与出场策略的差别。简单来说，在选择进场点时，投资者具有策略选择和行动上的主动权，而在出场点选择上，投资者往往处于被动地位，因此更加考验投资者的随机应变和处置能力。

1. 进场原则

根据概率论的赢率规则，如果成功和失败的概率为50%∶50%，表明这是一个不存在概率优势方向、没有期望收益优势的市场，任何决策方案都无法确保长期稳定盈利，因此，分析与预测的结论是不参与。而要实现长期稳定盈利，就必须在具有概率优势和期望收益优势的市场里，按照正确的交易决策进行交易。也就是说，只有当投资者具有很大获胜把握时，才构成进场交易的理由，其长期结果代表了概率论的必然性。因此，进场原则可以概括为两个字：多赢！

2. 出场原则

选择出场点的策略与进场点的策略有着很大的差别。如图 11 - 2 所示，如果涨势行情已经进入中后期，或者虽然还处在早中期，但是市场形势发生了变化，走势出现疲软和衰竭，当市场逼近上方重要的阻力水平时，未来走势是不确定的，向上或向下运动的概率大致均等（大约为50%∶50%）。在这种情况下，我们就应该选择先平掉一部分仓位，锁定已得利润。如果后市逆转掉头，因为我们已经锁定了一部分利润，即使剩余的单子全部止损掉，可能也不会亏损，或者亏得很少，这可以让投资者占据心理上的优势，不会再提心吊胆，害怕反转行情引发亏损了。如果行情继续向上，因为手里还有一部分单子，可以继续"坐轿子"享受后市的涨幅。

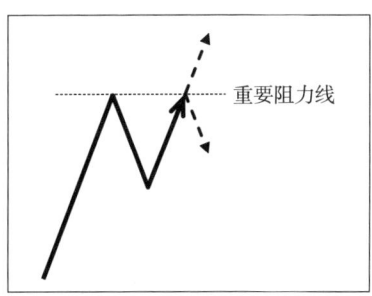

图 11 – 2　出场以少亏为首要原则

一般来说，随着行情上升空间的不断增大，回调或者反转的概率也越来越高。在具有不确定性的重要价位上逐步减仓，把利润锁住，可以有效减少压力。从概率论的角度来看，因为在前高阻力价位附近，未来走势将出现较为明显的不确定性。如果不平仓，继续持单，那么，虽然当后市继续上涨时确实可以增加利润，但如果后市逆转下跌，将使得账面浮盈快速缩水，甚至亏损，因此，这种不平仓策略隐含着较大的风险。

"机会永远有，本金就那些"。在交易中，最重要的不是如何赚钱，而是要思考如何先守住自己的钱！这里引用巴菲特投资的第一原则：永远不要亏钱，第二原则是记住第一原则。因此，我们可以将出场原则也概括为两个字：少输！

第十二章　成功交易者的要素

古语云：君子谋时而动，顺势而为。《吕氏春秋》也有类似表达："圣人不能为时，而能以事适时。事适于时者，其功大。"金融交易其实就是心理的博弈，利益的追逐。交易人必须清楚地认识到人类在利益冲突时暴露出来的极端自私性，力求自强，不要把幻想和希望寄托在别人身上。其实，交易的成败有时并不完全由智商决定。纵观历史，成功的交易者都有一些鲜明的共同特征，例如，成功者通常都有大格局和高境界，因此胸怀大志，目标明确，意志坚定。他们不仅具备优秀的个人素质，而且在人生规划中，都懂得知己知彼、顺势而为的重要性。

现代人机交互模式形成了在险恶投资环境中的简单交易方式，而所有数据资讯主要依靠新闻和网络媒体传播，从而对个人的鉴别力和自持力形成了严峻的考验。如果缺乏专业知识以及实战经验，不能在复杂环境中作出合理的决定，就会导致交易人的不自信和盲从。而挫折可以恶化情绪，使得人性弱点得到放大，导致个性情绪在判断和决策中产生不良影响。因此，在金融市场，不仅知识和经验能力十分重要，个人修养和道德品德的培养对于个人发展也极为重要。它们有助于提高自身的素质与能力，使得自己的内心变得更加强大、自信、睿智、坚韧不拔，同时也有益于构建和谐的人际关系和轻松的生活环境，利己利人。

第一节

有明确的目标和方向

"格有高下，局有大小，格高局大者，方能高屋建瓴，胸怀天下。"人是受目标驱使的，有了目标，我们的人生才会有希望。当然，有目标的人未必能够成功，但是没有目标的人肯定更难以成功。

一、人意与天意

绝大多数人多多少少都会相信命运一说，认为冥冥之中自有定数。而事实是，我们太过于注重偶然事件中的困难程度以及少数人交好运时的惊喜，却往往忽视很多人在好运气背后不知疲倦的追求和执着。

概率论的道理极其简单明了，即使小概率事件发生的概率很小，但在一次活动中仍可能发生。因此，我们不能排除极个别人的的确确的好运气，但是，就大多数交好运的人来说，他们好运气的出现绝不是偶然的，都有着深刻的根源，反映了他们的人意。对他们来说，所谓的天意只不过是他们人生中的执着前行。

爱迪生说过："天才是 99% 的努力和 1% 的灵感。"其实，这个世界没有成功的命运，只有成功的个性。正是人的个性中所包含的需要、动机、理想、信念和世界观，指引着人生的方向、目标和道路，正是人的个性特征中所包含的气质、性格、兴趣、能力和意志，影响和决定着人生的风貌、事业和命运。

二、人生的奋斗目标决定你成为怎样的人

在 1953 年，美国哈佛大学曾对当时的应届毕业生做过一次追踪研究，询问那些毕业生是否对未来有清楚明确的目标以及达成目标的书面计划，结果只有不到百分之三的学生有肯定的答复。而在二十年后（即 1973 年），再次访问了当年接受调查的毕业生，结果发现那些有明确目标及计划的百分之三的学生，不论在事业成就、快乐及幸福程度上都高于其他的人。尤为惊奇的是，这百分之三的人的财富总和，居然大于另外百分之九十七的学生的财富总和，而这就是明确目标的力量。

莎士比亚说过："人生就是一部作品，谁有生活理想和实现它的计划，谁就有好的情节和结尾，谁就能写得十分精彩和引人注目。"但许多人的一生没有明确的方向，不知道自己该何去何从，他们一会儿向东，一会儿向西。如果做得不如意或者听说哪里有机会，就马上往哪里去，一生似乎永远没有定向。他们的问题很简单，就是没有明确的人生目标和方向，所以常常不能坚持。古罗马哲学家塞涅卡说过："有人活着没有任何目标，他们在世间行走，就像河中的一棵小草，他们不是在行走，而是随波逐流。"

人生需要规划，大的方面是人生目标和方向，需要面对和解决的问题；小的方面是具体的计划、方案和行动，以及切实可行的步骤，如具体的时间

规划和安排。目标与方向为我们自己规划了奋斗拼搏的人生之路，主导了我们一生的发展与成就。只有目标明确方向正确，才能够更好地奋斗，更好地前行，也才会更少地走弯路。实际上，在规划和选择人生目标过程中，折射的是一种人生的坚定信念。通俗来说，即为什么要达成这个目标的原因。正是这种坚定信念才能真正成为推动我们主动学习、刻苦钻研、克服困难、让人持续朝着目标前进的原动力。

当然，远大的人生目标和志向必须建立在务实的基础之上，当有了实力的积累与沉淀之后，才能厚积薄发，实现鸿鹄之志，否则，就只能变成了好高骛远的空想了。

第二节

正确的投资理念和交易思维

掌握正确的投资理念，建立正确的交易思维模式，是投资者走向成功的基石。

一、投资理念

投资理念已经在第一章第三节里讨论过，它由投资者的心理、哲学、动机以及技术层面等构成，体现出投资者的人生观和价值观，反映了投资者的投资目的和意愿，以及鲜明的个性特征和投资思路。

通过认知层次、领悟层次，提升到思维层次，就形成了个人的投资理念。投资理念产生交易策略与计划，交易策略与计划产生交易。一般来说，有了正确的投资理念，就不会冲动和盲从，就能做到有计划、有目的。但是，成功的理念是不可能一次形成的，它需要漫长的累积过程。投资理念可以因人而异，成功的投资理念也各不相同。

投资理念将会影响理论知识的应用和正常发挥，也会影响个人的执行能力。投资理念不仅在决策层面，而且在实际操作层面也起着非常重要的作用。比如，人们常常发现，同样的理论知识在不同人手里，实战效果会有天壤之别，就是这个道理。

认知是一切的基础。认知不仅要知彼，还要知己，即观天时，明地利，懂人生，具体来说，包括以下几个方面：①对市场与价格行为的认识和理解，掌握价格波动的基本特征和规律性；②掌握谋略制胜的战略哲学思想和数学原理；③形成正确的投资理念、交易思维和投资心态；③制定出适合自己的交易策略和计划，并掌握合适的分析工具以及资金风险管理与盈利技巧等具体方法；④个人思想、思维和理念的提炼与提升，良好的个性、心理行为和习惯的培养，以及对自身经济和身心条件的正确认识。

因人而异的投资理念决定了投资者对一些基本问题的不同看法。例如，在投资中，是盈利技巧（即多赢）还是控制风险（即少输）更为重要？很多人认为学会盈利技巧比控制风险更重要，因此，这种人倾向于花更多的时间和精力去研究盈利技巧。但问题是，如果过于注重盈利技巧的重要性，就往往容易忽视交易风险特别是意外风险的巨大危害性。作为投资者，如果不能认真地探究风险的成因并深刻地认识到其危害，不懂得如何在交易中用止损来控制风险，在每次交易中没有严格的规避风险措施与对策，那么，除非你早早退场，否则，不管你在过去有多么成功的交易业绩，你的盈利技巧有多么高超，终有一天你会深受其害，甚至最终以一场刻骨铭心的惨败收场。在投资市场，也许一次偶然的突发性事件就可以让人损失全部的利润和资金，这种惨败的结局已经屡见不鲜了。当然，也有很多人认为学会控制风险比赚钱更重要。持有这种理念的人通常把控制风险放在首位，在保护好有限资金的同时，探索盈利的技巧。因为在每次交易中都能严格限制亏损，相对来说，在资金有限的情况下可以给自己创造更多的交易机会。

在金融市场，每一次交易都是"猎手"和"猎物"之争，如果不能认清市场残酷的本质，就无法比别人站在一个更高的层次去决策，去运筹，当然也就无法规避风险、远离陷阱，那么也许有一天就不可避免地将成为别人的"猎物"。

二、交易思维

一个人的行为往往受他的思维所支配，即思维决定行为，行为又决定结果。因此，要想改变结果就要改变行为，要想改变行为首先要改变思维。

思维是认知中的高级过程，包括感性思维和理性思维两个层次，反映了思维的广度和深度。思维层次不同，造就了各人的理念差异。在金融交易活动中，系统交易思维是一种理念，而正确的交易理念是基于对市场的正确认知和对人性的正确认识。系统交易思维（理念）的正确与否决定了投资者的行为以及交易成败，其重要性毋庸置疑。而交易结果也会产生影响，会对交易者的思维产生正反馈或负反馈。

正确的交易思维和习惯都是去紧跟市场节奏，而要做到这一点，就必须读懂市场，一切要以市场为准，树立正确的投资理念，养成良好的交易思维和习惯，决不盲目自信。在金融交易活动中，投资和投机行为并存。对投资者而言，如果固守投资思维或者投机思维，用固定的交易风格来应对错综复杂的市场形势变化都不明智，并不可取。正如被称为"投机之王"的杰西·利弗莫尔所言："在投机生涯中，或者说在证券和商品市场的投资中，从来没有什么新鲜的东西出现。在有的市场环境下，我们应当果断投机；但在有的市场环境下，我们不应当投机。"

交易系统在本质上是系统交易思维的物化，它是一套基于概率思维与逻辑思维的完善的交易规则。一个稳定的交易系统包括两大内容：理念和方法。正确的理念引导我们用正确的思维看待市场，错误的理念只会让我们误入歧途。而评价交易理念及其策略是否合理、正确，其唯一的检验标准就是看它是否符合客观实际。只有符合实际，才会真正发挥作用。美国期货专家彼得·史泰米亚总结出一个非常精辟的公式：交易结果 = 市场理解 × （交易策略 + 自我认识）。

第三节

提升理论素养和实战能力

理论知识可以使人明理，开拓人的视野，提高人的智慧和谋略水平，让人站在一个更高的高度上，来看待和分析一个问题。科学理论能预见未来，端正实践的方向。而实战能力则是顺利完成某一项目标或任务所体现出来的个人素质，是不可或缺的主观条件。实战能力直接影响工作效率，关系到事业的成败甚至生死存亡。纵观历史长河中的无数成功人士，这是他们成功的两个关键因素：

（1）强大的理论支撑。有了完备的理论知识，通常就有了生存与发展的良好基础。例如，即使在通信和交通条件十分落后的古代，诸葛亮的真才实学仍能赢得刘备三顾茅庐，这是一个几乎妇孺皆知的典故。一部《孙子兵法》更是成为享誉中外的古代军事杰作，流传了两千五百年多年。科学的理论对实践具有积极的指导作用，是通往成功之路的"敲门砖"。

当然，并不是所有的理论都具深度和实用性，也有"纸上谈兵"的肤浅理论，甚至一时错误的理论。其实，人类对复杂问题的认识是个循序渐进、曲曲折折的过程，正是在一代代人的不懈努力中，我们才一步步地接近真相，发掘出真理。这说明作为学习者，我们就要有鉴别的眼光，吸取正确的理论知识，形成正确的观点。只有这样，才可以少走弯路，少交学费，免得误入歧途。此外，学习的目的是吸取知识，学为所用。因为我们真正需要的是实战能力，绝对不是纯理论的东西。因此，学习要有选择性，正如十八般兵器不必样样精通一样，能够精通其中一至二种往往就可以让人立足江湖，笑傲四方了。

（2）出色的实战能力。既有丰富的理论知识和实践经验，又有出色的实战能力当然是最完美的状态。从表面上来看，没有理论，只有宝贵的实践经验和实战能力同样可以让人走向成功。因为与书本上的理论相比较，成功的经验其实更加宝贵，结果也更加直截了当，是制胜的宝贵财富。但深究其本质，人类的认识成果，都来自社会实践，其初级形态就是经验性知识。当经验性知识经过不断总结、归纳、提炼，以及实践的反复检验，才逐步上升为系统化的理论。因此，对于新手而言，学习系统的理论知识和别人成功的经验都是一种卓有成效的快速成长法，可以避免盲目的实践。

实战能力是一个人立足的根本，是一个人的核心竞争力，是立于不败之地的法宝。提升个人实战能力是个时间积累过程，有两种方法：一是在实践活动中不断地磨炼自己，积累经验，获得工作能力、应变能力，这是最原始的做法，意味着首先要给市场交上学费，至于成功与否完全取决于个人的努力和造化。二是不断学习和不断积累。既要学习理论知识，也要学习别人成功的经验和失败的教训，从中不断地吸取宝贵的营养。学习能让人站在巨人的肩膀上前行，看得比别人更远些。此外，一般来说，吸取别人失败的教训比学习成功经验更加重要，因为成功仅仅是财富积累多少的问题，但失败事关生死存亡之关键。

值得指出的是，理论知识和实战能力积累与提升的实效性与个人素质有着密切的关系，人的智力、性格品质、体能以及个人环境条件往往起着不同程度的影响，同时它们互相之间也存在反馈效应。良性的正反馈效应可以提振自信心并改善情绪，负反馈效应则降低人的自信心并恶化情绪。实际上，强大的内心不是凭空产生的，只有在强大的理论知识支撑以及/或者丰富的实战经验依托下，才能撑起足够强大的内心。

实际上，金融市场的生存之道与人生中的生存之道在本质上并没有很大的区别，都是顺势而为！只不过，人生中的顺势而为侧重于顺势随缘，多了主动性，可以主动地创造机会。但金融市场的顺势而为则侧重于应势而谋、因势而动，是审势待时的等待和跟随。总而言之，读懂自己，读懂市场，一切事在人为！

第四节

成功的交易从计划开始

学会开车很容易，但成为职业赛车选手却很困难。做股票投资也一样，成为职业交易员并不简单。根据数据统计，投资领域里成功的交易只占交易次数的40%，也就是说，60%的交易是失败亏损的。因此，对于大多数投资者来说，失败的次数往往大于成功的次数。

知行合一是成功的根本，其中，"知"是思想层面的东西，"行"是执行层面的东西，而策略和计划是架在"知"和"行"之间的桥梁！只有将二者有效结合的交易员才能成为市场中真正的赢家。因此，迈出的第一步就是要学会制定交易计划，它是交易者的作战计划和实施框架。交易计划需要事先考虑行情所有的发展可能与相应对策，这可以使交易者未雨绸缪，提高信心，降低压力，并形成自律性的规范动作。而非职业性的交易者大多是凭直觉交易，根本没有计划，他们往往无法应对行情发生分歧时或市场突发意外时的变化，结果成为投资领域里的牺牲品。

既然交易计划如此重要，可是为什么绝大多数投资人不去制定和执行呢？实际上，因为在投资领域并没有百战百胜的完美计划，再加上新手的知识和经验极其有限，他们的交易计划可行性也较差，需要一个不断提高和完善的过程。但是，很多人做了一两次计划没有成功之后，并不认真总结，找出原因，却往往就轻易地放弃了，只有极少数人坚持下来，通过良性循环过程，养成一种良好的思维和行动习惯，在岁月的历练和打磨中脱颖而出，获得了成功。古希腊伟大的哲学家和思想家柏拉图说过："人生最遗憾的，莫过于，轻易地放弃了不该放弃的，固执地坚持了不该坚持的。"